Michael Kaufmann | Dominik Ł. Schreiber

Arbeitsrecht für Nicht-Juristen

Michael Kaufmann | Dominik Ł. Schreiber

Arbeitsrecht für Nicht-Juristen

Tectum Verlag

Michael Kaufmann | Dominik Ł. Schreiber
Arbeitsrecht für Nicht-Juristen

ISBN 978-3-8288-4679-1
ePDF 978-3-8288-7759-7

Gesamtverantwortung für Druck und Herstellung:
Nomos Verlagsgesellschaft mbH & Co. KG
Printed in Germany

Besuchen Sie uns im Internet
www.tectum-verlag.de

Bibliografische Informationen der Deutschen Nationalbibliothek
Die Deutsche Nationalbibliothek verzeichnet diese Publikation in der Deutschen Nationalbibliografie; detaillierte bibliografische Angaben sind im Internet über http://dnb.d-nb.de abrufbar.

Inhaltsverzeichnis

Abbildungsverzeichnis

Tabellenverzeichnis

Abkürzungsverzeichnis

a. A.	anderer Ansicht
abl.	ablehnend
ABLEG	Amtsblatt der Europäischen Gemeinschaft
a. D.	außer Dienst
ADR	Alternative Dispute Resolution
aE	am Ende
AEUV	Vertrag über die Arbeitsweise der Europäischen Union
AGB	Allgemeine Geschäftsbedingungen
AGG	Allgemeines Gleichbehandlungsgesetz
AktG	Aktiengesetz
Anm.	Anmerkung
ArbG	Arbeitsgericht
ArbGG	Arbeitsgerichtsgesetz
ArbNErfG	Arbeitnehmererfindungsgesetz
ArbRAktuell	Arbeitsrecht Aktuell, Zeitschrift
ArbRB	Arbeits-Rechts-Berater, Zeitschrift
ArbSchG	Arbeitsschutzgesetz
ArbStättV	Arbeitsstättenverordnung
ArbVG	Arbeitsverfassungsgesetz
ArbZG	Arbeitszeitgesetz
Art.	Artikel
AS	Alternative Streitbeilegung
ASiG	Gesetz über Betriebsärzte, Sicherheitsingenieure und andere Fachkräfte für Arbeitssicherheit
AsylG	Asylgesetz
au	arbeitsunfähig
AU	Arbeitsunfähigkeitsbescheinigung

AÜG	Arbeitnehmerüberlassungsgesetz
AuR	Arbeit und Recht, Zeitschrift
Az.	Aktenzeichen
BAG	Bundesarbeitsgericht
BB	Betriebs-Berater, Zeitschrift
BBiG	Berufsbildungsgesetz
BDA	Bundesvereinigung der Deutschen Arbeitgeberverbände
BDE	Betriebsdatenerfassung und -auswertung
BDSG	Bundesdatenschutzgesetz
BeckRS	Beck-Rechtsprechung
BeschV	Beschäftigungsverordnung
BetrAVG	Betriebsrentengesetz
BetrVG	Betriebsverfassungsgesetz
BFG	Bundesfreistellungsgesetz
BGB	Bürgerliches Gesetzbuch
BGleiG	Bundesgleichstellungsgesetz
BIP	Bruttoinlandsprodukt
BlStSozArbR	Blätter für Steuerrecht, Sozialversicherung und Arbeitsrecht, Zeitschrift
BMAS	Bundesministerium für Arbeit und Soziales
BMBF	Bundesministerium für Bildung und Forschung
BPersVG	Bundespersonalvertretungsgesetz
BT-Drs.	Bundestagsdrucksache
BUrlG	Bundesurlaubsgesetz
bspw.	beispielsweise
bzgl.	bezüglich
bzw.	beziehungsweise
CEEP	Europäische Zentrale der öffentlichen Wirtschaft
Corona-ArbSchV	SARS-CoV-2-Arbeitsschutzverordnung
DB	Der Betrieb, Zeitschrift
DGB	Deutscher Gewerkschaftsbund
Destatis	Statistisches Bundesamt
EG	Europäische Gemeinschaft

EGB	Europäischer Gewerkschaftsbund
EFZG	Entgeldfortzahlungsgesetz
etc.	et cetera
ERP	Enterprise-Resource-Planning
ETUC	European Trade Union Confederation
e. V.	eingetragener Verein
EVG	Eisenbahn- und Verkehrsgewerschaft
EWG	Europäische Wirtschaftsgemeinschaft
EzA	Entscheidungssammlung zum Arbeitsrecht
Fn.	Fußnote
GDBA	Gewerkschaft Deutscher Bundesbahnbeamten und Anwärter
GDF	Gewerkschaft der Flugsicherung
GDL	Gewerkschaft Deutscher Lokführer
gem.	gemäß
GenDG	Gendiagnostikgesetz
GewO	Gewerbeordnung
GG	Grundgesetz
ggf.	gegebenenfalls
GmbH	Gesellschaft mit beschränkter Haftung
HAG	Heimarbeitsgesetz
HGB	Handelsgesetzbuch
i. d. R.	in der Regel
IG	Industriegewerkschaft
i. H. v.	in Höhe von
InsO	Insolvenzordnung
JArbSchG	Jugendarbeitsschutzgesetz
KGaA	Kommanditgesellschaft auf Aktien
KMS	Kostenmanagementsystem
KMU	Kleine und mittlere Unternehmen
KOM	Kommission, insbesondere Europäische Kommission
KSchG	Kündigungsschutzgesetz

MB	Marburger Bund, Verband der angestellten und beamteten Ärztinnen und Ärzte Deutschlands
MbO	Management by Objectives
MDS	Mobile Device Management Systeme
MindArbG	Mindestarbeitsbedingungengesetz
MitbestG	Mitbestimmungsgesetz
MuSchG	Mutterschutzgesetz
NachwG	Nachweisgesetz
NJW	Neue Juristische Wochenzeitschrift
NZA	Neue Zeitschrift für Arbeitsrecht
NZA-RR	NZA-Rechtsprechungs-Report
öAT	Zeitschrift für das öffentliche Arbeits- und Tarifrecht
OKR	Objectives and Key Results
PflegeZG	Pflegezeitgesetz
PPS	Produktionsplanung und -steuerung
SE	Societas Europaea
SEBG	SE-Beteiligungsgesetz
SGB	Sozialgesetzbuch
SME	Small and medium-sized enterprises
sog.	sogenannten
Tsd.	Tausend
TVG	Tarifvertragsgesetz
TzBfG	Teilzeitbefristungsgesetz
UEAPME	Union Européenne de l'Artisanat et des Petites et Moyennes
UNICE	Union des Confédérations de l'Industrie d'Europe
v. a.	vor allem
VC	Vereinigung Cockpit, Berufsverband der Piloten und Flugingenieure
WSI	Wirtschafts- und Sozialwissenschaftliches Institut
z. B.	zum Beispiel
z. T.	zum Teil

I. Einführung in das Arbeitsrecht

„Eishockeyteams nehmen oft in der hitzigsten Phase des Spiels ihre Auszeit, um wirklich nochmal zu reflektieren und sich neu zu sortieren.“ (Thomas Sattelberger, deutscher Personalvorstand a. D.)

1. Einordnung

Das Arbeitsrecht regelt die Rechtsbeziehungen zwischen Arbeitgeber und Arbeitnehmer. Einerseits sind die Rechte und Pflichten sowie deren Ausgestaltung im betrieblichen Alltag festgelegt. Andererseits sind die Verfahrensgrundsätze und -abläufe bei gerichtlichen Auseinandersetzungen bestimmt. Es gibt allerdings kein einheitliches Gesetzbuch der Arbeit. Es fehlt an einer übergeordneten Konzeption und Ordnung. Deshalb bezeichnet man das **Arbeitsrecht weitgehend als Richterrecht.** Regelungen, die die wirtschaftlichen Arbeitsbeziehungen bestimmen, finden sich überwiegend in anderen Gesetzen wieder (z. B. §§ 611 ff. BGB, 59 ff. HGB, 105 ff. GewO). 1

Dies kann in einer Industrienation 4.0 und einer modernen Dienstleistungsgesellschaft von Vorteil sein, da zügig neueste Entwicklungen durch Richtersprüche einbezogen werden können. Die Gefahr besteht sicherlich, dass eine Lenkungswirkung durch die Judikative und nicht wie üblich durch die Legislative – mit dem Fokus auf größere gesellschaftliche Entwicklungen – vollzogen wird. 2

Die wirtschaftlichen Veränderungen haben das Arbeitsrecht der letzten 70 Jahre stark verändert. Die soziale Marktwirtschaft prägt das moderne Arbeitsrecht. Fragen der Mitbestimmung innerhalb der Unternehmensordnung, des Koalitions-, Tarifvertrags- und Arbeitskampfrechts sowie der Herstellung sozialer Gerechtigkeit bei freiheitsrechtlicher Gestaltung der Arbeitsbedingungen. In Zukunft könnten diese Unterscheidungen obsolet werden, da die meisten Arbeitnehmer mehr 3 und mehr selbst zu **„Unternehmern im Unternehmen“** werden. Arbeitsrechtlich stellt sich damit stärker die Frage des „Organisierens von Zusammenarbeit“ anstatt dem „Ausgleichen des Spannungsverhältnisses von Arbeitgeber und Arbeitnehmer“. Es ist bereits zu beobachten, dass durch Entwicklungen wie Holokratie, Demokratisches Unternehmertum, Scrum, Homeoffice, und vielen weiteren Möglichkeiten der Partizipation und Flexibilität der Arbeitnehmer, eine Unterscheidung zwischen Arbeitgeber und Arbeitnehmer immer schwieriger fällt. Moderne Unternehmenskonzepte verschaffen dem Arbeitnehmer von vornherein die größtmögliche Freiheit und Entscheidungskompetenz, die dieser für seine Tätigkeit benötigt, um den wirtschaftlichen Erfolg bestmöglich auszuschöpfen. Damit wird das Spannungsverhältnis zwischen Arbeitgeber und Arbeitnehmer abgemildert und es stellen sich **neue arbeitsrechtliche Herausforderungen.**

4 Ein weiterer Trend wird ein Anstieg im Bereich der Dienstleistungen sein. Schon heute liegt der Anteil am Bruttoinlandsprodukt (BIP) bei 70 %[1], die meist **ortsunabhängig** stattfinden. Die COVID-19-Pandemie hat diesen Trend nochmals deutlich verstärkt. In Manhattan / New York stehen viele Bürogebäude zum großen Teil leer und die Unternehmen planen dort nicht, dies zu ändern. Digitale Dienstleistungen gehörten bereits vor der Pandemie zum Alltag von 12 % der Beschäftigten. Diese Entgrenzung der Arbeit ermöglicht ein selbstbestimmteres Arbeiten sowie eine höhere Vereinbarkeit von Beruf und Familie.[2] Dabei ist die kritische Seite mitzudenken. Einerseits wird Freiheit und Flexibilität ermöglicht, andererseits gibt es viele Arbeitnehmer, die sich vor allem Stabilität und Sicherheit in einer VUCA[3]-Welt wünschen.[4]

5 Das Arbeitsrecht reagiert darauf – wie auf bisherige Entwicklungen – in seiner fragmentierten Form in den unterschiedlichen Teilgebieten. Jedoch stehen die Gesetze nicht isoliert nebeneinander, sondern ergän-

1 Statistisches Bundesamt, Deutschland in Zahlen, 2020.

2 Vgl. Arnold/Günther ArbR 4.0-HdB/Simon, Kap. 1, Rn. 40.

3 VUCA beschreibt das veränderte Marktumfeld weltweit und steht für Volatility (Beweglichkeit/Unstetig), Uncertainty (Unsicher), Complexity (Komplex) und Ambiguity (Mehrdeutig).

4 Vgl. Weißbuch 4.0, 2017, S. 5.

zen sich wie in den meisten Bereichen des Arbeitsrechts.[5] So haben z. B. die Beteiligungsrechte des Betriebsrats **(kollektives Arbeitsrecht)** Einfluss auf das Arbeitsverhältnis des Arbeitnehmers **(Individualarbeitsrecht)**.[6] Werden bspw. die Mitbestimmungsrechte des Betriebsrats (§ 99 BetrVG) bei einer Versetzung nicht beachtet, so kann der Arbeitnehmer den neuen Arbeitsplatz verweigern.[7]

In den Teilbereichen sind in Bezug auf die neuen arbeitsrechtlichen Herausforderungen, entsprechende Regelungen zu finden. In § 9a TzBfG ist die zeitlich begrenzte Verringerung der Arbeitszeit – die sog. **Brückenteilzeit** – neu[8] geregelt. § 82 SGB III (Arbeitsförderung/**Qualifizierungschanzengesetz**) ermöglicht es Arbeitnehmern, Förderungen der beruflichen Weiterbildung in Anspruch zu nehmen, sofern deren Tätigkeiten durch **Technologien oder einen Strukturwandel** betroffen sind. Hierbei lohnt sich ein genauer Blick in den Gesetzestext, um die Weiterbildungsmöglichkeiten in Absprache von Arbeitgeber und Arbeitnehmer bestmöglich unternehmerisch zu entscheiden (§ 81 ff. SGB III). 6

2. Wichtige Gesetze im Arbeitsrecht

Einzelne Gesetze und gesetzliche Regelungen prägen das Arbeitsrecht. 7
Daher müssen oftmals bei Verhandlungen und bestimmten Fragestellungen Regelungen aus unterschiedlichen Gesetzen herangezogen werden. Ein häufiges Hin- und Herwechseln zwischen den Gesetzen ist dabei notwendig. Die fehlende einheitliche Kodifikation im Arbeitsrecht, wie z. B. sie das Handelsgesetzbuch oder das Steuergesetzbuch enthält, erfordert ein systematisches Vorgehen bei arbeitsrechtlichen Fragestellungen.[9]

5 Vgl. Fischinger, in: Münchener Handbuch zum Arbeitsrecht, Band 1, § 4, Rn. 1.
6 Vgl. Fischinger, in: Münchener Handbuch zum Arbeitsrecht, Band 1, § 4, Rn. 4.
7 Vgl. Kani, in: Erfurter Kommentar zum Arbeitsrecht, § 99, Rn. 46.
8 Seit 2019.
9 Vgl. Schaub/Linck, Arbeitsrechts-Handbuch, § 1, Rn. 2.

8 Ein Überblick – aufgebaut nach der Gesetzessystematik[10] – verdeutlicht die wichtigsten Gesetze des Arbeitsrechts:

I. Grundlagen

1. Grundgesetz für die Bundesrepublik Deutschland
   (Art. 9, 12 GG)
3. Vertrag über die Arbeitsweise der Europäischen Union
   (Art. 19, 45, 157 AEUV)

II. Arbeitsvertragsrecht

11. Bürgerliches Gesetzbuch
    §§ 14, 125 ff., 611 ff., 812, 823, 831 BGB
12. Gewerbeordnung
    §§ 105 ff. GewO
13. Handelsgesetzbuch
    §§ 59 ff.
14. Allgemeines Gleichbehandlungsgesetz
    §§ 1–3, 13, 15, 22 AGG
16. Gesetz über Teilzeitarbeit und befristete Arbeitsverträge (Teilzeit- und Befristungsgesetz)
    §§ 1, 2, 6, 8, 9 – 14 TzBfG
19. Mindesturlaubsgesetz für Arbeitnehmer (Bundesurlaubsgesetz)
    §§ 3, 8–12 BUrlG
20. Kündigungsschutzgesetz
    §§ 1–15 KSchG
26. Gesetz über die Pflegezeit Pflegezeitgesetz
    §§ 1 ff. PflegeZG

III. Sonderformen eines Arbeitsverhältnisses (Leiharbeiten und Berufsausbildung)

31. Gesetz zur Regelung der Arbeitnehmerüberlassung (Arbeitnehmerüberlassungsgesetz)
    §§ 1, 7, 8, 15, 15a AÜG
32. Berufsbildungsgesetz
    §§ 1 ff. BBiG

10 Systematik nach den Beck-Texten-Arbeitsgesetze.

IV. Arbeitsrechtliche Bestimmungen im Sozialgesetzbuch

42. Sozialgesetzbuch – Drittes Buch Arbeitsförderung
§§ 1, 82, 93, 101, 110, 144 SGB III

42a. Gesetz über den Aufenthalt, die Erwerbstätigkeit und die Integration von
Ausländern im Bundesgebiet (Aufenthaltsgesetz)
§§ 18a–21 AufenthG

44. Sozialgesetzbuch – Viertes Buch Gesetzliche Krankenversicherung
§§ 20a, 20b, 24i, 24i, 44 – 52a SGB V

V. Technischer und sozialer Arbeitsschutz

51. Gesetz über die Durchführung von Maßnahmen zur Verbesserung der Sicherheit und des Gesundheitsschutzes der Beschäftigten bei der Arbeit
(Arbeitsschutzgesetz)
§§ 1 ff. ArbSchG

54. Arbeitszeitgesetz
§§ 1 ff. ArbZG

56b. Gesetz über genetische Untersuchung bei Menschen (Gendiagnostikgesetz)
§§ 1, 3, 20 GenDG

57. Gesetz zum Schutz von Müttern bei der Arbeit, in der Ausbildung und im Studium (Mutterschutzgesetz)
§§ 1 ff. MuSchG

59. Gesetz zum Schutze der arbeitenden Jugend (Jugendarbeitsschutzgesetz)
§§ 1 ff. JArbSchG

VI. Koalitionsfreiheit und Tarifautonomie

72. Tarifvertragsgesetz
§§ 1 ff. TVG

81. Betriebsverfassungsgesetz
§§ 1 ff. BetrVG

VII. Mitbestimmung in Betrieb und Unternehmen

86. Gesetz über die Mitbestimmung der Arbeitnehmer (Mitbestimmungsgesetz)
§§ 1–33 MitbestG

VIII. Verfahrensrecht

91. Arbeitsgerichtsbarkeitsgesetz
§§ 1–13, 49 ff. ArbGG

3. Historie des Arbeitsrechts

9 Die Besonderheiten des Arbeitsrechts können nur mit einem Verständnis von dessen Historie durchdrängt werden. Der heutige Versuch, einen fairen Ausgleich zwischen Arbeitgeber und Arbeitnehmer in den verschiedensten arbeitsrechtlichen Fragestellungen herzustellen, ist die Folge von gesellschaftlichen Entwicklungen und besonderen Ereignissen:

Bis zum 18. Jahrhundert

10 Das Altertum war geprägt von Sklavenhandel, Landwirtschaft und selbstständiger Arbeit. Das römische Recht kodifiziert als erstes einen Dienstvertrag (locatio conductio operarum), was aufgrund der überwältigenden Sklavenarbeit nicht zur Geltung kommen konnte. In Deutschland war die Situation nicht anders.

18. und 19. Jahrhundert

11 Mit Beginn des Kapitalismus in der zweiten Hälfte des 18. Jahrhunderts treten auch die ersten arbeitsrechtlichen Regelungen in Erscheinung. Das Spannungsverhältnis zwischen Arbeitgeber und Arbeitnehmer war zu dieser Zeit sehr ausgeprägt. Die Arbeitnehmer hatten lange Arbeitszeiten, harte Arbeitsbedingungen und oftmals schwere Arbeitsunfälle mit tödlichen Folgen. Vereinzelt wurde dies von einzelnen Unternehmern (z. B. Otto Diesel) durchbrochen. Die vorantreibende Industrialisierung im 19. Jahrhundert hat das Ungleichgewicht der Vertragspartner weiter verstärkt. Daraus entwickelte sich das Verbot der Kinderarbeit, das erste JArbSchG und Sozialversicherungsrecht sowie der Wegfall vom Koalitionsverbot im Jahr 1869. Zuvor wurde durch die „Stein-Hardenberg'schen Reformen“ der Zunftzwang abgeschafft. An deren Stelle trat die Gewerbefreiheit. Das zivilrechtliche Prinzip

der Vertragsfreiheit war entstanden.[11] Damit wurden die bestehenden genossenschaftlichen oder staatlichen Regelungen Arbeitsverhältnisse – durch **Vertrag zwischen dem Arbeitgeber und Arbeitnehmer.**[12]

1896–1932

Durch die industrielle Revolution stieg die Zahl von Handwerksgesel- 12
len und vor allem Fabrikarbeitern Mitte des 19. Jahrhunderts langsam, aber stetig, an. Damit wurde die Arbeitsstätte vom Zuhause losgelöst. Dies bedurfte der Schaffung neuer Rechtsbeziehungen zwischen den einzelnen Parteien (Arbeitgeber und Arbeitnehmer).[13]

1896 wurde das BGB eingeführt. Allerdings war der Dienstvertrag 13
gem. §§ 611 ff. BGB weitestgehend als Austauschvertrag geregelt. Die Privatautonomie stand im Fokus. Mit dem Stinnes-Legien Abkommen vom 18.11.1918 einigten sich 21 Arbeitgeber und sieben Gewerkschaften auf die Vertretung der Arbeiterschaft. Damit konnten nun die Arbeitsbedingungen durch Kollektivvereinbarungen verhandelt und beschlossen werden.[14] Dies war der Beginn einer Arbeitsverfassung (z. B. Betriebsrat, Tarifvertrag, etc.) und nach Thilo Ramms die „Magna Charta[15] des Arbeitsrechts der Weimarer Republik".[16]

Während der Zeit der Weimarer Republik herrschte ein beständiger 14
Kampf zwischen Arbeitgebern und Arbeitnehmern, der 1926 schließlich zur Installation einer ordentlichen Arbeitsgerichtsbarkeit führte. Außerdem wurden folgende sozialpolitische Gesetzgebungen – die bis heute Bestand haben – eingeführt[17]:

- Achtstundentag
- Arbeitslosenversicherung
- Arbeitstarifgesetz

---

11 Vgl. Hedemann, S. 7.
12 Vgl. Fischinger, in: Münchener Handbuch zum Arbeitsrecht, Band 1, § 4, Rn. 4.
13 Vgl. Kocka, S. 73 ff.
14 Vgl. Ramm GS Kahn-Freund, Rn. 230 ff.
15 Englisches [Grund]gesetz von 1215, in dem der König dem Adel grundlegende Freiheitsrechte garantieren musste.
16 Vgl. Ramm GS Kahn-Freund, Rn. 232.
17 Vgl. Richardi, in: Münchener Handbuch zum Arbeitsrecht, Band 1, § 2, Rn. 28 ff.; bekanntester Kommentar: Flatow/Kahn-Freund.

- Betriebsrätegesetz
- Erwerbslosenfürsorge
- Gehaltsfortzahlungspflicht im Krankheitsfall für regelmäßig sechs Wochen zugunsten erkrankter Angestellter
- Kündigungsschutz
- Regelung der Arbeitsverhältnisse der Landarbeiter
- Schlichtungsrecht
- Schwerbeschädigtenrecht
- Zweigleisigkeit des kollektiven Arbeitsrechts (Tarifsystem und institutionelle Mitbestimmung durch Betriebsräte)

1933–1945

15 In der Zeit des Nationalsozialismus hat sich alles dem Führerprinzip untergeordnet. Damit einhergehend wurde auch das kollektive Arbeitsrecht abgeschafft. Gewerkschaften und Arbeitsverbände wurden aufgelöst. Löhne und Arbeitsbedingungen wurden stattlich festgelegt, das kollektive Arbeitsrecht endgültig beseitigt. Die nationalsozialistische Ideologie wurde ebenfalls fest im Arbeitsrecht verankert.[18] Das Arbeitsvertrags- und Arbeitsschutzrecht blieb bestehen und wurde weiter ausgebaut.

Seit 1945

16 Nach 1945 wurden Gewerkschaften wieder zügig zugelassen. In Westdeutschland waren einerseits die Generalklauseln der §§ 138, 242 BGB als Rechtsgrundlage herangezogen worden, andererseits hatten die Westmächte besondere Kündigungsschutzgesetze veranlasst.[19] In der DDR gab es ein einheitliches Arbeitsgesetzbuch.[20]

17 Im Spätsommer 1952 kam es beinahe zu einer Staatskrise, nachdem in den Betrieben des Bergbaus sowie der Eisen und Stahl erzeugenden Industrie deutschlandweit Proteste ausbrachen. Die Vorstellung

---

18 Vgl. Richardi, in: Münchener Handbuch zum Arbeitsrecht, Band 1, § 2, Rn. 35 ff.
19 Vgl. A. Hueck, BlStSozArbR 1949, 118 ff. und 131 ff.
20 Vgl. zum Systemvergleich *Rüthers*, Arbeitsrecht und politisches System.

der Gewerkschaften einer **Wirtschaftsdemokratie** setzte sich nicht durch.[21]

Hingegen gab es in den darauffolgenden Jahrzehnten schrittweise Anpassungen. 1976 wurde die Mitbestimmung in Großbetrieben durch das MitbestG ausgeweitet. Nach der Wiedervereinigung gab es noch im Jahr 1990 ein gesamtdeutsches Arbeitsrecht. Es war auch vorgesehen, dass ein **Arbeitsvertragsgesetz** erarbeitet wird. Trotz der bisherigen vielen Bemühungen, der Absicht in Art. 157 Abs. 2 WRV und der heutigen vereinzelten Versuche ein **einheitliches Arbeitsrecht** aufzusetzen, sind bisher alle Versuche fehlgeschlagen. Die stetig steigenden Bezugsquellen des Arbeitsrechts machen dieses Vorhaben nicht leichter.[22] 18

Seit 2000

Mit dem Bekanntwerden des „Vermittlungsskandals" Anfang 2002 (die Bundesagentur für Arbeit beschönigte ihre Zahlen), einer hohen Arbeitslosigkeit und einem unflexiblen Arbeitsmarkt wurde eine **Kommission für moderne Dienstleistungen am Arbeitsmarkt** eingesetzt. Die sog. „Hartz-Kommission" erarbeitete Vorschläge zur Flexibilisierung des Arbeitsmarktes, die zur Agenda 2010 führte.[23] Damit wurde den Arbeitgebern wie Arbeitnehmern ermöglicht, anpassungsfähig wirtschaftliche Situationen zu bestimmen und schnell reaktionsfähig zu sein. Gerade in der COVID-19-Pandemie stellen sich die unterschiedlichsten Instrumente bisher als Erfolgsmodell dar. 19

Auf EU-Ebene ist das Arbeitsrecht Bestandteil der Sozialpolitik. Hingegen sind sie nationalen Gegebenheiten (Arbeitsgerichtsbarkeit, Arbeitsmarkt, Kündigungsvorschriften, Mitbestimmung, usw.) noch 20

21 Vgl. Vorschläge des Deutschen Gewerkschaftsbundes zur Neuordnung der deutschen Wirtschaft vom 14.4.1950, abgedruckt in RdA 1950, 183, und der Gesetzesvorschlag des Deutschen Gewerkschaftsbundes für das Gebiet der Bundesrepublik Deutschland zur Neuordnung der deutschen Wirtschaft vom 22.5.1950, abgedruckt in RdA 1950, 227; im Wesentlichen übereinstimmend der von der SPD-Fraktion eingebrachte Entwurf eines Gesetzes über die Neuordnung der Wirtschaft, BT-Drs. I/1229.

22 Vgl. Richardi, in: Münchener Handbuch zum Arbeitsrecht, Band 1, § 2, Rn. 49.

23 Vgl. Klein in Maunz/Dürig, Grundgesetz-Kommentar, GG Art. 91e, Rn. 1–3.

stark ausgeprägt. Eine Angleichung der Mitgliedsstaaten findet erst nach und nach statt. Der Einfluss des Unionrechts steigt jedoch in den Bereichen des allgemeinen Arbeitsvertragsrechts, insbesondere des sozialen und technischen Arbeitsschutzes. Nur einige Vorschriften im AEUV (Freizügigkeit der Arbeitnehmer (Art. 45 ff. AEUV) oder der Grundsatz des gleichen Entgelts für Männer und Frauen (Art. 157 AEUV) entfalten unmittelbare Wirkung.[24]

21 Aufgrund der Demografie, agilen Arbeitsplätzen und fachlich qualifizierten homogenen Arbeitsplätzen wird **„das demokratische Unternehmen“**[25] noch mehr an Bedeutung gewinnen. Arbeitsrechtlich wird spannend sein, welche neuen Fragestellungen sich ergeben und wie bereits jetzt Weichen für diesen flexiblen Arbeitsmarkt gestellt werden.

Die Zukunft

22 Die Digitalisierung der Produktion und Dienstleistungen, die Entgrenzung von Berufs- und Privatleben, neue Organisationsformen wie Scrum, spezialisiertes Crowdworking oder die Bearbeitung einfacher Tätigkeiten durch Clickworking sind nur einige Stichwörter in Bezug auf die Zukunft der Arbeit. Diese und weitere Veränderungen werden immer mehr zu einer Anpassung der gesetzlichen Vorgaben führen. Teure und öffentlichkeitswirksame Verfahren werden weiter vermieden. Das Thema Mediation wird dabei in Unternehmen und noch mehr in der Arbeitsgerichtsbarkeit fokussiert.[26]

4. Begriffe des Arbeitsrechts

23 Die Begriffe des Arbeitsrechts entstehen aus den einzelnen Gesetzestexten bzw. aus neuen oder neuartigen Entwicklungen. Die hier aufgeführten Begriffe sollen ihre **Wichtigkeit auf bestimmte Praxisfälle** verdeutlichen. Andere wiederum gehören zum Standardrepertoire von

24 Vgl. Preis, in: Erfurter Kommentar zum Arbeitsrecht, BGB § 611a Arbeitsvertrag, Rn. 202.

25 Vgl. Sattelberger, S. 11, 12.

26 Vgl. NZA 2021, 458.

Arbeitsrechtlern und Personalverantwortlichen. Die ausgewählten Definitionen sollen als **Unterstützung** für das Verstehen der folgenden Kapitel dienen. Außerdem **ergänzen und erweitern** sie diese:

Abfindung

Die Abfindung ist zunächst ein Vertrag, aus dem sich ein Zahlungs- 24
anspruch ergibt und der ggf. durch Leistungsklage geltend gemacht werden kann. Damit ist der Vertrag von der Zustimmung des Arbeitnehmers abhängig.[27] In Deutschland werden, entgegen weitläufiger Meinung, moderate bis geringe Abfindungen gezahlt.[28] Das Gesetz hält sich hierbei (bewusst) zurück. § 1 KSchG sieht bei **betriebsbedingten Kündigungen** eine Abfindung i. H. v. **0,5 Monatsverdienste/Jahr** der Beschäftigung vor. Ist eine Kündigung unwirksam und kann dem Arbeitnehmer eine **Rückkehr nicht zugemutet** werden, so sieht § 10 KSchG eine Abfindung von „bis zu **zwölf Monatsverdiensten** vor". Sofern höhere Abfindungen gezahlt werden, sind diese meist mit den Arbeitnehmern / Gewerkschaften verhandelt oder das Unternehmen möchte trotz Entlassungen sein Image nicht verschlechtern bzw. sollen die Kunden nicht abgeschreckt werden. Sofern kein Kündigungsgrund vorliegt und das Unternehmen Entlassungen vornehmen möchte, werden meist höhere Abfindungen bezahlt, damit der Arbeitnehmer freiwillig ausscheidet (v. a. beim unbefristeten Arbeitsvertrag).

Abmahnung[29]

Die Abmahnung gibt dem Arbeitgeber die Möglichkeit, (meist) wie- 25
derholtes Fehlverhalten des Arbeitnehmers in der Personalakte festzuhalten. Bei Wiederholung kann der Arbeitgeber dann eine Kündigung aussprechen. Das Fehlverhalten muss zumindest gleichartig zum vorherigen sein, etwa häufiges Zuspätkommen, unerlaubtes Fernbleiben von der Arbeit, Verlassen des Arbeitsplatzes, Unzuverlässigkeit oder Unbeherrschtheit. Liegen nur leichtere Verstöße gegen Verhaltens- oder Leistungspflichten vor (Verstöße gegen die Betriebsordnung,

27 Vgl. Steinmeyer, in: Erfurter Kommentar zum Arbeitsrecht, BetrAVG § 3, Rn. 3.
28 Schaub/Koch, Arbeitsrecht von A-Z, Abfindung.
29 Vgl. Schaub/Koch, Arbeitsrecht von A-Z, Abmahnung.

Nichtvorlage der ärztlichen Arbeitsunfähigkeitsbescheinigung (AU), etc.), bedarf es jedenfalls vor Ausspruch einer Kündigung mehrerer Abmahnungen.

26 Die Abmahnung hat drei Bestandteile:

1. Die Umschreibung des vom Arbeitgeber beanstandeten Verhaltens,
2. die Aufforderung, das gerügte Verhalten zu ändern, und
3. die Androhung von Rechtsfolgen für den Bestand des Arbeitsverhältnisses im Wiederholungsfall.

Arbeit 4.0[30]

27 Der Begriff „Arbeit 4.0“ unterstreicht die Formen, Bestandteile und Auswirkungen zukünftiger Arbeit in einer technologischen Arbeitswelt. Anknüpfend and den Begriff „Industrie 4.0“ wird die Umgestaltung im produzierenden Gewerbe beschrieben. Vor allem für Deutschland, mit seinen vielen KMU's bzw. SME's und einem ausgeprägten Maschinenbausektor sind automatisierte und vernetzte Supply Chain Prozesse von Bedeutung. „Arbeit 4.0“ wurde vom Ministerium für Arbeit und Soziales geprägt.[31] International wird der Begriff „New Work“ verwendet.

Arbeitgeber

28 Eine allgemeingültige gesetzliche Definition ist nicht vorhanden, was wiederum dem nicht vorhandenen einheitlichen Arbeitsgesetzbuch geschuldet ist. Gem. §§ 611, 611a BGB ist jedoch im Umkehrschluss derjenige Arbeitgeber, der „(mindestens) einen Arbeitnehmer beschäftigt und von diesem die Erbringung von Dienstleistungen auf der Grundlage eines Arbeitsvertrags fordern kann.“ Arbeitgeber sind als Vertragspartner z. B.:[32]

- Personengesellschaften
- Kapitalgesellschaften

30 Vgl. Schaub/Koch, Arbeitsrecht von A-Z, Arbeit 4.0.
31 Vgl. Grünbuch 4.0, 2015, S. 3.
32 Vgl. Schaub/Koch, Arbeitsrecht von A-Z, Arbeitgeber.

- Insolvenzverwalter
- Testamentsvollstrecker

Arbeitnehmer

Bisher gibt es keine einheitliche gesetzliche Definition des Arbeitnehmers. Allen Vorschlägen ist gemein, dass eine vereinbarte Leistung nach Weisung des Arbeitgebers im Rahmen einer fremdbestimmten Organisation nach Vertragsmaßgabe zu leisten ist. Folgende Entwürfe einer Definition bekräftigen dies: 29

> „Durch den Arbeitsvertrag verpflichtet sich der Arbeitnehmer, die vereinbarte Arbeit unter Leitung und nach Weisung des Arbeitgebers zu leisten; der Arbeitgeber verpflichtet sich, das vereinbarte Arbeitsentgelt zu entrichten."[33] 30

> „Arbeitnehmer ist, wer seine Arbeit im Rahmen einer fremdbestimmten Organisation nach Weisungen oder vertraglichen Vorgaben verrichtet. Personen, die frei gewählt unternehmerisch tätig werden, sind keine Arbeitnehmer."[34] 31

Betrieb

Der Begriff „Betrieb" ist zunächst eng mit dem des „Unternehmens" verbunden und gleichzeitig von diesem zu unterscheiden. Nach dem Bundesarbeitsgericht (BAG) ist der Betrieb die organisatorische Einheit, innerhalb derer ein Arbeitgeber allein oder mit seinen Arbeitnehmern mit Hilfe von technischen und immateriellen Mitteln bestimmte arbeitstechnische Zwecke verfolgt. Entlassungen in verschiedenen selbständigen Betrieben eines Unternehmers müssen gesondert behandelt werden (§§ 1, 4 BetrVG).[35] 32

Heutzutage für den **Kündigungsschutz bedeutend** ist die Frage, ob mehrere **Betriebe** in einem Unternehmen **gemeinschaftlich/gemeinsam** betrieben werden. Somit ist ein Betrieb gegenüber dem Unternehmen enger zu fassen.[36] 33

---

33 Entwurf eines Arbeitsvertragsgesetzes (ArbVG) des § 3 S. 2.

34 des Freistaates Sachsen, § 1 Abs. 2 ArbVG Sachsen.

35 Vgl. BAG, Urteil vom 15.12.2011 – 8 AZR 692/10 = NZA-RR 2012, 570 Rn. 74.

36 Vgl. Schaub/Koch, Arbeitsrecht von A-Z, Betrieb.

Crowdsourcing/Crowdworking

34 Unternehmen machen sich Gedanken, wie sie die besten Köpfe zu einem relativ[37] günstigen Lohn erhalten. Dabei können sie auf das Instrument **Crowd** (Menge) **working** (arbeiten) zurückgreifen. Es ist eine Form der Auslagerung von Arbeiten an eine Gruppe von Menschen.[38] Meist wird dabei eine Problemstellung eines Unternehmens auf spezialisierten Plattformen online gestellt. Anschließend arbeitet die „Crowd" an dieser Problemstellung. Da der Crowdworker ortsunabhängig agiert, ist er meist Selbstständiger (wenn als externer beschäftigt).[39]

Erfindung/Arbeitnehmererfindung

35 Das eigenständige Arbeitnehmererfindungsgesetz (ArbNErfG) verdeutlicht die Wichtigkeit dieser Thematik. In Deutschland sind ca. 80 % der angemeldeten Erfindungen Arbeitnehmererfindungen und damit von großer Bedeutung für den Wirtschaftsstandort Deutschland sowie dessen Unternehmen.[40] Deutschland verzeichnet mit die höchsten Werte an Arbeitnehmererfindungen weltweit.[41]

36 Das ArbNErfG bezieht sich auf alle Erfindungen und technischen Verbesserungsvorschläge von Arbeitnehmern. Dies sind auch leitende Angestellte, nicht aber Rentner, freie Mitarbeiter und Organvertreter juristischer Personen (§ 1 ArbNErfG). Erfindungen sind solche, die patent- oder gebrauchsmusterfähig sind (§ 2 ArbNErfG); technische Verbesserungsvorschläge sind Vorschläge für nicht patent- oder gebrauchsmusterfähige technische Neuerungen (§ 3 ArbNErfG). Sondervorschriften bestehen für die Arbeitnehmer des öffentlichen Dienstes (§§ 40–42 ArbNErfG).[42] Nach § 4 ArbNErfG sind Diensterfindungen solche, die während des rechtlichen Bestands des Arbeitsverhältnisses gemacht worden sind und entweder aus der dem Arbeitnehmer im Betrieb oder in der öffentlichen Verwaltung ob-

37 Im Verhältnis zur Arbeitsmarktsituation.
38 Vgl. Schaub/Koch, Arbeitsrecht von A-Z, Crowdworking.
39 Vgl. Kramer IT-ArbR HdB/Fuhlrott, C. Kollektives Arbeitsrecht, Rn. 102, 103.
40 Vgl. Bartenbach/Volz, S. 28.
41 Vgl. Brachmann, S. 47 ff.
42 Vgl. Schaub/Koch, Arbeitsrecht von A-Z, Erfindung.

liegenden Tätigkeit entstanden (sog. **Auftragserfindungen**) sind (§ 4 Abs. 2 Nr. 1 ArbNErfG) oder maßgeblich auf Erfahrungen oder Arbeiten des Betriebs oder der öffentlichen Verwaltung (sog. **Aufgabenerfindungen**) beruhen (§ 4 Abs. 2 Nr. 2 ArbNErfG). Freie Erfindungen sind solche, die mit der betrieblichen Tätigkeit des Arbeitnehmers nicht im Zusammenhang stehen (§ 4 Abs. 3 ArbNErfG).

Fahrlässigkeit

Die Fahrlässigkeit ist in leichteste (leichte), mittlere und grobe Fahrlässigkeit zu unterteilen. Die **leichteste Fahrlässigkeit** hat für den Arbeitnehmer keine Konsequenzen. Typische Fälle sind das „Sich-Vergreifen", „Sich-Versprechen" und „Sich-Vertun".[43] 37

Bei **mittlerer Fahrlässigkeit** kommt es stark auf die Umstände des Einzelfalls an, der Schaden wird nach zurechenbaren Anteilen zwischen Arbeitgeber und Arbeitnehmer geteilt.[44] Hierbei steht jedoch der **Existenzschutz des Arbeitnehmers** im Vordergrund und folgende **Kriterien** sind geboten[45]: 38

- Größe der Gefahr,
- Gefahrgeneigtheit der Arbeit,
- Möglichkeit der Risikokalkulation und Ab- bzw. Versicherung durch den Arbeitgeber,
- Stellung des Arbeitnehmers im Betrieb,
- Höhe des Arbeitsentgelts,
- Höhe des Schadens,
- Grad des Verschuldens,
- Dauer der Betriebszugehörigkeit des Arbeitnehmers, sein Lebensalter, seine Familienverhältnisse und sein bisheriges Verhalten.

Gröbste (grobe Fahrlässigkeit) liegt vor, wenn der Arbeitnehmer bewusst Sicherheitsvorschriften (die schweren Verletzungen/Lebensgefahren entgegenwirken sollen) **mehrfach und unentschuldbar** ver- 39

43 Vgl. Reichold, in: Münchener Handbuch zum Arbeitsrecht, Band 1, § 57, Rn. 41.
44 Vgl. Reichold, in: Münchener Handbuch zum Arbeitsrecht, Band 1, § 57, Rn. 40.
45 Vgl. Reichold, in: Münchener Handbuch zum Arbeitsrecht, Band 1, § 57, Rn. 44; so ausdrücklich BAG, Urteil vom 18.4.2002 – 8 AZR 348/01.

letzt.[46] Dabei haftet der Arbeitnehmer vollständig. Meist wird aufgrund der sozialstaatlich veranlassten Ergebniskontrolle die **Haftung auf 3–4 Monatsgehälter begrenzt**. Außerdem müssen Arbeitsentgelt und Haftungsrisiko in einem krassen Missverhältnis zueinanderstehen.[47]

Günstigkeitsprinzip[48]

40 Das Günstigkeitsprinzip besagt, dass die Rechtsquellen nach einem bestimmten Rang geordnet sind. Dabei gilt:

1. Primärrecht der EU und Grundgesetz
2. Gesetz
3. RechtsVO
4. Tarifvertrag, Betriebsvereinbarung
5. vertragliche Regelungen (Arbeitsvertrag, Gesamtzusage)

Homeoffice

41 Im Gesetz ist der Begriff des Homeoffice (noch) nicht zu finden. § 2 Abs. 8 S. 2 ArbStättV definiert das Arbeiten von zu Hause als Telearbeitsplätze. Danach hat der Arbeitgeber einen fest eingerichteten Bildschirmarbeitsplatz **im Privatbereich des Arbeitnehmers**, mit einer **vereinbarten wöchentlichen Arbeitszeit** und die Dauer der Einrichtung **festgelegt**. D. h., dass nicht zwingend die Wohnung der Arbeitsplatz sein muss. Sofern eine solche Vereinbarung getroffen wird, ist von „häuslicher Telearbeit" die Rede.

42 Abzugrenzen ist die Telearbeit von einer selbständigen Tätigkeit. Sofern der Arbeitnehmer **eigene Arbeitsmittel** (Hard- und Software) verwendet, **seine Arbeitszeitgestaltung** definiert und **unternehmerisch risikoorientierte Arbeitsergebnisse** beim Auftraggeber abliefert,

46 Vgl. BAG, Urteil vom 25.9.1997 – 8 AZR 288/96 = NZA 1998, 310, EzA BGB § 611 Arbeitnehmerhaftung Nr. 63 (abl. Anm. Hamacher); **im Fall wurden falsche Blutkonserven verabreicht, was den Tod des Patienten zur Folge hatte.**

47 Vgl. Reichold, in: Münchener Handbuch zum Arbeitsrecht, Band 1, § 57, Rn. 37 aE; so auch HWK/Krause BGB § 619a Rn. 32; Otto/Schwarze/Krause § 10 Rn. 2 ff.

48 Vgl. Schaub/Koch, Arbeitsrecht von A-Z, Günstigkeitsprinzip.

spricht dies für eine selbständige Tätigkeit (z. B. Freiberufler, Softwareentwickler, etc.).

Ansonsten bestimmt der Arbeitgeber nach **§ 611a BGB, § 106 GewO** nach billigem Ermessen über **Inhalt, Ort und Zeit der Arbeitsleistung**. Bestimmt er seinen Betrieb zum Arbeitsort, so entspricht dies seiner **unternehmerischen Gestaltungsfreiheit (Art. 12, 14 GG)** und ist grundsätzlich nicht zu beanstanden.[49] Interessant wird hierbei die weitere Entwicklung durch die COVID-19-Pandemie sein. Ebenso bleibt zu beobachten, ob sich ein „Recht auf Homeoffice" durchsetzen wird. Dieses kann sich lediglich aus Arbeits-, Tarifvertrag oder einer Dienstvereinbarung ergeben. Selbst § 16 BGleiG, weder § Abs. 4 Corona-ArbSchV enthalten lediglich einen eingeschränkten Anspruch. Weiterhin wird auf individuelle Gegebenheiten im Unternehmen abgestellt.[50] 43

Inhaltskontrolle

Von hoher praktischer Relevanz ist die Inhaltskontrolle. AGB sind alle für eine Vielzahl von Verträgen vorformulierten Vertragsbedingungen, die eine Vertragspartei (Verwender) der anderen Vertragspartei bei Abschluss eines Vertrags stellt (§ 305 BGB). Eine Inhaltskontrolle nach §§ 307–309 BGB kommt zum Tragen. Danach dürfen Vertragsklauseln nach den Geboten von Treu und Glauben den Arbeitnehmer nicht unangemessen benachteiligen. Gem. § 310 Abs. 4 S. 3 BGB stehen Tarifverträge, Betriebs- und Dienstvereinbarungen Rechtsvorschriften gleich. Kontrollfähig sind AGB, die von Rechtsvorschriften i. S. d. § 307 Abs. 3 S. 1 BGB abweichen.[51] 44

Krankmeldung

Im Jahr 2019 waren die Arbeitnehmer durchschnittlich 10,9 Arbeitstage krankgemeldet. 2007 gab es den geringsten Wert mit 8,1.[52] Diese 45

49 Vgl. Benkert NJW-Spezial 2019, 306.
50 Vgl. Müller, öAT 2021, 45.
51 Vgl. Schaub/Koch, Arbeitsrecht von A-Z, Inhaltskontrolle.
52 Vgl. https://www.destatis.de/DE/Themen/Arbeit/Arbeitsmarkt/Qualitaet-Arbeit/Dimension-2/krankenstand.html.

verursachen für die Arbeitgeber hohe Kosten, das Thema ist im Arbeitsumfeld meist sensibel und dementsprechend kommt es hierüber häufig zu Auseinandersetzungen. Für den Arbeitnehmer sind folgende Punkte[53] zu beachten:

- Nach § 5 Abs. 1 EFZG sind alle Arbeitnehmer verpflichtet, dem Arbeitgeber die Arbeitsunfähigkeit (AU) unverzüglich mitzuteilen.
- Hierbei ist auch die voraussichtliche Dauer anzuzeigen.
- Unverzüglich heißt, ohne schuldhaftes Zögern (§ 121 BGB). In der Praxis daher noch vor dem Arztbesuch und in den ersten Betriebsstunden erfolgen.
- Wird die Anzeigenpflicht verletzt, kann im Widerholungsfall – nach vorhergehender Abmahnung – eine verhaltensbedingte Kündigung ausgesprochen werden.
- Eine Krankmeldung per E-Mail oder Smartphone (z. B. WhatsApp) ist nicht zulässig. Sie muss telefonisch erfolgen, außer wenn schriftliche Vereinbarungen oder die betriebliche Übung etwas anderes vorsehen.
- Gem. § 5 Abs. 1 EFZG muss der Arbeitnehmer, sofern er länger als drei Kalendertage au ist, eine AU spätestens am darauffolgenden (den vierten) Arbeitstag vorlegen.

Lean production

46 In der Automobilbranche ist die Just-in-time-Produktion Standard. Voraussetzung dafür ist, dass die Fertigungstiefe schlank verläuft und Zulieferunternehmen direkt an das Band des Zentralunternehmens liefern. Dabei werden vor allem Arbeitskräfte eingespart. Die Kapitalbindungsdauer wird verringert. Arbeits- und Lagerflächen gemindert bzw. vollständig abgeschafft. Für die Arbeitnehmer bedeutet Lean production meist eine Zusammenarbeit in Gruppen. Dabei sollen sie alle Arbeiten innerhalb der Gruppe verrichten können.[54]

53 Vgl. Schaub/Koch, Arbeitsrecht von A-Z, Krankmeldung.
54 Vgl. Schaub/Koch, Arbeitsrecht von A-Z, Lean production.

Mitbestimmung (Unternehmensmitbestimmung)

Die Mitbestimmung von Arbeitnehmer bei Unternehmensentscheidungen ist gesetzlich stark ausgeprägt. Vor allem das BetrVG bestimmt, wann und wie Arbeitnehmervertreter mitbestimmen dürfen. Einige Unternehmen gehen über die gesetzlichen Bestimmungen hinaus und fordern in einem Unternehmensumfeld, in dem Agilität, Transparenz und Mitbestimmung zum Unternehmenserfolg gerechnet werden, die aktive Beteiligung ihrer Arbeitnehmer. Folgende gesetzliche Regelungen spielen hierbei eine tragende Rolle: 47

- MitbestG
  Es gilt in Unternehmen mit mehr als 2.000 Arbeitnehmern (AktG, KGaA, GmbH sowie GmbH & Co. KG wie AG & Co. KG). Die Arbeitnehmer erhalten hierbei das Recht auf Sitze im Aufsichtsrat und z. T. auch des Vorstands.
- DrittelbG
- MontanMitbestG, MontanMitbestErgG
- Gesetz über die Beteiligung der Arbeitnehmer in einer Europäischen Gesellschaft

Gem. § 1 Abs. 2 SEBG können Arbeitnehmer und Societas Europaea (SE) Vereinbarungen über die Beteiligung selbstständig treffen. Unterbleibt eine Vereinbarung, wird kraft Gesetzes eine Beteiligung der Arbeitnehmer sichergestellt. Hiernach bestimmt sich die Mitbestimmung im Aufsichts- oder Verwaltungsrat der SE nach den Anteilen der Arbeitnehmervertreter in den Gründungsgesellschaften.[55] 48

Mobbing

Das Thema Mobbing[56] ist in den letzten Jahren mehr und mehr in den Fokus gerückt. Dabei verletzen Vorgesetzte oder Kollegen bewusst und gewollt die Würde eines Arbeitnehmers. Ihre Mittel sind Anfeindungen, Beleidigungen, Einschüchterungen, Entwürdigungen oder Erniedrigungen. Arbeitnehmer trauen sich allerdings häufiger die Angriffe 49

55 Vgl. Schaub/Koch, Arbeitsrecht von A-Z, Mitbestimmung (Unternehmensmitbestimmung).

56 Bekannt in der heutigen Bedeutung wurde der Begriff erst Ende der 90er Jahre des letzten Jahrhunderts.

und Verletzungen offen anzusprechen und dagegen vorzugehen. Laut der bisher einzigen und repräsentativen Studie der Bundesanstalt für Arbeitsschutz und Arbeitsmedizin zu Mobbing, werden aktuell drei von 100 Beschäftigten am Arbeitsplatz gemobbt. Bei ca. 37 Millionen Arbeitnehmer sind das über 1 Million Personen. Rechnet man die Mobbingopfer der Vergangenheit hinzu, ergibt sich eine gesamte Betroffenheitsquote von ca. 11 % aller Beschäftigten.[57] Die Sensibilität der Arbeitgeber wächst und viele versuchen, dem entgegenzutreten.[58]

50 Allerdings ist, worauf *Pauken*[59] zutreffend hinweist, *„eine straffe Führung... solange sie sachlich und verhältnismäßig bleibt, ... grundsätzlich erlaubt“* und auch *„nicht jeder Tritt auf die Füße des Arbeitnehmers und nicht jeder Ärger mit dem Chef oder Kollegen zugleich Mobbing“* und *„auch einmalige Ausrutscher oä sind grds. hinzunehmen“.* Ebenfalls spielt die Branche eine Rolle. Im Baugewerbe herrscht ein anderer Ton als in Sozialberufen. Die Beweislast liegt hierbei beim Gemobbten. Es ist daher ratsam, frühzeitig jegliche Schmähungen, Angriffe und Verletzungen zu dokumentieren.[60]

Nebentätigkeit

51 Der Trend zu einem Zweit- oder gar Drittjob ist vor allem in den unteren Einkommensverhältnissen Standard. Bei Arbeitnehmern mit höheren Gehältern ist ein Nebenverdienst meist ein willkommener Obolus. Die Zahl ist mit 4,1 Mio. doppelt so hoch wie vor 15 Jahren.[61] Dies ist arbeitsrechtlich grundsätzlich zulässig und durch das Grundrecht der freien Berufswahl gesichert (Art. 12 Abs. 1 S. 1 GG). Es kann nicht ausgeschlossen werden. Durch einen Arbeitsvertrag verpflichtet sich der Arbeitnehmer allerdings die vereinbarte Arbeitszeit (meist in einem bestimmten Zeitraum) zur Verfügung zu stellen. Die Nebenbeschäftigung kann daher unzulässig sein, wenn diese:

57 Vgl. Mobbing-Report, 2002, S. 5.
58 Vgl. Schaub/Koch, Arbeitsrecht von A-Z, Mobbing.
59 Anmerkung zu LAG Düsseldorf ArbRAktuell 2013, 214.
60 Vgl. Slizyk, Rn. 228.
61 Vgl. Brandt, statista, 2020; Handelsblatt, 2019.

(1) zu einer **erheblichen Beeinträchtigung** der Arbeitskraft des Arbeitnehmers führt,
(2) entgegenstehende **Wettbewerbsinteressen des Arbeitgebers** berührt oder
(3) **Schwarzarbeit** vorliegt.
(4) **Einschränkungen** während des **Urlaubs** und
(5) einer **AU** des Arbeitnehmers bestehen.

Sofern eine Anzeigenpflicht im Arbeitsvertrag festgehalten ist, hat der 52
Arbeitnehmer diese zu befolgen und den Arbeitgeber rechtzeitig zu informieren.[62]

Outplacement

Die Outplacement-Beratung ist ein Grundsatz, sofern Arbeitnehmer 53
(meist Führungskräfte) vor der Beendigung ihres Arbeitsverhältnisses stehen. Diese personalpolitische Maßnahme soll frühzeitig Konflikte mit dem ausscheidenden Arbeitnehmer verhindern und diesem die Möglichkeit geben, übergangslos eine neue Arbeitsstelle zu finden und anzutreten. Die recht hohen Kosten werden meist vom Arbeitgeber getragen.[63]

Prokura

In vielen Unternehmen sind die Unternehmensinhaber und die Ge- 54
schäftsleitung (Verantwortung für die tägliche Ausführung) getrennt. Um dabei keine Lücke bzgl. der täglichen Entscheidungen entstehen zu lassen, gibt es das Instrument der Prokura. Sie ist eine Handlungsvollmacht eigener Art mit gesetzlich geregeltem Umfang (§§ 48 ff. HGB). Ein Verkauf von Grundstücken ist nicht erlaubt, außer es liegt eine besondere Befugnis vor (§ 49 HGB). Eine Beschränkung der Prokura ist lediglich im Innenverhältnis möglich, nicht jedoch im Außenverhältnis.[64]

62 Vgl. Schaub/Koch, Arbeitsrecht von A-Z, Nebentätigkeit.
63 Vgl. Schaub/Koch, Arbeitsrecht von A-Z, Outplacement.
64 Vgl. Küttner-Kania/Seidel/Voelzke, Prokurist, Rn. 1.

Rufbereitschaft/Arbeitszeit

55 In vielen Berufen wie z. B. bei Ärzten, der Feuerwehr, Pflegediensten, der Polizei, usw. ist die Rufbereitschaft in bestimmten Abständen fester Bestandteil des Arbeitsplans. Dabei hat der Arbeitnehmer sich an einem selbst bestimmten Ort aufzufinden, der dem üblichen Arbeitsweg entspricht. Die Rufbereitschaft wird gem. ArbZG nicht vergütet. Sie kann nicht einseitig vom Arbeitgeber festgelegt werden, sondern muss durch Tarifvertrag, Betriebsvereinbarung oder Arbeitsvertrag vereinbart werden.[65]

Scheinselbstständigkeit

56 Die Scheinselbständigkeit erhält in einer Wirtschaft, in der mehr und mehr Selbständige und „freie" Mitarbeiter auf den Arbeitsmarkt treffen, eine hohe Bedeutung. Ausgliederungen (Outsourcing) begünstigen diesen Trend. Nicht erst seit dem Aufkommen von (schein)selbständigen Paketdienstleistern und Call-Center-Agenten, sondern auch Krankenpfleger sollen auf selbständiger Basis arbeiten.[66] Sofern diese ärztliche **Anweisungen befolgen** und in die **Organisation des Krankenhauses** eingebunden sind, ist dies nicht zulässig.[67] Vor allem für die Sozialversicherungen ist die Abgrenzung von großer Bedeutung, da dann Beiträge vom Arbeitgeber und Arbeitnehmer erhoben werden.

57 So ist eine Beschäftigung – **insbesondere in einem Arbeitsverhältnis** – nichtselbständige Arbeit (§ 7 Abs. 1 SGB IV). Eine Richtschnur gibt außerdem **§ 2 Nr. 9 SGB VI**, wonach arbeitnehmerähnliche Selbständige in der gesetzlichen Rentenversicherung versicherungspflichtig sind, wenn:

- die **im Zusammenhang mit ihrer selbständigen Tätigkeit** keinen versicherungspflichtigen Arbeitnehmer beschäftigen und
- auf **Dauer und im Wesentlichen** nur für einen Auftraggeber tätig sind.[68]

---

65 Vgl. Schaub/Koch, Arbeitsrecht von A-Z, Rufbereitschaft/Arbeitszeit.
66 Vgl. NJW-Spezial 2018, 114.
67 Vgl. SG Heilbronn, Urteil vom 1.2.2017 – S 10 R 3237/15.
68 Vgl. Schaub/Koch, Arbeitsrecht von A-Z, Scheinselbstständigkeit.

Urlaub

Gem. § 1 BurlG hat jeder Arbeitnehmer Anspruch auf bezahlten Erholungsurlaub. Dieser ist vom Arbeitgeber zu vergüten. Der gesetzliche Urlaub beträgt jährlich **mindestens 24 Werktage (4 Wochen)** bei einer 6-Tage-Woche und 20 Werktage bei einer 5-Tage-Woche.[69] Üblich sind 24 – 30 Werktage Erholungsurlaub bei einer 5-Tage-Woche.[70] 58

Gem. § 208 SGB IX haben schwerbehinderte Menschen bei einer 5-Tage-Woche Anspruch auf Zusatzurlaub von fünf Tagen, zusätzlich zu dem vertraglich/tariflich vereinbarten Urlaub. Nach Ablauf der **Wartezeit** von sechs Monaten entsteht der Urlaubsanspruch. Dieser erlischt am Ende eines Jahres (§ 7 Abs. 3 BUrlG). Er kann ins Folgejahr übertragen werden (bis 31. März), sofern dringende betriebliche oder in der Person des Arbeitnehmers liegende Gründe einen vorherigen Urlaub verhindern.[71] 59

Vorstellungskosten[72]

Sobald der Arbeitgeber eine Einladung zu einem Vorstellungsgespräch ausgesprochen hat, muss er die dafür entstandenen Kosten (z. B. Fahrt-, auch Kraftfahrzeugkosten, Übernachtungs- und Verpflegungskosten) tragen (§ 670 BGB). Ausgeschlossen werden können die Kosten, wenn der Arbeitgeber in der Einladung zum Vorstellungsgespräch darauf hinweist oder das Gespräch durch die Agentur für Arbeit zustande kam. Dann kann diese die Kosten tragen (§ 44 SGB III). 60

Zielvereinbarung[73]

Zielvereinbarungen sind in den meisten (größeren) Unternehmen an der Tagesordnung. Diese kann man einerseits klassisch als „Management by Objectives" (MbO) vereinbaren oder etwas moderner als Objectives and Key Results (OKRs). MbO's sind die weithin bekannten Jahresziele. Die Arbeitnehmer haben hierbei wenig bis kein Mitspra- 61

69 Vgl. Arbeitszeitrichtlinie 2003/88/EG.
70 Vgl. Destatis, 2018.
71 Vgl. Schaub/Koch, Arbeitsrecht von A-Z, Urlaub.
72 Vgl. Schaub/Koch, Arbeitsrecht von A-Z, Vorstellungskosten.
73 Vgl. Schaub/Koch, Arbeitsrecht von A-Z, Zielvereinbarung.

cherecht. Die Vorgabe ist klar definiert. Auch bei der OKR-Methode sind zunächst die Ziele vorgegeben, werden aber anschließend mit den Arbeitnehmern verhandelt. Die Arbeitnehmer sind unmittelbar eingebunden und sollen sich aktiv beteiligen.

MbO	**OKRs**
Top-down Vorgabe	Direkte Beteiligung der Arbeitnehmer
Statisches System	Hohe Anpassungsfähigkeit
Blick zurück	Blick nach vorne
Kontrolle und Silodenken	Transparenz und Zusammenarbeit
Belohnung	Motivation

Tabelle 1: Wesentliche Unterschiede zwischen MbO und OKRs

62 Das Pendant zu diesen Formen sind bewusst gar keine Zielvereinbarungen, wie von immer mehr Unternehmen praktiziert. Hierbei sollen die Kontinuität und die langfristige Zusammenarbeit mit dem Arbeitnehmer im Vordergrund stehen. Er soll nicht ständig von Neuem motiviert werden, sondern beständig ein **„Unternehmer im Unternehmen“**[74] sein. Dies sollte mit einem entsprechend ausreichenden Grundgehalt, einer Arbeitnehmerzufriedenheit und Unternehmenskultur einhergehen.

5. Verhandlung 1

#ARVerhandlung: Tarifvertrag nur für Gewerkschaftsmitglieder?

63 Alle Lösungen zu den Verhandlungen können angefragt werden unter: **ar_loesungen@t-online.de**

64 Die **Unternehmerin Unaja (UN)** ist im Bereich Altenpflege aktiv und hat große Probleme, geeignetes Fachpersonal zu finden. Da sie politisch und gesellschaftlich gut vernetzt ist, ist sie bei arbeitsmarktpolitischen Maßnahmen immer eine der Ersten bei dessen Umsetzung. So

74 Vgl. Sattelberger, S. 155, als Mitunternehmer.

sind ca. 20 % ihrer Mitarbeiter vor allem aus Thailand, der Ukraine und Mexiko.

Aufgrund der weiter steigenden Fluktuation entschließt sich **UN**, einen Tarifvertrag mit der zuständigen **Gewerkschaft (G)** abzuschließen. Darin findet sich die Klausel:

§ 4 Stundenlohn und Gewerkschaftszugehörigkeit

Gewerkschaftsmitglieder erhalten einen Mindestlohn i. H. v. 21,- EUR / Stunde.

Viele der Mitarbeiter – vor allem die aus dem Ausland – sind keiner Gewerkschaft angehörig. Auch ist ihnen das deutsche Gewerkschafts- und Tarifkonstrukt nicht bekannt. Auch erhalten die meisten weiterhin einen Stundenlohn i. H. v. 17,- EUR / Stunde. Die **Mitarbeiterin Margareta (MA)** möchte sich dies nicht bieten lassen und verlangt eine Erhöhung ihres Stundelohn auf mindestens das des Mindestlohns i. H. v. 21,- EUR. Sie ist nicht Mitglied der **Gewerkschaft G**. In ihrem Arbeitsvertrag wird nicht Bezug auf einen Tarifvertrag genommen. Außerdem fühlt sie sich ausgenutzt. **MA** vermisst ihre Familie, sie lebt in einem überteuerten Zimmer auf dem Betriebsgelände und arbeitet viele Überstunden, die ihr **UN** nicht ausbezahlt.

- Kann sich **MA** auf den Tarifvertrag berufen und von **UN** die Erhöhung verlangen?
- An wen kann sich MA wenden, wenn sie auf grundlegende Verstöße (überteuerte Zimmer; keine Überstundenbezahlung, etc.) aufmerksam machen möchte?

Aus: BVerfG, Beschluss vom 14.11.2018 – 1 BvR 1278/16

6. Fragen zum Kapitel

1. Wie wird das Arbeitsrecht weitestgehend bezeichnet?
2. Warum ist dies so?
3. Wie prägt die soziale Marktwirtschaft das Arbeitsrecht?
4. Welche neuen arbeitsrechtlichen Herausforderungen gibt es?
5. Wie sind Vorschriften im Arbeitsrecht aufgebaut/Wo sind diese geregelt?
6. Was waren die ersten Arbeitsgesetze im 19. Jahrhundert?

7. Was hat die „Kommission für moderne Dienstleistungen am Arbeitsmarkt“ der Politik zur Umsetzung vorgeschlagen?
8. Definieren Sie den Begriff „Arbeitgeber“!
9. Definieren Sie den Begriff „Scheinselbstständigkeit“!
10. Warum wird die Mediation auch im Arbeitsrecht immer wichtiger?

7. Literatur

Arnold/Günther, Arbeitsrecht 4.0, 1. Aufl. 2018.

BAG, Urteil vom 18.4.2002 – 8 AZR 348/01 = NZA 2003, 37.

BAG, Urteil vom 25.9.1997 – 8 AZR 288/96 = NZA 1998, 310, EzA BGB § 611 Arbeitnehmerhaftung Nr. 63 (abl. Anm. Hamacher); im Fall wurden falsche Blutkonserven verabreicht, was den Tod des Patienten zur Folge hatte.

BAG, Urteil vom 15.12.2011 – 8 AZR 692/10 = NZA-RR 2012, 570.

Bartenbach/Volz, Arbeitnehmererfindergesetz. Kommentar zum Gesetz über Arbeitnehmererfindungen, Köln 2002.

Benkert, NJW-Spezial 2019, 306.

Brachmann, Johanna, Ist das Arbeitnehmererfindungsrecht erneut reformbedürftig? Ein Rechtsvergleich zwischen Deutschland und Österreich, Schweiz, USA, Großbritannien, EIKV-Schriftenreihe zum Wissens- und Wertemanagement, No. 23, 2017.

Brandt, Erwerbstätige in Deutschland mit Nebenjob, statista, 2020. Online unter https://de.statista.com/infografik/1171/erwerbstaetige-in-deutschland-mit-nebenjob/.

Destatis, Gesetzlicher und tatsächlicher Urlaubsanspruch, 2018. Online unter https://www.destatis.de/DE/Themen/Arbeit/Arbeitsmarkt/Qualitaet-Arbeit/Dimension-2/urlaubsanspruchl.html.

Handelsblatt, Deutsche haben so viele Nebenjobs wie noch nie, 2019. Online unter https://www.handelsblatt.com/politik/deutschland/arbeitsmarkt-deutsche-haben-so-viele-nebenjobs-wie-noch-nie/23942670.html?ticket=ST-676265-b3XQfpiq604xmbvReiJJ-ap5.

Bundesministerium für Arbeit und Soziales, Grünbuch Arbeiten 4.0, 2015. Online unter https://www.bmas.de/DE/Service/Publikationen/A872-gruenbuch-arbeiten-vier-null.html.

Bundesministerium für Arbeit und Soziales, Weißbuch Arbeiten 4.0, 2017. Online unter https://www.bmas.de/SharedDocs/Downloads/DE/Publikationen/a883-weissbuch.html.

Entwurf der Arbeitsgesetzbuchkommission in § 3 S. 2.

Entwurf des Freistaates Sachsen, § 1 Abs. 2 ArbVG Sachsen.

Erfurter Kommentar zum Arbeitsrecht, 20. Auflage 2020.

Flatow/Kahn-Freund, 13. Aufl. 1931.

Hedemann, Die Fortschritte des Zivilrechts im 19. Jahrhundert, Erster Teil: Die Neuordnung des Verkehrslebens, 1910, S. 7.

Hueck, A., BlStSozArbR, 1949.

HWK/Krause BGB § 619a Rn. 32.

Kocka, Lohnarbeit und Klassenbildung, Arbeiter und Arbeiterbewegung in Deutschland 1800 bis 1875, 1983, S. 73 ff.

Kramer, Stefan (Hrsg.): IT-Arbeitsrecht, Digitalisierte Unternehmen: Herausforderungen und Lösungen, 2. Auflage, 2019 (zitiert: Kramer/Bearbeiter).

Küttner Personalbuch 2020, 27. Auflage 2020.

LAG Düsseldorf ArbRAktuell 2013, 214.

Maunz/Dürig, Grundgesetz-Kommentar Werkstand: 93. EL Oktober 2020.

Meyer, Denken Sie neu! Warum klassische Zielvereinbarungen in modernen Familienunternehmen an Wirkung verlieren, 2018. Online unter https://www.weissman.de/aktuelles/denken-sie-neu-warum-klassische-zielvereinbarungen-in-modernen-familienunternehmen-an-wirkung-verlieren/.

Möller, Haftung eines Arbeitnehmers, 2009. https://www.arbeit-und-arbeitsrecht.de/kommentare/haftung-eines-arbeitnehmers.

Müller, Ein Recht auf Home-Office?, öAT 2021, 45.

Mobbing-Report, hrsg. von der Bundesanstalt für Arbeitsschutz und Arbeitsmedizin, Forschungsbericht 951. Dortmund/Berlin 2002.

Münchener Handbuch zum Arbeitsrecht, Band 1: Individualarbeitsrecht I, 4. Auflage 2018.

Ramm GS Kahn-Freund, 1980, 230 ff.

Sattelberger, T., Welpe, I., Boes, A. (Hg.): Das demokratische Unternehmen. Neue Arbeits- und Führungskulturen im Zeitalter digitaler Wirtschaft, Haufe, Freiburg-München, 2015.

Schaub/Koch, Arbeitsrecht von A-Z, 24. Auflage 2020.

Schaub, Arbeitsrechts-Handbuch, 18. Auflage 2019.

Schmidt/Traut/Stiebert/Imani/Granetzny: Das Gregorianische Zeitalter II: Zukunftsperspektiven des Arbeitsrechts, NZA 2021, 458.

SG Heilbronn, Urteil vom 1.2.2017 – S 10 R 3237/15.

Slizyk, Handbuch Schmerzensgeld, 16. Auflage 2020.

Statistisches Bundesamt, Deutschland in Zahlen, 2020. Wie sich die unterschiedlichen Dienstleistungen quantitativ zueinander verhalten, kann online unter https://www.deutschlandinzahlen.de/tab/deutschland/branchen- unternehmen/dienstleistungen/anteil-dienstleistungen-an-der-bruttowertschoepfung nachgesehen werden.

Statistisches Bundesamt, Qualität der Arbeit – Krankenstand, Online unter https://www.destatis.de/DE/Themen/Arbeit/Arbeitsmarkt/Qualitaet-Arbeit/Dimension-2/krankenstand.html.

II. Kollektives Arbeitsrecht

„Streitende sollen wissen, dass nie der eine ganz recht hat und der andere ganz unrecht.“ (Kurt Tucholsky)

1. Einordnung

Das kollektive Arbeitsrecht versucht die Kräfteverhältnisse zwischen Arbeitgeber und Arbeitnehmer durch Vertretungsorgane auf Arbeitnehmerseite auszugleichen. Das Individualverhätnis von Arbeitnehmer und Arbeitgeber ist hierbei nicht so stark von Bedeutung. Vielmehr stehen die **Vertretungsorgane** im Vordergrund. Praktisch können die Arbeitnehmer durch einen **Betriebsrat, Personalrat oder eine Gewerkschaft** Einfluss auf unternehmerische Entscheidungen nehmen.[75] 65

Das Kollektivarbeitsrecht hat also zwei Ebenen. Auf der **überbetrieblichen Ebene** versuchen Arbeitgeberverbände und Arbeitnehmervertreter konsensfähige Tarifverträge zu verhandeln. 66

Auf der betrieblichen Ebene vertreten die Arbeitnehmervertreter im Betrieb die Interessen des Kollegiums innerhalb eines Unternehmens/Betriebs gegenüber dem Arbeitgeber. Hierbei können die Arbeitnehmervertreter im Unternehmen sich teils deutlich einbringen. In der **Arbeit 4.0**, in dem Arbeitgeber und Arbeitnehmer aufgrund der Komplexität der Arbeit und Entscheidungsprozesse meist stärker zusammenarbeiten werden müssen, kommt dem Kollektivarbeitsrecht eine besondere Bedeutung zu. Z. B. ist eine Rolle des Betriebsrats heute bereits die des „Hüters des Arbeitnehmerdatenschutzes.[76] Diese Veränderungen spiegeln sich ebenfalls in den unterschiedlichen Betei- 67

75 Vgl. Beamtenbund und Tarifunion.
76 Vgl. Kort, NZA 2015, 1345, 1346.

ligungsrechten wider. Gem. § 80 Abs. 2 BetrVG stehen dem Betriebsrat vielfältige Informationen zu. § 111 BetrVG legt Beratungsansprüche bei Betriebsänderungen fest und gem. § 87 Abs. 1 gibt es zahlreiche Mitbestimmungsrechte bei Fragen der täglichen Zusammenarbeit im Betrieb.[77]

68 Die moderne Einflussform des **Desk Sharing** hat zunächst keine Auswirkungen auf den Betrieb und die damit einhergehenden Einflussmöglichkeiten der Vertretungsorgane. Dahingegen können **Homeoffice, mobiles Arbeiten oder Shop-in-Shop-Systeme** Auswirkungen auf die betrieblichen Abläufe haben. Der bedeutsame Begriff des **Gemeinschaftsbetriebs** – der für die Bestimmung von Betriebsratsgrößen (§ 4 Abs. 1 BetrVG) und erweitertem Kündigungsschutz bedeutsam ist – muss nach den Umständen der jeweiligen Unternehmen ausgelegt werden.[78]

69 In der medialen Aufmerksamkeit kommt das kollektive Arbeitsrecht meist bei großen Arbeitskämpfen (Streiks) oder Schlichtungsverfahren zum Vorschein. Wohingegen das **Individualarbeitsrecht** die Rechtsbeziehung **inter partes** zwischen Arbeitgeber und Arbeitnehmer regelt, stehen im **kollektiven Arbeitsrecht die arbeitsrechtlichen Koalitionen** im Vordergrund.

70 Die Koalitionäre sind auf der einen Seite Arbeitgeberverbände und auf der anderen Gewerkschaften. Im Betrieb bestimmen die Belegschaftsvertretungen (Betriebsräte, Sprecherausschüsse, Personalräte, etc.) eigenverantwortlich und unabhängig – im Verhältnis zu ihren Mitgliedern und auf Grundlage von Personenwahlen – über die Einflussnahme und Mitbestimmung an geschäftlichen und betrieblichen Entscheidungen mit. Grenzen sind hierbei divergierende Arbeitnehmerinteressen sowie die gesetzlichen Vorgaben.[79] Bezugspunkte sind vor allem das:

77 Vgl. Kramer IT-ArbR HdB/Fuhlrott, C. Kollektives Arbeitsrecht, Rn. 104.
78 Vgl. BAG Beschluss vom 10.3.2004 – 7 ABR 36/03 = BeckRS 2004, 30801570.
79 Vgl. Reichold, NZA-Beilage 2012, 146.

1. Arbeitskampfrecht
2. Betriebsverfassungsrecht
3. Koalitionsrecht
4. Schlichtungsrecht

Im Fokus gesetzlicher Regelungen sind Art. 9 III GG sowie das TVG, 71
BetrVG und BPersVG. Das hohe Gut der Versammlungsfreiheit ist in Deutschland stark ausgeprägt und wird auch entsprechend gelebt. Die großen Arbeitskämpfe der 70er, 80er und 90er Jahre gibt es in der Form allerdings heutzutage nicht mehr. Zu beobachten ist dies noch in Frankreich, wenn sich die großen Gewerkschaften zusammenschließen und teilweise das ganze öffentliche Leben bzw. die Wirtschaftskraft dahinter lahmlegen.[80]

Immer mehr Mitglieder treten aus den Gewerkschaften aus, da sie sich 72
nicht entsprechend vertreten fühlen, der **Beitrag zu teuer ist** und die **Vorteile nicht mehr die Wirkung erzielen**, wie noch vor einigen Jahrzehnten. Damals konnten Gewerkschaften hohe Gehaltssprünge erkämpfen. Heutzutage ist das Arbeitsrecht außerdem eher angestelltenorientiert. Ungerechtigkeiten werden oftmals vom Gesetzgeber aufgegriffen und behoben oder die Judikative urteilt entsprechend. Die Zahl der Gewerkschaftsmitglieder hat sich in den letzten zwei Jahrzehnten daher halbiert. Außerdem gab es Zusammenschlüsse einiger großer Gewerkschaften. Der Gegentrend dazu besteht in einer neuen Heterogenität der Gewerkschaften und deren Vertretern. In den letzten Jahren ist zunächst eine Zersplitterung der Gewerkschaften in großen Betrieben zu beobachten.[81] Üblicherweise sind Gewerkschaften nach dem **Industrieverbandsprinzip** organisiert. Damit die Arbeitnehmerverbände erfolgreich verhandeln und Tarifabschlüsse erzielen können, bedarf es auch auf der Arbeitgeberseite an Zusammenschlüssen.

80 Vgl. DGB, 2019.
81 Vgl. Rüthers, NZA 2010, 6, 8.

2. Arbeitgeber- und Arbeitnehmerverbände

73 Neben kleinen Unternehmen, die ihre Gehälter meist am Markt/Tarifverträgen orientieren, werden die meisten Gehälter durch Tarifverträge weitestgehend verhandelt und festgehalten. Aufgrund der immer größeren Heterogenität der Arbeitsformen und -bezeichnungen (Crowdworking, Homeoffice, Fachangestellte, Leitungsangestellte, Scheinselbständige, Leiharbeitnehmer, etc.) ist es für Gewerkschaften schwierig, alle Anspruchsgruppen gleichwertig zu bedienen.

74 **Die bekanntesten Arbeitgeber-[82] und Arbeitnehmerverbände sind:**

Arbeitgeberverbände	**Arbeitnehmerverbände**		
		2009	2019
Bundesvereinigung der deutschen Arbeitgeberverbände (BDA)	IG Metall	2.263.020	2.262.571
Bundesverband der **deutschen Industrie** (BDI)	ver.di	2.138.200	1.955.080
Arbeitgeberverband der **Metall- und Elektroindustrie** (Gesamtmetall)	IG Bergbau, Chemie, Energie	687.111	618.321
Arbeitgebervereinigung **Nahrung und Genuss** e. V.	Gewerkschaft Erziehung und Wissenschaft	258.119	280.343
Arbeitgeberverband **Stahl** e. V.	IG Bauen-Agrar-Umwelt	325.421	240.146
Arbeitgeberverband der **Versicherungsunternehmen** in Deutschland	Gewerkschaft Nahrung-Genuss-Gaststätten	204.670	197.791
Arbeitgeberverband der **Wohnungswirtschaft** e. V.	Gewerkschaft der Polizei	169.140	194.926
	EVG / TRANSNET[83]	219.242	185.793
	DGB insgesamt	**6.264.923**	**5.934.971**

Tabelle 2: Bekannteste Arbeitgeber- und Arbeitnehmerverbände

75 Die Absenkung der Mitgliederzahlen in den einzelnen Arbeitnehmerverbänden ist einerseits mit tatsächlichen Austritten aus den einzelnen Gewerkschaften zu begründen. Andererseits sind vor allem in diesem Zeitraum viele Splittergewerkschaften entstanden, die sich nach dem

82 Vgl. BDA, 2021.
83 Sie fusionierte am 30.11.2010 mit der Verkehrsgewerkschaft GDBA zur Eisenbahn- und Verkehrsgewerkschaft (EVG).

Berufsverband organisieren, und nicht unter den DGB fallen. Bedeutende Splittergewerkschaften haben sich wie folgt gegründet:

- GDF – Gewerkschaft der Flugsicherung (Gründungsjahr: 2004)
- GDL – Gewerkschaft Deutscher Lokführer (1867)
- MB – Marburger Bund, Verband der angestellten und beamteten Ärztinnen und Ärzte Deutschlands (1947)
- VC – Vereinigung Cockpit, Berufsverband der Piloten und Flugingenieure (1969)

Insgesamt bleibt festzuhalten, dass sich immer weniger Arbeitnehmer 76
Gewerkschaften anschließen. Hauptgrund ist, dass viele Grundbedürfnisse von den Arbeitgebern erfüllt wurden, sodass der emotionale Bezug der Arbeitnehmer nicht mehr so stark vorhanden ist. Weitere Gründe sind insbesondere der demographische Wandel sowie eine Zunahme von atypischen Beschäftigungen (Leiharbeit/Zeitarbeit, geringfügige Beschäftigungsverhältnisse, Teilzeitbeschäftigung und befristete Beschäftigungsverhältnisse).[84] Diese Beschäftigungsformen machen inzwischen ein Fünftel der Arbeitnehmer aus. Die Gewerkschaften können diese Gruppen allerdings schwieriger erreichen. Ein sehr wichtiges Argument der Gewerkschaften gegenüber den Arbeitgebervertretern war bisher der hohe Organisationsgrad der Arbeitnehmer und eine damit einhergehende hohe Anzahl an Streikwilligen und Vertretenen. Im Industriesektor ist der Organisationsgrad noch stabiler als im Dienstleistungssektor – mit seinen deutlich flexibleren (teilweise unsichereren) Betriebsstrukturen.[85] In Deutschland bewegt sich der Organisationsgrad auf einem überschaubaren Niveau.

---

84 Vgl. Seils, E., Baumann, H., Policy Brief WSI, Nr. 34, 06/2019.
85 Vgl. Creutzburg, 2017.

Abbildung 1: Organisationsgrad der Gewerkschaften[86]

77 Auf **europäischer Ebene** wird die **Arbeitnehmerseite** von dem Europäischen Gewerkschaftsbund (EGB) und der Union des Confédérations de l'Industrie d'Europe (UNICE) vertreten. Lediglich der DGB ist Mitglied im Europäischen Gewerkschaftsbund – European Trade Union Confederation (ETUC).[87] Aufgrund der sinkenden Mitgliederzahlen in den Mitgliedsstaaten (außer Spanien), auf nationale Ebene fokussierte Streiks und Verhandlungen, der europäischen Gesetzgebung sowie verkrusteter Organisationsformen gewinnt die EGB nur nach und nach an Bedeutung. Im Kampf gegen international agierende Konzerne (z. B. Amazon, IKEA, etc.) bedarf es einer europaweit koordinierten Gegenseite.[88] In der europäischen Gesetzgebung ist der EGB als fester Ansprechpartner bei Gesetzesinitiativen etabliert. Gem. Art. 138 EG muss eine Anhörung der Sozialpartner stattfinden, zu der der EGB gehört. Somit konnte dieser bisher zu folgenden Themen[89] beitragen:

86 Vgl. ebenda.
87 Vgl. http://www.etuc.org.
88 Vgl. Lörcher, NZA 2003, 184, 185.
89 Vgl. Lörcher, NZA 2003, 184, 188.

Datum	Thema der Anhörung	Beitrag der Sozialpartner
1993	Europäische Betriebsräte	Stellungnahme nach einem Verhandlungsversuch[90]
1995	Vereinbarkeit von Beruf und Familie	Vereinbarung zum Elternurlaub[91]
1995	Beweislast in Fällen geschlechtsbedingter Diskriminierung	Getrennte Stellungnahmen[92]
1995	Flexibilisierung der Arbeit und Sicherheit der Arbeitnehmer	Vereinbarung zur Teilzeitarbeit[93] Vereinbarung zu befristeten Arbeitsverträgen[94] Scheitern der Verhandlungen über Leiharbeit[95]
1996	Verhinderung von sexueller Belästigung am Arbeitsplatz	Getrennte Stellungnahmen[96]
1997	Unterrichtung und Anhörung der Arbeitnehmer	Getrennte Stellungnahmen[97]
2000	Schutz der Arbeitnehmer bei Zahlungsunfähigkeit des Arbeitgebers	Getrennte Stellungnahmen[98]
2000	Modernisierung und Verbesserung der Arbeitsbeziehungen	Vereinbarung zur Telearbeit[99]

90 Die weiteren Initiativen der Kommission haben zur Verabschiedung der Richtlinie 94/45/EG (Euro-Betriebsräte) geführt.

91 Vgl. Richtlinie 96/34/EG (Elternurlaub), Richtlinie 97/81/EG (Teilzeitarbeit), Richtlinie 1999/70/EG (befristete Arbeitsverhältnisse); vgl. zur Umsetzung in nationales Recht Clauwaert/Harger, Analysis of the implementation of the parental leave directive in the EU member states, ETUI report 66, 2000; Clauwaert, Survey on the implementation of the part-time work directive/agreement in the EU member states and selected applicant countries, ETUI report, 2002.

92 Vgl. Richtlinie 97/80/EG über die Beweislast bei Diskriminierung auf Grund des Geschlechts.

93 Siehe Fn. 87.

94 Siehe Fn. 87.

95 Vgl. KOM(2002) 149 – C5-0140/2002 – 2002/0072(COD), konnte erst in 2008 verwirklicht werden: Richtlinie 2008/104/EG.

96 Wurde inzwischen in die Richtlinie 2002/73/EG (Gleichbehandlung) aufgenommen.

97 Hat trotzdem zu der Richtlinie 2002/14/EG (Unterrichtung und Anhörung der Arbeitnehmer) geführt.

98 Vgl. Richtlinie 2002/74/EG (Schutz der Arbeitnehmer bei Zahlungsunfähigkeit). In Beck: Vgl. Richtlinie 2002/74/EG des Europäischen Parlaments und des Rates v. 23.9.2002 zur Änderung der Richtlinie 80/987/EWG des Rates zur Angleichung der Rechtsvorschriften der Mitgliedstaaten über den Schutz der Arbeitnehmer bei Zahlungsunfähigkeit des Arbeitgebers – ABlEG Nr. L 270 v. 8.10.2002, S. 10.

99 Vgl. „Rahmenvereinbarung über Telearbeit" vom 16.7.2002 zwischen UNICE, CEEP und UEAPME einerseits und EGB andererseits.

2000	Schutz der Arbeitnehmer gegen Gefährdung durch Asbest bei der Arbeit	Getrennte Stellungnahmen[100]
2000	Gesundheit und Sicherheit von Selbständigen am Arbeitsplatz	Getrennte Stellungnahmen[101]
2001	Schutz der persönlichen Daten der Arbeitnehmer	Getrennte Stellungnahmen[102]
2002	Antizipation und Nutzung des Wandels. Ein dynamischer Ansatz der sozialen Aspekte der Umstrukturierung der Unternehmen	Getrennte Stellungnahmen

Tabelle 3: Gesetzesinitiativen der Sozialpartner

78 Auch die **Arbeitgeberseite** hat bzgl. Europäischer Gesetzesinitiativen eine Beratungsfunktion und betreibt darüber hinaus Lobbyarbeit. Dies geschieht hauptsächlich durch die Organisation BusinessEurope, die die verschiedenen Arbeitgeberinteressen bündelt und vorbringt.

#ARdigital: Heterogene Arbeitsformen in der Zukunft

79 Die zukünftig heterogenen Arbeitsformen werden auch im Arbeitskampfrecht zu weitreichenden Konsequenzen führen. Es wird sich die Frage stellen, wie die Koalitionsfreiheit (Art. 9 Abs. 2, 3 GG) weiterentwickelt wird, sofern deutlich mehr Arbeitnehmer im Homeoffice arbeiten und teilweise überhaupt nicht mehr im Betrieb erscheinen.

80 Somit könnten alternative Kampfformen entstehen, die nichtorganisierte Arbeitnehmer, Solo-Selbständige, weltweit agierende Crowd- und Clickworker nutzen könnten.[103] Erste Ansätze hierzu sind:

– Fortentwicklung des Arbeitskampfes im Digitalisierungsspektrum (z. B. Streik in wichtige Schnittstellen oder vorgelagerten Unternehmensprozessen).

---

100 Vgl. Richtlinie 2009/148/EG (Schutz der Arbeitnehmer gegen Gefährdung durch Asbest am Arbeitsplatz).

101 Vgl. die Auseinandersetzungen um die Verabschiedung einer entsprechenden Empfehlung (Vorschlag für eine Empfehlung des Rates zur Anwendung der Rechtsvorschriften über Sicherheit und Gesundheitsschutz am Arbeitsplatz auf Selbstständige, KOM/2002/0166 endg. – CNS 2002/0079).

102 Vgl. Verordnung (EU) 2016/679 (Datenschutz-Grundverordnung).

103 Vgl. Giesen/Kersten, NZA 2018, 1, 3.

- Unterstützungsstreik durch betriebsexterne Personen.
- Organisation von Flashmobs.

Je nach Branche und Wirtschaftssektor sind diese Entwicklungen[104] zu beobachten, die einen mehr oder weniger großen Effekt auf die Arbeitskämpfe haben werden: 81

- Anstieg von Fremdfirmen bzw. Werkvertrags- und Leiharbeitnehmer,
- Dezentralisierung und Aufspaltung von Unternehmensstrukturen und Betrieben,
- Fester Anteil von prekären und ungeschützten Arbeitsverhältnissen (v. a. geringfügig und befristete Arbeitnehmer; hoher Niedriglohnsektor),
- Internationalisierung und Globalisierung der Wertschöpfungskette,
- Privatisierung öffentlicher Einrichtungen und Unternehmen,
- Organisations- und Mobilisierungsdefizite der Gewerkschaften,
- Schwächung der Tarifbindung durch Tarifflucht.

Die Folgen[105] für Arbeitskämpfe und das Arbeitskampfrecht 4.0 werden voraussichtlich und hauptsächlich sein: 82

- Geringe Wirkung von klassischen Streiks. Digitalisierung ersetzt nämlich zunächst die Arbeitskraft oder lagert diese auf kleinere Einheiten (Co-Working-Spaces). Außerdem können bestreikte Arbeitsprozesse schnell ausgelagert werden.
- Im Umkehrschluss kann sich die Effektivität von Streiks erhöhen. Wenige Spezialisten (siehe bereits Kleinstgewerkschaften) können ganze Prozesse lahmlegen, da alle Arbeitsschritte stark miteinander verknüpft sind.

#ARVerhandlung: Flashmob-Aktionen
Sachverhalt

Ein Arbeitgeberverband (A) organisiert und vertritt Einzelhandelsunternehmen in Deutschland. Während eines Streiks der Gewerkschaft (G) kommt es zu einem Eklat. Die G organisiert einen sogenannten 83

104 Vgl. Berg, RdA 2019, 110, 111.
105 Vgl. Berg, RdA 2019, 110, 112.

Flashmob unter Einbeziehung der Kunden. Die Parteien streiten darüber, ob solch eine Aktion zulässig ist.

Aus:

BAG, Urteil vom 22.9.2009 – 1 AZR 972/08
(LAG Berlin-Brandenburg Urteil 29.9.2008 – 5 Sa 967/08)

BVerfG (3. Kammer des Ersten Senats),
Beschluss vom 26.3.2014 – 1 BvR 3185/09

#ARpraxis: Berufs- und Spezialgewerkschaften

84 Die Spezialisierung einzelner Gewerkschaften bedingt zusätzliche Betrachtungsweisen. Im Sinne einer differenzierten Auslegung ist zunächst eine Pro- und Contra-Bewertung solcher Gewerkschaften nicht zielführend. Sie trägt nämlich den Umständen Rechnung, dass in der gesamten **Arbeitswelt Spezialisierungen stattfinden**, zumeist – aber nicht ausschließlich – in hochqualifizierten Berufen. Somit gibt es immer mehr Gewerkschaften. Verbunden damit besteht ein größerer **Koordinierungsbedarf bei Streikfällen**. Außerdem müssen Grenzen definiert werden, wann ein Streik als lediglich unterstützend gilt, wann als unverhältnismäßig neuer.

85 Im Frühjahr 2012 haben Arbeitnehmer der Vorfeldkontrolle, der Vorfeldaufsicht und der Verkehrszentrale bei der Fraport AG einen Hauptstreik begonnen. Die Fluglotsen wollten sich solidarisieren und ebenfalls streiken. Das ArbG Frankfurt entschied zugunsten der Fraport, der DFS Deutscher Flugsicherung und der Deutschen Lufthansa als Arbeitgeber. Danach war es der Gewerkschaft der Flugsicherung untersagt, ihre Mitglieder zu Streiks aufzurufen oder Streiks durchzuführen[106]. Zur Begründung führte das ArbG aus, dass der geplante **Unterstützungsrechtsstreik** der Fluglosten sich als **unverhältnismäßig** erwies. Der Streik wäre gerade nicht lediglich unterstützend, sondern hätte weitreichende Auswirkungen wie Flugausfälle zur Folge. Da die Fluglotsen allerdings nicht für sich den Arbeitskampf bestreiten wollten, wurde dieser verboten.

106 Vgl. ArbG Frankfurt/Main, 29.2.2012 – 9 Ga 24/12.

3. Mitbestimmungsrecht

Das Mitbestimmungsrecht ist in Deutschland bereits stark ausgeprägt. 86
Durch den Trend in vielen Unternehmen mit flachen Hierarchien, in denen der Arbeitnehmer ein **„Unternehmer im Unternehmen"**, **„Unternehmensbürger"** oder **„Mitunternehmer"**[107] sein soll, wird sich die aktive Beteiligung der Arbeitnehmer zukünftig automatisch ausweiten. Hochqualifizierte **Kollegen** werden vermehrt ihre Expertise einbringen müssen sowie an unternehmerischen Entscheidungen beteiligen. Zu unterscheiden ist hierbei zwischen der **betrieblichen Mitbestimmung und der Unternehmensmitbestimmung.** Die Unternehmensmitbestimmung bezieht sich dabei auf die Mitbestimmung und Mitwirkung in den Aufsichts- und Leitungsorganen von Kapitalgesellschaften. Die betriebliche Mitbestimmung regelt die grundlegende Ordnung der betrieblichen Zusammenarbeit von AG und Arbeitnehmer. Auf Seiten der Arbeitnehmer in Form von Betriebsräten.[108] In Unternehmen, indem die Arbeitnehmer sich stark mit ihrem Unternehmen verbunden fühlen und das Vertrauen zur Gestaltung und deren Stimme bei Entscheidungsfindungen erwünscht ist, sind die Mitbestimmungen fließend und gehen über die gesetzlichen Regelungen hinaus.

Gesetzlich gestaltet sich die Anzahl der Betriebsratsmitglieder bei der 87
betrieblichen Mitbestimmung (§ 9 BetrVG) wie folgt:

Betriebsgröße Anzahl der wahlberechtigten Arbeitnehmer	Betriebsrats-mitglieder	Betriebsgröße Anzahl der wahlberechtigten Arbeitnehmer	Betriebsrats-mitglieder
5–20	1	2.001–2.500	19
21–50	3	2.501–3.000	21
51–100	5	3.001–3.500	23
101–200	7	3.501–4.000	25
201–400	9	4.001–4.500	27
401–700	11	4.501–5.000	29
701–1.000	13	5.001–6.000	31
1.001–1.500	15	6.001–7.000	33

107 Vgl. Sattelberger, S. 14, 155.
108 Vgl. Kortstock in Creifelds, Rechtswörterbuch, „Mitbestimmung".

1.501–2.000	17	7.001–9.000	35

Tabelle 4: Anzahl Betriebsratsmitglieder (§ 9 BetrVG) nach Betriebsgröße

88 Gem. § 15 Abs. 2 BetrVG muss sich die Verteilung der Geschlechter in der Belegschaft entsprechend auch im Betriebsrat widerspiegeln. Dazu muss der Betriebsrat aus mindestens drei Mitgliedern bestehen. Die einzelnen Organisationsbereiche und die verschiedenen Beschäftigungsarten der im Betrieb tätigen Arbeitnehmer sollen entsprechend vertreten sein.

89 **Leiharbeitnehmer** sind bei der Berechnung der Anzahl der wahlberechtigten Arbeitnehmer **neuerdings zu berücksichtigen („Leiharbeitnehmer wählen und zählen“)**.[109] Bis vor einigen Jahren bestand noch der Grundsatz, dass Leiharbeitnehmer im Entleiherbetrieb „*zwar wählen, aber nicht zählen*“. Diesen Grundsatz hat das BAG erstmals 2011 aufgegeben. Das BAG „*zählt*“ mittlerweile Leiharbeitnehmer bei der Ermittlung der maßgeblichen Unternehmensgröße nach § 111 S. 1 BetrVG, der Betriebsratsgröße nach § 9 BetrVG sowie der maßgebenden Betriebsgröße für Freistellungen gem. § 38 BetrVG mit. Darüber hinaus gilt dieses Prinzip auch für die **unternehmerische Mitbestimmung** (Schwellenwert des § 9 Abs. 1, 2 MitbestG). D. h., dass die **Aufsichtsratswahl** auch von den zum Stichtag im Unternehmen eingesetzten **Leiharbeitnehmern** abhängt.[110]

90 Diese vom BAG durchgeführte Rechtsprechungsänderung hat der Gesetzgeber nunmehr im Rahmen der AÜG-Reform durch die Neufassung von § 14 Abs. 2 S. 4 AÜG kodifiziert. Das BAG konnte mit Beschluss vom 2.8.2017 (7 ABR 51/15)[111] erstmals zu der neuen Regelung Stellung nehmen und bestehende Unklarheiten beseitigen.

109 Vgl. Düwell, BB 2019, 2615, f.
110 Vgl. Künzel/Schmid, NZA 2016, 531.
111 Vgl. BAG, Beschluss vom 2.8.2017 – 7 ABR 51/15.

a) Betriebliche Mitbestimmung

In den verschiedenen Rechtsgebieten (unabhängig vom Arbeitsrecht) ist häufig von einem **örtlichen, sachlichen und persönlichen Geltungsbereich** die Rede. Damit ist gemeint, **wann/wie ein Gesetz Anwendung findet.** Ist es in bestimmten Schranken oder kann man diese weit auslegen. Im Arbeitsrecht und für die **betriebliche Mitbestimmung** bedeutet dies, dass ebenfalls diese drei Voraussetzungen erfüllt sein müssen, damit der Anwendungsbereich des BetrVG eröffnet ist. 91

Der **örtliche Geltungsbereich** ist gegeben, wenn ein Betrieb innerhalb der deutschen Grenze liegt (Territorialprinzip). Die Auslandsvertretung eines deutschen Unternehmens fällt nicht unter das BetrVG. Auch wenn meist das deutsche Recht in ausländischen Betrieben für deutsche Arbeitnehmer vereinbart wird, kommt das deutsche BetrVG nicht zum Zuge.[112] 92

Der **sachliche Geltungsbereich** ist gegeben, wenn in der Regel: 93

- Erstens **mehr als fünf ständig** wahlberechtigte Arbeitnehmer beschäftigt sind.
- Zweitens müssen von diesen Arbeitnehmern drei wählbar sein (§ 1 Abs. 1 BetrVG). Gem. § 7 BetrVG sind alle Arbeitnehmer des Betriebs wahlberechtigt, die das 18. Lebensjahr vollendet haben.
- Darüber hinaus sind auch Leiharbeitnehmer wahlberechtigt, sofern sie länger als drei Monate im Betrieb eingesetzt werden.[113] Wahlberechtigt sind alle Wahlberechtigten, die seit mindestens sechs Monaten für den Betrieb arbeiten (§ 8 BetrVG).

Abzugrenzen sind hiervon die Fälle, auf die dieser Sachverhalt nicht zutreffend ist: 94

- *Kleinbetriebe:*
  Kleinbetriebe mit weniger als fünf wahlberechtigten Arbeitnehmern, von denen mindestens drei wählbar sind.
- *Verwaltungen und Betriebe des öffentlichen Rechts (§ 130 BetrVG):*

112 Vgl. Schaub/Koch, Arbeitsrechts-Handbuch, § 213, Rn. 1.
113 Siehe II. 3.

In diesen Einrichtungen gelten die Personalvertretungsgesetze des Bundes oder des jeweiligen Bundeslandes mit den jeweiligen Spezialvorschriften.

95 Der **persönliche Geltungsbereich** ist gegeben und damit die **Geltung des BetrVG** eröffnet, wenn Arbeitnehmer i. S. d. **§ 5 Abs. 1 BetrVG** sind. Arbeitnehmer ist danach, wer:

- einen privatrechtlichen Vertrag zum Dienste einer Leistung von abhängiger Arbeit abschließt und
- in die Betriebsorganisation des Arbeitgebers eingegliedert ist.[114]

96 Zu den **Arbeitnehmern zählen** auch Außendienst- und Telearbeiter (Homeoffice), meist die Heimarbeiter (wenn sie hauptsächlich für den Betrieb arbeiten und **nicht** überwiegend selbständig sind) sowie Auszubildende.[115]

97 **Nicht zu den Arbeitnehmern** zählen[116]:

- Beamte und Beamtenanwärter.
- Organvertreter einer juristischen Person (§ 5 Abs. 2 Nr. 1 BetrVG).
- Personengesellschaften (§ 5 Abs. 2 Nr. 2 BetrVG).
- Personen, die aus ideellen oder karitativen Gründen arbeiten (§ 5 Abs. 2 Nr. 3BetrVG).
- Arbeit zur Heilung und Erziehung (§ 5 Abs. 2, Nr. 4 BetrVG).
- Ehegatten, Lebenspartner, Verwandte und Verschwägerte 1. Grads (§ 5 Abs. 2 Nr. 5 BetrVG).
- Leitende Angestellte (§ 5 Abs. 3, S. 1 BetrVG).

98 **Städtische-, Landes- und Bundesbetriebe** sind ebenfalls vom BetrVG betroffen (Eigenbetriebsverordnung). Aufgrund von EU-Regelungen und der Abgrenzung von Verwaltung und staatsnahen, gewinnorientierten sowie wettbewerbsorientierten Betrieben müssen diese Betriebe oftmals als GmbH's geführt werden. In diesem Fall greift das BetrVG, auch wenn die Gemeinde oder der Staat alleiniger Eigentümer sind. In der Verwaltung selbst gilt das BetrVG hingegen nicht.

114 Vgl. Schaub/Koch, Arbeitsrechts-Handbuch, § 212, Rn. 5.
115 Vgl. Schaub/Koch, Arbeitsrechts-Handbuch, § 212, Rn. 6a – 7.
116 Vgl. Schaub/Koch, Arbeitsrechts-Handbuch, § 212, Rn. 8 ff.

Für **Religionsgemeinschaften** (auch deren karitative und erzieherische Einrichtungen) gilt: In diesen Einrichtungen gelten die Personalvertretungsgesetze des Bundes und damit nicht das BetrVG. 99

Die Beteiligungsrechte des Betriebsrats unterscheiden sich in Hinsicht auf den Grad der Partizipation stark. Diese sind in **Mitwirkungs- und Mitbestimmungsrechte** unterteilt. 100

Mitwirkungsrechte sind: 101

- **Unterrichtungs- und Informationsrechte**[117]
  - Der Arbeitgeber hat den Betriebsrat über die Behandlung einer Beschwerde des Arbeitnehmers zu unterrichten (§ 80 Abs. 3 BetrVG).
  - Der Betriebsrat erhält vom Arbeitgeber die Niederschriften über Untersuchungen, Besichtigungen und Besprechungen bei den Themen Arbeitsschutz, Unfallverhütung oder betrieblicher Arbeitsschutz (§ 89 Abs. 5, 6 BetrVG).
  - Der Arbeitgeber hat den Betriebsrat über die Planung von
    1. **Neu-, Um- und Erweiterungsbauten** von Fabrikations-, Verwaltungs- und sonstigen betrieblichen Räumen,
    2. von technischen Anlagen,
    3. von **Arbeitsverfahren und Arbeitsabläufen** oder
    4. der Arbeitsplätze rechtzeitig unter Vorlage der erforderlichen Unterlagen zu unterrichten (§ 90 Abs. 1 BetrVG).
  - Der Arbeitgeber hat den Betriebsrat über die **Personalplanung** (Personalbedarf, Personalmaßnahmen, etc.) umfassend zu unterrichten (§ 92 Abs. 1, S. 1 BetrVG).
  - Jede Einstellung, Eingruppierung, Umgruppierung und Versetzung ist dem Betriebsrat zu unterrichten (Unternehmen > 20 Arbeitnehmer, § 99 Abs. 1, S. 1 BetrVG).
  - Der Arbeitgeber hat den Betriebsrat unverzüglich von der vorläufigen personellen Maßnahme zu unterrichten (§ 100 Abs. 2, S. 1 BetrVG).
  - Der Arbeitgeber hat dem Betriebsrat die **Gründe für die Kündigung** mitzuteilen. Eine ohne Anhörung des Betriebsrats

117 Vgl. Schaub/Ahrendt, Arbeitsrechts-Handbuch, § 230, Rn. 2.

ausgesprochene Kündigung ist unwirksam (§ 102 Abs. 1, S. 1 BetrVG).

- Eine **beabsichtigte Einstellung oder personelle Veränderung von leitenden Angestellten** ist dem Betriebsrat rechtzeitig mitzuteilen (§ 105 BetrVG).
- Der **Wirtschaftsausschuss** muss rechtzeitig und umfassend vom Unternehmen über die wirtschaftlichen Angelegenheiten informiert werden. Daraufhin informiert der Ausschuss den Betriebsrat (§ 106 Abs. 2 BetrVG).
- Der **Jahresabschluss** ist dem Wirtschaftsausschuss unter Beteiligung des Betriebsrats zu erläutern (§ 108 Abs. 5 BetrVG).
- Der Unternehmer hat den Betriebsrat über **geplante Betriebsänderungen** rechtzeitig und umfassend zu unterrichten (Unternehmen < 20 Arbeitnehmer, § 111 BetrVG).

#ARpraxis: Zusammenarbeit mit Betriebsrat

102 In der Praxis ist dies für viele Unternehmen **kostspielig und aufwendig**. Es gilt daher für Unternehmen eine solide und transparente Beziehung zum Betriebsrat aufzubauen (sofern möglich), sodass eine tatsächliche Mitwirkung und nicht ein Nebeneinander besteht. Ansonsten kann auch eine Unterrichtung vom **Betriebsrat gerichtlich** erzwungen werden. Weigert sich der Arbeitgeber partout bzw. stellt die unterbliebene oder fehlerhafte Unterrichtung **einen groben Verstoß dar, kann das Gericht sogar den Arbeitgeber zwingen, eine Handlung zu unterlassen, die Vornahme einer Handlung zu dulden oder eine Handlung vorzunehmen** (§ 23 Abs. 3 BetrVG). In solchen Fällen wird meist zugleich ein Bußgeld fällig (§ 121 BetrVG).

- **Anhörungs-, Beratungs- und Initiativrechte**[118]

103 In diesen Fällen gesteht das Gesetz dem Betriebsrat zu, Einwendungen oder eigene Vorschläge gegen beabsichtigte Maßnahmen des Arbeitgebers vorzutragen. Zu unterscheiden sind die Anhörungs-, Beratungs- und Initiativrechte nach ihrem Wortlaut.

118 Vgl. Schaub/Ahrendt, Arbeitsrechts-Handbuch, § 230, Rn. 3.

Das **Anhörungsrecht** gebietet dem Betriebsrat, dass der Arbeitgeber ihn anhört und sich sodann mit seinen Anregungen und Einwendungen auseinandersetzt: 104

- Der Betriebsrat hat **Beschwerden** von Arbeitnehmern entgegenzunehmen und, falls er sie für berechtigt erachtet, beim Arbeitgeber auf Abhilfe hinzuwirken (§ 85 Abs. 1 BetrVG).
- Eine ohne Anhörung des Betriebsrats ausgesprochene Kündigung ist unwirksam (§ 102 Abs. 1 S. 1 BetrVG).

Das **Beratungsrecht** gibt dem Betriebsrat die Gelegenheit zur Stellungnahme. Zuvor müssen dementsprechend die Sachlage gemeinsam erörtert und die angesprochenen Hinweise abgewogen werden. Bereits hierbei ist elementar, dass der Betriebsrat sich seiner Funktion und Stellung bewusst ist und durch das Unternehmen (§ 37 Abs. 6, 7 BetrVG), die Gewerkschaft oder auf sonstige Weise entsprechende Fort- und Weiterbildungen erhält. Es muss sichergestellt sein, dass der Betriebsrat angemessene und zielführende Stellungnahmen zum Wohle der Arbeitnehmer und des Unternehmens abgibt.[119] Die Entscheidungsgewalt ist nämlich gänzlich dem Arbeitgeber zugeordnet. Die Beratungsrechte sind eine minimale Erweiterung der Anhörungsrechte. Diese sind festgelegt in den §§ 89, 90 Abs. 3, 92 Abs. 1, 2, 96 Abs. 1 S. 1 (Betriebsrat kann Vorschläge zur Berufsbildung abgeben), 97 Abs. 1, 106 Abs. 1, 112 (Interessenausgleich über die Betriebsänderung, Sozialplan) BetrVG. 105

Die **Initiativrechte** gewähren dem Betriebsrat von sich aus tätig zu werden und Vorschläge zu unterbreiten, die gemeinsam auszuwerten sind. Diese sind in den §§ 92 Abs. 2, 93, 95, 96 Abs. 1 S. 3 BetrVG. 106

Mitbestimmungsrechte sind: 107

- **Widerspruchs- und Zustimmungsverweigerungsrechte**[120]

Der Betriebsrat kann hierbei nicht verhindern, dass die beabsichtigte Maßnahme vom Arbeitgeber durchgeführt wird. Allerdings steht dem Betriebsrat zu, durch seinen Widerspruch oder seine verweigerte Zustimmung die Umsetzung zu verhindern. In der Praxis wird der

119 Vgl. Maußner/Schuhmacher, ArbRAktuell 2014, 221.
120 Vgl. Schaub/Ahrendt, Arbeitsrechts-Handbuch, § 230, Rn. 4.

Arbeitgeber daher bereits im Vorhinein versuchen, den Betriebsrat in die Entscheidungsfindung einzubinden.

108 Ein **Zustimmungsverweigerungsrecht** ist dem Betriebsrat in **personellen** Einzelmaßnahmen bei Einstellungen, bei Ein- und Umgruppierungen sowie Versetzungen möglich (§ 7 BetrVG).

109 Ein **Widerspruch** steht dem Betriebsrat im Falle einer **ordentlichen Kündigung (§ 102 BetrVG)** zu. Dadurch kann ein Weiterbeschäftigungsanspruch des Arbeitnehmers begründet werden. Der Betriebsrat muss seine Rechte jedoch ordnungsgemäß darlegen.

- **Mitbestimmungsrechte**[121]

110 Mit die stärkste Hebelwirkung für den Betriebsrat besteht beim Mitbestimmungsrecht. Der Betriebsrat muss in folgenden Fällen einem geplanten Vorhaben zustimmen:
- Außerordentliche **Kündigung** eines **Betriebsratsmitglieds** (§ 103 BetrVG)
- Bzgl. **Arbeitszeit, -ort und -form** (§ 87 BetrVG)
- Im Hinblick auf Personalfragebogen und **Beurteilungsgrundsätze** (§ 94 BetrVG)
- Dergleichen bei **Auswahlrichtlinien** von Einstellungen, Versetzungen, Umgruppierungen und Kündigungen (§ 95 BetrVG)
- Bei der Durchführung betrieblicher Bildungsmaßnahmen (§ 98 BetrVG)

111 Sofern Arbeitgeber und Betriebsrat sich nicht einigen können, kann die Einigungsstelle[122] letztendlich entscheiden. Bei den Entscheidungen mit Mitbestimmungsrecht des Betriebsrats gilt noch stärker, dass im Vorhinein ein Zusammenspiel (Initiativrecht und Einbeziehung des Betriebsrats) durch den Arbeitgeber vorzunehmen ist. Ebenfalls ist es nötig, dass der Betriebsrat über genügend Sach- und Persönlichkeitskompetenz[123] verfügt. Nur durch eine erfolgreiche Zusammenarbeit im Sinne des Unternehmens und damit eingeschlossen der Arbeitnehmer können Entscheidungen, rechtssicher, zukunftsbasiert und

121 Vgl. Schaub/Ahrendt, Arbeitsrechts-Handbuch, § 230, Rn. 5.

122 Einigungsstelle ist ein Gremium von Arbeitgebern und Arbeitnehmern desselben Betriebs.

123 Kommunikations-, Mediations-, Konfliktlösungs- und Durchsetzungskompetenz.

erfolgsorientiert getroffen werden. Als ultima ratio kann die Zustimmung durch das Arbeitsgericht ersetzt werden.

#ARdigital: Mitwirkungs- und Mitbestimmungsrechte

Im Bereich **Arbeit 4.0** stellen sich hinsichtlich der **Mitwirkungs- und Mitbestimmungsrechte** neue Fragestellungen. Wann darf der Betriebsrat wie neueste Entwicklungen begleiten, initiieren oder mitbestimmen? Oftmals haben die technischen Fortschritte eine Verringerung der Arbeitnehmer zur Folge. Allerdings sind viele digitale Möglichkeiten und Eingliederungen in den Arbeitsprozess eines Unternehmens durch eine tiefere Spezialisierung bzw. Fachkenntnis geprägt, denn durch Rationalisierung. Darauf müssen sich Arbeitgeber und Arbeitnehmer schnellstmöglich einstellen und entsprechende **Prozesse entwickeln**. Die Mindeststandards dabei könnten sein: 112

- **Homeoffice**
  wird nicht nur durch die COVID-19-Pandemie immer wichtiger. Hierbei sollte – unter Berücksichtigung der unternehmens- und arbeitnehmerspezifischen Gegebenheiten – eine entsprechende Betriebsvereinbarung getroffen werden. Diese sollte Regelungen für **Arbeitszeiten** (§ 87 Abs. 1 Nr. 2, 3 BetrVG), **Technische Kontrolleinrichtungen**, (§ 87 Abs. 1 Nr. 6 BetrVG), **Verhütung von Arbeitsunfällen und Gesundheitsschäden**, (§ 87 Abs. 1 Nr. 7 BetrVG) sowie der **betrieblichen Mitbestimmung** umfassen.[124]
- **Beschäftigung und Qualifizierung**
  Die Digitalisierung wird viele Arbeitsplätze völlig umgestalten. 47 % der Arbeitsplätze in den USA nach einer Studie von Frey/ Osborne seien durch die Digitalisierung bedroht oder werden sich verändern.[125] Oftmals wissen die Arbeitnehmer selbst besser, welche Qualifizierungsmaßnahmen für einen Tätigkeitsbereich von Nöten wären. Sie sind täglich mit den Prozessen und Weiterentwicklungen beschäftigt. Ein generelles Initiativrecht für den Betriebsrat in § 97 BetrVG wäre hierzu hilfreich.[126]

---

124 Vgl. Schulze/Ratzesberger, ArbRAktuell 2016, 109, ff.

125 Vgl. Frey, Carl Benedikt, Osborne, Michael, FAZ, 2018.

126 Vgl. Klebe, NZA-Beilage 2017, 77, 81; „Wichtig wäre zudem, einen individuellen **Weiterbildungsanspruch**, wie er beispielsweise in einem ersten Schritt in

- **Arbeits- und Gesundheitsschutz**
  Die Mitbestimmungsrechte gem. § 87 Abs. 1 Nr. 7 BetrVG geben dem Betriebsrat weitreichende Befugnisse, um Missstände zu verbessern. Obwohl Erkrankungen des Muskel-Skelett-Systems noch deutlich auf Platz 1 der Krankheitsursachen für Fehltage stehen, folgen auf Platz zwei bereits die Psychischen Erkrankungen.[127] Auch hier gilt es, entsprechende Vorkehrungen am Arbeitsplatz oder durch Weiterbildungen zu treffen.[128]
- **Datenschutz**
  „Big Data" macht es möglich, dass alle Arbeitsprozesse transparent werden und die personenbezogenen Daten des Arbeitnehmers damit gläsern. Der Betriebsrat hat hierbei das Initiativrecht nach § 86 Abs. 1 Nr. 6 BetrVG. Einschränkend gilt dies aber nur, wenn entweder personenbeziehbare Daten technisch erfasst oder/und technisch ausgewertet werden.[129] Das BAG lehnt bisher ein Initiativrecht hierbei ab.[130]
- **Globalisierung**
  „Die Globalisierung ist für die BWL, wie die Schwerkraft für die Physik".[131] Darauf sind die rechtlichen Gegebenheiten für Betriebsräte bisher nicht ausgelegt. Die Europäischen Betriebsräte sind lediglich Informations- und Konsultationsgremien. Eine „echte" Mitbestimmung, wie im deutschen Arbeitsrecht, ist nicht kodifiziert. Weltweite Betriebsräte sind bisher in einzelnen Unternehmen zu finden.[132]
- **Organisationsänderung**
  Die Entwicklung in einigen Unternehmen, agiles Arbeiten einzuführen, stellt eine Betriebsänderung i. S. d. § 111 BetrVG dar. Der

der **Metall- und Elektroindustrie** seit Februar 2015 in dem **Tarifvertrag** zur Bildungsteilzeit vorgesehen ist, einzuräumen."

127 Vgl. iwd, 2021.
128 Vgl. Klebe, NZA-Beilage 2017, 77, 82.
129 Vgl. Klebe, NZA-Beilage 2017, 77, 81, 82.
130 Vgl. BAG: Initiativrecht des Betriebsrats, Beschluss vom 28.11.1989 – 1 ABR 97/88.
131 Norbert Lammert, Bundestagspräsident a. D.
132 Vgl. Klebe, NZA-Beilage 2017, 77, 81, 83.

Arbeitgeber hat den Betriebsrat hierüber zu informieren und sich mit diesem zu beraten.[133]

Noch wichtiger als die Anzahl der Betriebsratsmitglieder ist die Zahl 113
der freizustellenden Betriebsratsmitglieder. Sofern Unternehmen im Bereich der Schwellen liegen, versuchen diese nicht selten die Voll- und Teilzeitstellen herunterzurechnen. Die Abstellung eines Arbeitnehmers kann meist für KMU's ein Kosten- und Organisationsfaktor darstellen.

b) Unternehmensmitbestimmung

Die Unternehmensmitbestimmung bezieht sich dabei auf die Mitbe- 114
stimmung und **Mitwirkung in den Aufsichts- und Leitungsorganen von Kapitalgesellschaften,** auch bekannt als Konzernbetriebsrat (Konzernbetriebsrat).

Rechtlich gesehen haben Betriebsräte unterschiedlich stark ausgeprägt 115
Rechte. In der Praxis kommt es jedoch häufig auf folgende Punkte bei einem professionellen Betriebsrat[134] an:

1. **Rückendeckung der Belegschaft**
   Steht die Belegschaft hinter dem Betriebsrat oder besteht kein Interesse an der Arbeit dieser. Teilweise kann es auch zu Abweichungstendenzen hin zum Arbeitgeber kommen.
2. **Macht der Betriebsräte**
   Kann der Betriebsrat mit seiner Stimme bzw. seinen Stimmen tatsächlich etwas ausrichten. Vor allem in der Automobilindustrie (siehe Porsche) ist dies häufig der Fall.
3. **Fachkompetenz des Betriebsrats**
   Die leitenden Angestellten des Arbeitgebers sind meist gut ausgebildet und haben zusätzlich die Möglichkeit auf externe Beratung zuzugreifen. Hierbei müssten sich Betriebsräte meist zusätzlich weiterbilden.

133 Vgl. Schulze/Volk, ArbRAktuell 2019, 404, 406.
134 Vgl. Scherer, 2017.

4. **Soziale Kompetenz**
   Bei großen Unternehmen vertreten Betriebsräte mehrere tausend Arbeitnehmer. Hier gilt es, die unterschiedlichen Bedürfnisse aufzugreifen und entsprechend gegenüber dem Arbeitgeber zu vertreten.
5. **Nutzung der zustehenden Rechte**
   Wie dem Betriebsrat stehen auch dem Konzernbetriebsrat die unterschiedlichen Rechte zu, die im Gesetz verankert sind: **Mitwirkungs- und Mitbestimmungsrechte.** Es ist wichtig, diese zu kennen, einzusetzen und vor allem weiterzugeben.

116 Für den Konzernbetriebsrat sind vier gesetzliche Regelungen von Relevanz:

- Gesetz über die Mitbestimmung der Arbeitnehmer (**MitbestG** vom 4.5.1976)
- Gesetz über die Mitbestimmung der Arbeitnehmer in den Aufsichtsräten und Vorständen der Unternehmen des Bergbaus und der Eisen und Stahl erzeugenden Industrie (**MontanMitbestG** vom 21.5.1951)
- Gesetz zur Ergänzung des Gesetzes über die Mitbestimmung der Arbeitnehmer in den Aufsichtsräten und Vorständen der Unternehmen des Bergbaus und der Eisen und Stahl erzeugenden Industrie (**MontanMitbestErgG** vom 7.8.1956)
- Drittelbeteiligungsgesetz (**DrittelbG**) vom 18.5.2004)

117 Die einzelnen Regelungen bestehen bereits seit langer Zeit und haben sich bisher gut bewährt. Das **MitbestG ergänzt** das bisherige **Gesellschafts- und Unternehmensrecht**. Somit werden die Kernbefugnisse der Anteilseigner nicht oder in geringem Maße tangiert. In Fragen der Auflösung des Unternehmens, Änderung des Unternehmensgegenstands, Fusion mit anderen Unternehmen, Maßnahmen der Kapitalbeschaffung und -herabsetzung, Sitzverlegung, Umwandlung des Unternehmens und Satzungsänderungen, usw. können die Arbeitnehmer nicht mitentscheiden.[135]

135 Vgl. Schaub/Koch, Arbeitsrecht von A-Z, Mitbestimmung (Unternehmensmitbestimmung).

Das **MontanMitbestG und MontanMitbestErgG** schützt Arbeitnehmer, deren Arbeitgeber die Förderung von Stein- und Braunkohle oder Eisenerzen sowie in der Aufbereitung, Verkokung, Verschwelung oder Brikettierung dieser Grundstoffe liegt und ihre Betriebe unter der Aufsicht der Bergbehörden stehen. 118

Das **DrittelbG** ist stark an das BetrVG angelehnt. Die Regelungen ähneln sich mit dem Unterschied, dass das DrittelbG speziell auf mittelständische Unternehmen Anwendung findet. Danach sind die Mitbestimmungsrechte im Aufsichtsrat bei Unternehmensgrößen von: 119

1. AktG mit i. d. R. nicht mehr als 500 Arbeitnehmer.
   (AktG mit i. d. R. weniger als 500 Arbeitnehmer, die vor dem 10.8.1994 eingetragen worden ist (Ausnahmen bei Familiengesellschaften)).
2. KGaA.
3. GmbH mit i. d. R. mehr als 500 Arbeitnehmer.
4. Versicherungsverein auf Gegenseitigkeit.
5. Erwerbs- und Wirtschaftsgenossenschaft mit i. d. R. mehr als 500 Arbeitnehmer.[136]

Darüber hinaus gewinnt das SE-Beteiligungsgesetz (SEBG vom 22.12.2004) immer mehr an Bedeutung. Es regelt die Beteiligung der Arbeitnehmer in einer Europäischen Gesellschaft (SE). Eine Umgehung der deutschen Arbeitnehmervorschriften ist mit einer SE damit nicht möglich. Das SEBG gilt für Unternehmen (SE) mit Sitz in Deutschland. Es gilt unabhängig vom Sitz der SE auch für Arbeitnehmer einer SE, die im Inland beschäftigt sind sowie für beteiligte Gesellschaften, betroffene Tochtergesellschaften und betroffene Betriebe mit Sitz im Inland (§ 3 Abs. 1 SEBG). 120

#ARdigital: Mitbestimmung des Konzernbetriebsrat beim Einsatz technischer Überwachungssysteme

Neue technische Gegebenheiten und Erweiterungen, die unternehmensübergreifend bzw. konzernweit ein- und durchgeführt werden, 121

136 Vgl. Schaub/Koch, Arbeitsrecht von A-Z, Mitbestimmung (Unternehmensmitbestimmung).

bedürfen einer Mitbestimmung des Konzernbetriebsrats. Die stetig wachsende Zentralisierung und sogar Konzentration von IT-Systemen auf einen Standort (der alle konzernweiten Systeme steuert), ist bereits seit Jahrzehnten im Fokus der Rechtsprechung. Nach dem BAG kommt es für technische Überwachungseinrichtungen gem. § 87 Abs. 1 Nr. 6 BetrVG lediglich auf die **Möglichkeit zur Überwachung von Verhalten und Leistung der betroffenen Arbeitnehmer** an.[137] Das Urteil aus dem Jahre 1984 hat an seiner Aktualität und seinem Kern nichts verloren. Es stellt sich immer noch die Frage, ob eine Einrichtung auch eine **zentrale Nutzungs- und Überwachungsmöglichkeit bietet** und die Daten betriebs- und unternehmensübergreifend ausgetauscht werden können. In den vernetzten Unternehmen 4.0 sind die unterschiedlichen Arbeitsprozesse, -standorte und Arbeitnehmer (z. B. Crowdworker und Freelancer) oftmals weltweit verstreut, dabei aber miteinander durch Programme vernetzt. Sofern der Datentransfer über einen gemeinsamen Server stattfindet bzw. alle Arbeitsprozesse zu gemeinsamen Endprodukten führen, ist die Mitbestimmung des Konzernbetriebsrats erforderlich, auch wenn eine unterschiedliche Datenverarbeitung erfolgen soll.[138]

122 Weitere Beispielsfälle für die Zuständigkeit des Konzernbetriebsrats sind:

- **Personalverwaltungssysteme**[139]
  Nahezu alle Personalverwaltungssysteme haben heutzutage die Möglichkeit, Informationen über Arbeitnehmer zu sammeln (meist auch gesetzlich vorgeschrieben) und diese vor allem spezifisch auszuwerten. Daraus können Verhaltens- und Leistungsmuster zu erkennen sein. Sofern solche Systeme bei einem Tochterunternehmen Anwendung finden, ist der Konzernbetriebsrat bzgl. der Mitbestimmung zuständig. Darunter fällt auch die Nutzung des weitverbreiteten Programms „SAP ERP“.

137 Vgl. BAG, Beschluss vom 6.12.1983 – 1 ABR 43/81 (Berlin).
138 Vgl. BAG, Beschluss vom 30.8.1995 – 1 ABR 4/95.
139 Vgl. BAG, Beschluss vom 25.9.2012 – 1 ABR 45/11.

- **Einsatz von Videokameras**[140]
  Sobald optische Überwachungssysteme (Videokameras) zum Einsatz kommen, ist nahezu immer der Betriebsrat einzuschalten. Es ist fast unmöglich, eine Videokamera so auszurichten, dass Arbeitnehmerpersönlichkeitsrechte nicht betroffen wären. Werden dann auch noch Arbeitnehmer mehrerer Konzernunternehmen erfasst (was in der Natur der Sache liegt, da die Systeme nicht zwischen den Arbeitnehmern einzelner Tochterunternehmen unterscheiden können), muss eine Regelung mit dem Konzernbetriebsrat für den gesamten Konzern getroffen werden.
- **Firewall**[141]
  Eine Firewall steuert die gesamte Verbindung eines Unternehmens zum Internet. Auch hier liegt es in der Natur der Sache, dass dies zentral geschieht und man für jeden einzelnen Arbeitnehmer herausfinden kann, welche Internetseiten er wo, wann und wie lange aufgesucht hat. Aufgrund konzernweiter Auswirkungen und Einsatzmöglichkeiten, ist auch hier der Konzernbetriebsrat hinzuzuziehen.
- **Originäre Zuständigkeit des Konzernbetriebsrat**[142]
  - Telefonanlagen mit VoIP-System
  - Außendienst-/Vertriebsinformationssysteme
  - Zeiterfassungs- und Zugangskontrollsysteme
  - Unternehmensweit vernetzte Systeme zur Betriebsdatenerfassung und -auswertung (BDE) sowie zur Produktionsplanung und -steuerung (PPS) in produzierenden Betrieben
  - Mobile Device Management Systeme (MDS)
  - Workflowmanagement-Systeme

In vielen Unternehmensbereichen ist die Zentralisierung deutlich spürbar. Ein neues Phänomen sind neue Organisationsformen (siehe Abb. 2). Zusammengenommen wird die Mitbestimmung des Konzernbetriebsrats und damit der Arbeitnehmer eher zu, denn abnehmen. 123

140 Vgl. LAG Berlin-Brandenburg, Beschluss vom 31.7.2013 - 17 TaBV 222/13 (ArbG Berlin).

141 Vgl. Bachner/Rupp, NZA 2016, 207, 209.

142 Vgl. Bachner/Rupp, NZA 2016, 207, 209, f.

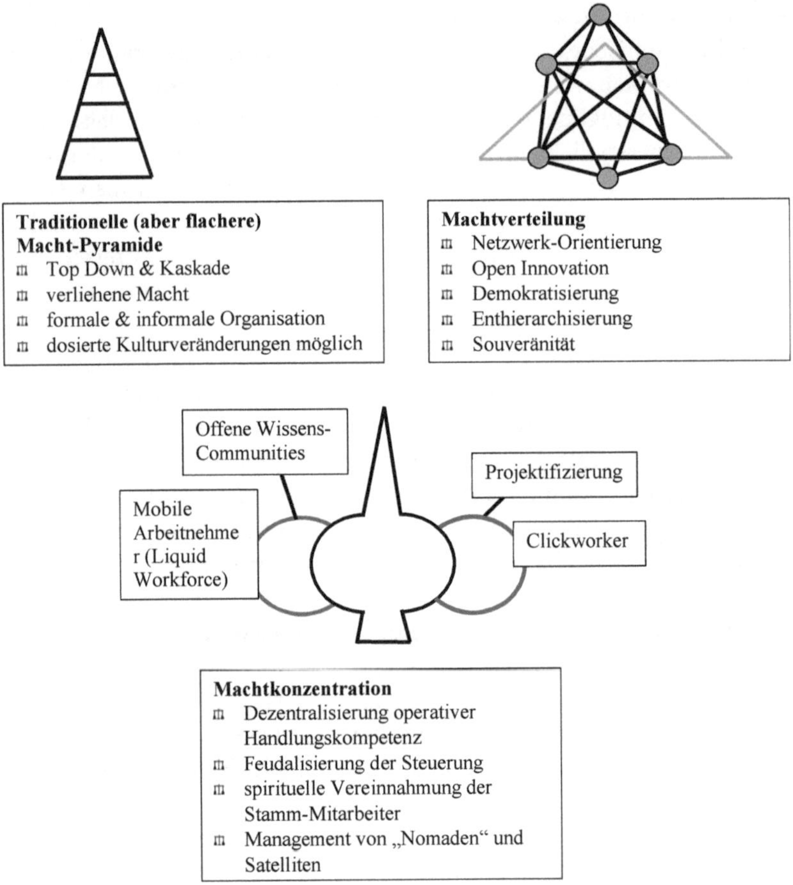

Abbildung 2: Neue Organisationsformen

4. Tarifvertragsrecht

a) Zahlen, Daten, Fakten

Information	Zahlen, Daten, Fakten
Arbeitsverhältnisse mit Tarifvertrag	80 %
Arbeitnehmer gesamt	43 Mio.
Arbeitnehmer in Gewerkschaften	5,9 Mio.
Schriftform für Tarifvertrag	Zwingend, gem. § 1 Abs. 2 TVG
Tarifverträge in D	Ca. 73.000

Tabelle 5: Tarifvertragsrecht (Zahlen)

b) Prinzipien des Tarifvertrags

Ein Tarifvertrag ist in einen **normativen** und **schuldrechtlichen Teil** zu unterteilen. 124

Normativ – d. h., dass etwas wie ein Gesetz wirkt. Für den Tarifvertrag hat dies weitreichende Auswirkungen. Der normative Teil des Tarifvertrags wirkt unmittelbar und zwingend auf die einzelnen Arbeitsverhältnisse zwischen den Mitgliedern der Tarifvertragsparteien (§ 77 Abs. 4 BetrVG). 125

Schuldrechtlich – d. h. der Inhalt wirkt „nur" **zwischen den Vertragsparteien.** 126

Der normative Teil ist durch folgende Prinzipien von Bedeutung: 127

- Günstigkeit
- Nachwirkung
- Unabdingbarkeit
- Unverbrüchlichkeit

Gem. § 4 Abs. 3 TVG regelt das Günstigkeitsprinzip, den Arbeitnehmer zu schützen. Sind einzelne Regelungen des Arbeitsvertrages günstiger als die Regelung des Tarifvertrags, so bleiben diese unberührt wirksam. Ein „Rosinenpicken" unter Vergleich einzelner Klauseln zwischen Tarifvertrag und Arbeitsvertrag ist nicht zulässig. Der Vergleich 128 im Einzelfall verlangt mehr als die bloße Gegenüberstellung einzelner Vertragsbestandteile.[143] Es bedarf vielmehr eines **Sachgruppenvergleichs**, so das BAG in seiner Entscheidung.[144]

129 **Gem. § 4 Abs. 5 TVG regelt das Nachwirkungsprinzip,** sobald ein Tarifvertrag abgelaufen ist, die Rechtsnormen weiter gelten, bis sie durch einen anderen Vertrag ersetzt werden. Dies gilt ebenso, wenn der Tarifvertrag nicht aufgrund einer Befristung endet, sondern z. B. durch Aufhebungsvertrag oder Kündigung abläuft. In der Praxis werden Tarifverträge meist für einen kurzen Zeitraum geschlossen.[145]

130 **Gem. § 4 Abs. 1 TVG regelt das Unabdingbarkeitsprinzip**, dass der normative Teil des Tarifvertrags unmittelbar und zwingend auf alle Arbeitsverträge, die zwischen den Mitgliedern der Tarifvertragsparteien bestehen. Auf eine Umsetzung in die Arbeitsverträge, ein Kennen oder eine Zustimmung zu der tarifvertraglichen Regelung kommt es nicht an. Mit dem Beitritt in eine Gewerkschaft und den dort stattfinden Wahlen der Repräsentanten, schaffen die Arbeitnehmer ein System, welches sie gegenüber den Arbeitgebern vertritt. Das Pendant auf Arbeitgeberseite sind die Arbeitgeberverbände.[146]

131 Eine Ausnahme der Unabdingbarkeit stellt die **Öffnungsklausel** gem. § 4 Abs. 3 TVG dar. Danach können verschlechternde Vereinbarungen getroffen werden, wenn der Tarifvertrag selbst eine Öffnungsklausel enthält.

132 **Gem. § 4 Abs. 4 TVG regelt das Unverbrüchlichkeitsprinzip,** dass die Rechte der Arbeitnehmer ohne Beteiligung der tarifvertragsschließenden Parteien **nicht** eingeschränkt oder ausgeschlossen werden können. Daraus folgt, dass nur die Tarifvertragsparteien die Geltendmachung von tariflichen Rechten einer Ausschlussfrist unterwerfen können. Ein Verzicht auf bereits entstandene tarifliche Rechte ist nur in einem von den Tarifvertragsparteien gebilligten Vergleich zulässig.[147]

143 Vgl. Spinner/MüKo, § 611a BGB, Rn. 275 aE.
144 Vgl. BAG, Urteil vom 15.4.2015 – 4 AZR 587/13.
145 Vgl. Spinner/MüKo, § 611a BGB, Rn. 276 Mitte.
146 Vgl. Fischinger/Münchener Handbuch zum Arbeitsrecht, Band 1, § 8, Rn. 18.
147 Vgl. BeckOK ArbR/Giesen TVG § 4 Rn. 36 ff.

#ARVerhandlung: Sachgruppenvergleich zwischen Arbeitsvertrag und Tarifvertrag
Sachverhalt

Der Kläger ist Mitglied der Gewerkschaft ver.di und bei der Beklagten beschäftigt. Sein Arbeitsvertrag enthält einen Verweis auf die Tarifverträge der Deutschen Bundespost Telekom (Ost) in ihrer jeweils gültigen Fassung (sog. dynamische Bezugnahmeklausel). Im Jahr 1995 ist das Arbeitsverhältnis des Klägers auf die Deutsche Telekom AG übergeleitet worden. Am 25. Juni 2007 erfolgte schließlich ein Betriebsübergang auf die Beklagte. Am gleichen Tag schloss die Beklagte Haustarifverträge mit der Gewerkschaft ver.di ab, welche in verschiedenen Punkten von den arbeitsvertraglich in Bezug genommenen Tarifverträgen abweicht. Sowohl hinsichtlich der Arbeitszeit als auch der Entgelthöhe ergaben sich dadurch Unterschiede. 133

Der Kläger machte mit seiner Klage geltend, dass die in seinem **Arbeitsvertrag in Bezug genommenen Tarifverträge auch durch den letzten Betriebsübergang nicht abgelöst worden sind.** Diese seien hinsichtlich der Arbeitszeit (34 Stunden pro Woche bei höherem Stundensatz gegenüber 38 Stunden bei höherem Monatslohn) **günstiger** als die neu abgeschlossenen Tarifverträge und seien daher wegen des Günstigkeitsvergleichs vorrangig anwendbar. Des Weiteren hat er Entlohnung für Mehrarbeit von wöchentlich vier Stunden über einen Zeitraum von mehreren Monaten verlangt. 134

Das Arbeitsgericht hat die Klage abgewiesen. Das LAG hat der Berufung des Klägers hingegen überwiegend stattgegeben. Mit der Revision begehrten beide Parteien nun eine Abänderung des Urteils zu ihren Gunsten. 135

– **Wie beurteilen Sie den Sachverhalt?**

Aus: BAG, Urteil vom 15.4.2015 – 4 AZR 587/13

ARpraxis:

Die Entscheidung wird dazu beitragen, **dass zukünftig tarifvertraglich gefundene Vereinbarungen sich eher gegenüber** individuell vereinbarten Arbeitsverträgen durchsetzen werden. Das Urteil stellt klar, dass Arbeitszeit und Entgelt eine gemeinsame Sachgruppe für den nach § 4 Abs. 3 TVG zu erfolgenden Günstigkeitsvergleich bilden.

Zudem geben die Richter mit ihrer Entscheidung vor, dass ein höherer Stundenlohn nicht automatisch als günstigere Reglung anzusehen ist – es **entscheidet vielmehr das Gesamtbild.** Gelangt dieses Gesamtbild nicht eindeutig zu einem Günstigkeitsgefälle zwischen individualvertraglicher Regelung und Tarifvertrag, sondern entsteht eine Art „Pattsituation", **setzt sich die tarifvertragliche Vereinbarung** durch.

c) Arten von Tarifverträgen

136 Unterschiedliche Gegebenheiten bedürfen verschiedener Vertragsgestaltungen. Aufgrund dessen gibt es unterschiedliche Arten[148] von Tarifverträgen. Die Aufzählung zeigt einen Überblick bzgl. der häufigsten Tarifverträge (absteigend).

- **Branchen-/Flächentarifverträge**

137 Flächentarifverträge sind solche Tarifverträge, bei denen zwischen den Tarifparteien vereinbart wurde, dass der Tarifvertrag für ganze Branchen und bestimmte regionale Bereiche. Ein Flächentarifvertrag kann sowohl für nur eine oder aber auch für mehrere Wirtschaftszweige wie z. B. die gesamte Metall- und Elektroindustrie Gültigkeit besitzen, so dass in solchen Fällen auch oftmals vom sogenannten Branchentarifvertrag gesprochen wird.

- **Lohn- und Gehaltstarifverträge/Entgelt-Tarifverträge**

138 sind Verträge mit der kürzesten Laufzeit. In der Regel gelten sie ein Jahr. In ihnen werden fast ausschließlich die Höhe von Löhnen, Gehältern, Ausbildungsvergütungen (Entgelten) geregelt.

- **Rahmentarifverträge**

139 haben meist eine längere Laufzeit. Sie beziehen sich zumeist auf die Beschreibung von Tätigkeits- und Qualifikationsmerkmalen für die einzelnen Lohn- und Gehaltsgruppen und die Kriterien der jeweiligen Einstufung.

---

148 Vgl. BeckOK ArbR/Waas TVG § 1 Rn. 2 ff.

– Manteltarifverträge

werden langfristig abgeschlossen. Sie enthalten vorwiegend die grundsätzlichen und allgemeingültigen Vereinbarungen zu konkreten Arbeitsbedingungen, wie Probezeit, Kündigungsfristen, Wochenarbeitszeiten, Regelungen zur Schichtarbeit u. ä. 140

– Firmentarifverträge

Ein Unternehmen, das nicht in einem Arbeitgeberverband organisiert ist und besondere betriebliche Belange bezüglich der Wirtschaftskraft oder des Produktionsgegenstandes berücksichtigen möchte, kann bei Bedarf mit der zuständigen Fachgewerkschaft einen auf die besonderen Belange des Betriebes abgestimmten Tarifvertrag vereinbaren. Wegen der Beschränkung des räumlichen Geltungsbereichs auf den Betrieb bzw. das Unternehmen werden diese Tarifverträge als Firmentarifverträge bezeichnet. 141

In Firmentarifverträgen werden auch häufig die Inhalte der branchenspezifischen Verbandstarifverträge übernommen. Man spricht dann von einem Anerkennungstarifvertrag. 142

– Anschlusstarifverträge

Tarifverträge, die direkt im Anschluss an den Kündigungstermin mit den neu ausgehandelten Vereinbarungen wirksam werden, nennt man Anschlusstarifverträge. 143

– Paralleltarifverträge

Hierbei werden Tarifverträge gleichen Inhaltes von verschiedenen Gewerkschaften und Arbeitgeberverbänden bzw. Arbeitgeber abgeschlossen. 144

– Notlagen- oder Sanierungstarifverträge

Firmenspezifische Abweichung von den Tarifstandards der jeweiligen Branche, um eine wirtschaftliche Notlage oder gar eine Insolvenz zu vermeiden. Zumeist Verzicht oder Teilverzicht auf Sonderzahlungen sowie Arbeitszeitverlängerung (ohne Lohnausgleich) bzw. Arbeitszeitverkürzungsmaßnahmen mit Besserstellungsvereinbarungen und i. d. R. Ausschluss von betriebsbedingten Kündigungen. 145

– Andere Tarifverträge

146 Es gibt Tarifverträge, die für spezielle Regelungstatbestände oder neue tarifpolitisch besonders bedeutsame Sachverhalte abgeschlossen werden, z. B. zum Rationalisierungsschutz, Urlaubs- und Weihnachtsgeld, Entgeltfortzahlung im Krankheitsfall, über das Sozialkassenverfahren, Ergänzungsbeihilfe zur Alterssicherung, vermögenswirksame Leistungen. Diese Themen werden in vielen Tarifbereichen auch in Rahmen- oder Manteltarifverträgen aufgenommen. Dies ist von Branche zu Branche unterschiedlich und letztlich Ausdruck und Auswirkung der Tarifautonomie.

5. Verhandlung 2

#ARVerhandlung: Streikbrecher

147 Das **Unternehmen (UN)** ist in der Sicherheitsbranche tätig und beschäftigt ca. 500 Mitarbeiter. Wie in der Sicherheitsbranche üblich, sind auch bei **UN** die Gehälter auf einem niedrigen Niveau. Da **UN** vor allem Baustellen in der Metropole Frankfurt absichert und häufig auch noch Aufträge annimmt, die es nicht bedienen kann, sind „Überstunden“ und „Pausenregelungen auch ein Thema.

Zumindest konnte ein Betriebsrat gegründet werden. Der Betriebsratsvorsitzende entschließt sich -nach einer Abstimmung- am deutschlandweiten Streik vom 14.-16.06.2021 teilzunehmen. Er fordert seine Kollegen zur regen Teilnahme auf.

UN möchte seine wichtigsten Kunden -vor allem in der Hochphase im Sommer- nicht verprellen und verärgern. UN verschickt folgende E-Mail an seine Mitarbeiter. Entsprechende Aushänge sind ebenfalls ausgehängt worden:

„Liebe Kolleginnen und Kollegen,

unser Arbeitgeberverband steht in engem Kontakt mit Gewerkschaft. Wir hoffen, dass schnellstmöglich eine Vereinbarung zustande kommt. Damit unser aller Geschäft nicht unter dem kommenden Streik leidet, möchten wir Ihnen folgende Leistungen anbieten, sofern Sie sich NICHT am Streik beteiligen:

- *Doppeltes Gehalt an allen drei Tagen.*
- *Kostenfreies Mittagessen an allen drei Tagen.*
- *Eine Kiste Bier nach den drei Tagen."*

Durch den Betriebsratsvorsitzenden erfährt die **Gewerkschaft (G)** von dem „unerhörtem" Angebot. Die **G** verlangt Unterlassung der Klage.

- Hat die **G** gem. § 1004 Abs. 1 S. 2 BGB analog in Verbindung mit Art. 9 Abs. 3 S. 1 GG Anspruch auf Unterlassung der Streikbrecher-Prämien des **UN**?
- Wie ist die Situation personalpolitisch einzuordnen?

Aus: BAG, Urteil vom 14.8.2018 – 1 AZR 287/17

6. Fragen zum Kapitel

1. Was sind die Besonderheiten im kollektiven Arbeitsrecht?
2. Welche Arbeitsgesetze sind hierbei besonders zu beachten?
3. Welche Arbeitgeberverbände kennen Sie?
4. Welche Arbeitnehmerverbände kennen Sie?
5. Warum gibt es immer mehr Splittergewerkschaften?
6. Was ist das Besondere an der betrieblichen Mitbestimmung?
7. Was ist das Besondere an der unternehmerischen Mitbestimmung?
8. Welche Prinzipien des Tarifvertrags kennen Sie?
9. Nennen Sie 5 Arten von Tarifverträgen
10. Welche Bedeutung hat das Koalitionsrecht?

7. Literatur

ArbG Frankfurt/Main, 29.2.2012 – 9 Ga 24/12

Bachner/Rupp: Die originäre Zuständigkeit des Konzernbetriebsrats bei der Einführung technischer Einrichtungen, NZA 2016, 207.

BAG, Beschluss vom 6.12.1983 – 1 ABR 43/81 (Berlin)
Bildschirmarbeitsplätze – Betriebsratsmitbestimmung.

BAG, Beschluss vom 28.11.1989 – 1 ABR 97/88
Initiativrecht des Betriebsrats.

BAG, Beschluss vom 30.8.1995 – 1 ABR 4/95
Einigungsstellenspruch über Einsatz einer Telefonanlage.

BAG, Beschluss vom 25.9.2012 – 1 ABR 45/11
Zuständigkeit des Konzernbetriebsrats – Überwachungseinrichtung.

BAG, Urteil vom 15.4.2015 – 4 AZR 587/13
Auflösung von normativ und kraft Bezugnahme bestehender Tarifkollision durch Günstigkeitsvergleich – Sachgruppenvergleich.

BDA, 2021. Online unter https://www.arbeitgeber.de/www/arbeitgeber.nsf/id/de_unsere-mitglieder.

BeckOK ArbR/Giesen, 57. Ed. 1.9.2020, TVG § 4.

BeckOK ArbR/Waas, 57. Ed. 1.9.2020, TVG § 1.

Berg, Arbeitskampf(recht) vor neuen Herausforderungen? RdA 2019, 110.

https://www.bund-verlag.de/aktuelles~wie-sieht-der-perfekte-betriebsrat-aus~#.

Beamtenbund und Tarifunion. Online unter https://www.dbb.de/lexikon/themen artikel/k/kollektivarbeitsrecht.html.

Creutzburg, Der Organisationsgrad der Arbeitnehmer sinkt, 2017. Online unter https://www.faz.net/aktuell/wirtschaft/gewerkschaften-es-mangelt-an-nachwuchs-15171084.html.

DGB, Infografiken: Streiks und Arbeitskämpfe von 1848 bis heute, 2019. Online unter https://www.dgb.de/uber-uns/bewegte-zeiten/geschichte-des-dgb/gewerkschaftsgeschichte-in-zahlen/++co++41f779fa-a7ab-11e9-9f88-52540088cada.

Düwell, Leiharbeitnehmer zählen bei Schwellenwerten, BB 2019, 2615–2618.

http://www.etuc.org

Fischinger/Münchener Handbuch zum Arbeitsrecht, § 8 Kollektive Ordnung des Arbeitsverhältnisses, Band 1: Individualarbeitsrecht I, 4. Auflage 2018.

Frey, Carl Benedikt, Osborne, Michael, Die Zukunft der Arbeit, 2018. Online unter: https://www.faz.net/aktuell/wirtschaft/digitec/wie-die-zukunft-der-arbeit-aussehen-wird-roboter-und-ki-15887180.html.

Giesen/Kersten, Der Arbeitskampf in der digitalisierten Arbeitswelt, NZA 2018, 1.

iwd, Krankenstand in Deutschland, 2021. Online unter https://www.iwd.de/artikel/krankenstand-in-deutschland-steigt-456309/.

Klebe, Betriebsrat 4.0 – Digital und global? NZA-Beilage 2017, 77.

KOM(2002) 149 – C5-0140/2002 – 2002/0072(COD).

Kort, Das Dreiecksverhältnis von Betriebsrat, betrieblichem Datenschutzbeauftragten und Aufsichtsbehörde beim Arbeitnehmer-Datenschutz, NZA 2015, 1345.

Kortstock, Ulf, Rechtswörterbuch, Creifelds, 24. Edition 2020.

Künzel/Schmid: Sie zählen!? Unternehmensmitbestimmung – mitbestimmt von der Leiharbeit, NZA 2016, 531.

LAG Berlin-Brandenburg, Beschluss vom 31.7.2013 – 17 TaBV 222/13 (ArbG Berlin) (nicht rechtskräftig).

Lörcher, Der Europäische Gewerkschaftsbund (EGB) und seine Beteiligung am europäischen Arbeitsrecht, NZA 2003, 184.

Maußner/Schuhmacher, Der Schulungsanspruch des Betriebsrats, ArbRAktuell 2014, 221

https://www.phoenix.de/sendungen/gespraeche/forum-demokratie/saeulen-der-demokratie---gewerkschaften-und-verbaende-a-1690370.html.

Reichold, Belegschaftsvertretungen im Spannungsfeld divergierender Arbeitnehmerinteressen, NZA-Beilage 2012, 146.

Richtlinie 94/45/EG (Euro-Betriebsräte) geführt.

Richtlinie 96/34/EG (Elternurlaub).

Richtlinie 97/80/EG (Beweislast bei Diskriminierung auf Grund des Geschlechts).

Richtlinie 97/81/EG (Teilzeitarbeit).

Richtlinie 1999/70/EG (befristete Arbeitsverhältnisse).

Richtlinie 2002/14/EG (Unterrichtung und Anhörung der Arbeitnehmer).

Richtlinie 2002/73/EG (Gleichbehandlung).

Richtlinie 2002/74/EG des Europäischen Parlaments und des Rates v. 23.9.2002 zur Änderung der Richtlinie 80/987/EWG des Rates zur Angleichung der Rechtsvorschriften der Mitgliedstaaten über den Schutz der Arbeitnehmer bei Zahlungsunfähigkeit des Arbeitgebers – ABlEG Nr. L 270 v. 8.10.2002.

Richtlinie 2008/104/EG (Leiharbeit).

Richtlinie 2009/148/EG (Schutz der Arbeitnehmer gegen Gefährdung durch Asbest am Arbeitsplatz).

Rüthers, Arbeitskampf in einer veränderten Wirtschafts- und Arbeitswelt, NZA 2010, 6

Sattelberger, T., Welpe, I., Boes, A. (Hg.), Das demokratische Unternehmen. Neue Arbeits- und Führungskulturen im Zeitalter digitaler Wirtschaft, Haufe, Freiburg-München, 2015.

Schaub/Koch, Arbeitsrecht von A-Z, 24. Auflage 2020.

Schaub, Arbeitsrechts-Handbuch, 18. Auflage, 2019.

Schulze/Ratzesberger, Telearbeit: Fluch oder Segen? – Mitbestimmung des Betriebsrats bei mobiler Arbeit, ArbRAktuell 2016, 109.

Schulze/Volk, Agile Arbeitsmethoden und Mitbestimmung – Teil 1 (ArbRAktuell 2019, 404).

Seils, E., Baumann, H., Trends und Verbreitung atypischer Beschäftigung, Policy Brief WSI, Nr. 34, 06/2019.

Spinner/Münchener Kommentar zum BGB, § 611a Arbeitsvertrag, 8. Auflage 2020

Spinner/MüKo, § 611a, Rn. 275 a.E.

Verordnung (EU) 2016/679 (Datenschutz-Grundverordnung).

Scherer, Abwarten reicht nicht, 2017. Online unter https://www.zeit.de/2017/48/betriebsrat-firma-psychologin-katharina-oerder-karriere.

III. Individualarbeitsrecht

„Der Friede beginnt im eigenen Haus.“ (Karl Jaspers)

1. Einordnung

Wie bereits das Günstigkeitsprinzip besagt, gehen ranghöhere Normen den rangniedrigeren vor. Im Alltag stehen jedoch das **Weisungsrecht des Arbeitgebers und die Arbeitsverträge – die das Individualrecht ausmachen** – im Vordergrund. Das Individualrecht regelt damit das rechtliche Verhältnis zwischen dem **einzelnen Arbeitgeber** und dem **einzelnen Arbeitnehmer.** 148

Abbildung 3: Hierarchie und Rangordnung der Rechtsquellen [149]

---

149 Aus Podehl, S. 16.

149 Das Individualarbeitsrecht fußt **auf Grundlage** des kollektiven Arbeitsrechts (Tarifverträge & Betriebsvereinbarungen). Eine hohe Relevanz für den Arbeitsalltag haben meist folgende Regelungen (Klauseln) aus dem Arbeitsvertrag und das damit einhergehende **Weisungsrecht**. Dieses bestimmt gem. § 106 GewO „Inhalt, Ort und Zeit der Arbeitsleistung nach billigem Ermessen näher, soweit diese Arbeitsbedingungen nicht durch den Arbeitsvertrag, Bestimmungen einer Betriebsvereinbarung, eines anwendbaren Tarifvertrages oder gesetzlicher Vorschriften festgelegt sind." Das Weisungsrecht wird auch Direktionsrecht genannt. Arbeitsvertrag und (Weisungsrechte) könnten sich wie folgt ergänzen:

- Arbeitszeit (z. B. Schichtpläne)
- Kündigung (wg. Ablehnung einer Versetzung)
- Lohnfortzahlung im Krankheitsfall (z. B. kurzer Informationsaustausch, wenn Krankheit nicht entgegensteht; Übergabe wichtiger Schlüssel, wenn nötig)
- Urlaubsregelung (z. B. Anordnung von „Betriebsferien")
- Vergütungsregelungen (**keine** einseitige Kürzung der Vergütung; z. B. Beteiligungspartizipation nach Geschäftserfolg)

150 Zeitliche Regelungen spielen für heutige Arbeitnehmer eine immer größere Rolle. Die Arbeitgeber möchten diese im Weisungsrecht soweit wie möglich flexibel gestalten. Die Vergütung rückt eher in den Hintergrund.

151 Die vertraglichen Regelungen zwischen Arbeitgeber und Arbeitnehmer – inter partes – werden durch gesetzliche Regelungen bestimmt. In wichtigen Arbeitsgesetzen sind Grenzen und Möglichkeiten der Ausgestaltung klar geregelt. Hierbei kommt auch die **Unternehmenskultur, Unternehmensstrategie und das Verhältnis Arbeitgeber – Arbeitnehmer zum Vorschein**. Werden die gesetzlichen Regelungen in Hinsicht auf das Direktionsrecht eng oder weit ausgelegt bzw. im Arbeitsvertrag festgehalten. Besonders das:

- Bundesurlaubsgesetzt (BUrlG)
- Entgeltfortzahlungsgesetz (EntgFG)
- Kündigungsschutzgesetz (KSchG)
- Mutterschutzgesetzt (MuSchG)

sind bei der Erstellung eines Arbeitsvertrages von Bedeutung.

2. Prinzipien des Arbeitsrechts

Das Individualarbeitsrecht und der Arbeitsvertrag sind nicht die ersten Anhaltspunkte zur Bestimmung der Richtigkeit einer vertraglichen Regelung zwischen Arbeitgeber und Arbeitnehmer. Besonders zu beachten sind das **Rangordnungs- und Günstigkeitsprinzip sowie Spezialitäts- und Ordnungsprinzip.** 152

a) Rangordnungs- und Günstigkeitsprinzip

Das Arbeitsrecht in Deutschland besteht nicht aus einem zusammenhängenden einheitlichen Gesetzestext (wie z. B. das BGB). Viele unterschiedliche Gesetze sind hierbei von Bedeutung und unterliegen der bereits veranschaulichten Rangordnung. Danach hat die **ranghöhere Regelung Vorrang** zu der rangniederen **(Grundsatz 1)**. Auf keinen Fall darf die niederrangige Rechtsvorschrift **unvereinbar mit der höherrangigen** sein **(Grundsatz)**. Der kollektivrechtliche Tarifvertrag geht damit der Betriebsvereinbarung und/oder dem Arbeitsvertrag vor. Die kollektivrechtliche Betriebsvereinbarung geht dem Arbeitsvertrag vor. In der Praxis kommt es allerdings häufig zu Auslegungsproblemen.[150] 153

#ARpraxis: Rangordnungsprinzip

- Die Betriebsvereinbarung im Unternehmen (bzw. einem Betrieb) darf nicht gegen die Reglung eines Tarifvertrages verstoßen.
- Ein gesetzlich festgeschriebener Mindestlohn hat Priorität.
- Die vereinbarte Arbeitszeit und die gesetzlich zugelassene Grenze nach dem Arbeitsschutzgesetz dürfen nicht gegen das GG oder EU-Rechte verstoßen.

#ARpraxis: Günstigkeitsprinzip

- Wenn ein Tarifvertrag beispielsweise 28 Tage Urlaub vorsieht, der Arbeitgeber dem Arbeitnehmer in dem Arbeitsvertrag aber 30 Tage Urlaub im Jahr gewährt, ist dies eine vorteilhaftere und günstige-

150 Vgl. Preis, in: Erfurter Kommentar zum Arbeitsrecht, § 611 BGB, Rn. 237.

re Reglung für den Arbeitnehmer, so dass diese damit zulässig und gültig ist. Eine Schlechterstellung des Arbeitnehmers ist damit nicht möglich.

154 Die erste Ausnahme der beiden genannten Grundsätze besteht, wenn die ranghöheren Rechtsquellen Ausnahmen in den rangniederen Rechtsquellen gestatten **(sog. Öffnungsklausel)**.[151]

155 Die zweite Ausnahme besteht, wenn es zu **günstigeren Reglungen** für den Arbeitnehmer kommt. Diese haben dann überlagernd Vorrang.[152] Die Bedeutung kommt in § 4 Abs. 3 Hs. 2 TVG zum Tragen. Dort ist die Günstigkeit im Verhältnis zwischen kollektivrechtlichem Tarifvertrag und Betriebsvereinbarung oder Individualvertrag kodifiziert.[153] Was sich in der Theorie nach einem einfachen und klar strukturierten Prozess anhört, hat in der Praxis bedeutende Ausführungsfragen:

- Ist eine Regelung „überhaupt" günstiger?[154]
- Wie soll der Vergleich der Regelungen vorgenommen werden?
- Welche Regelungen sollen überhaupt verglichen werden? Hierbei hat sich der Sachgruppenvergleich in der Rechtsprechung durchgesetzt.[155]
- Abstellen auf die Wirtschaftlichkeit der Regelungen.[156]

b) Spezialitäts- und Ordnungsprinzip

156 Damit sich Rechtsquellen einer Ebene (z. B. einfaches Gesetzesrecht auf Bundesebene) nicht gegenseitig blockieren, schafft das Spezialitäts- und Ordnungsprinzip Klarheit.[157]

157 Das **Spezialitätsprinzip** bezieht sich dabei immer auf **gleichrangige Rechtsquellen**. Dabei geht die speziellere Reglung vor, d. h. die Rechts-

151 Ebenda.
152 Allg. zum Günstigkeitsprinzip etwa Kortstock, Nipperdey Lexikon ArbeitsR, 13. Aufl. 2013.
153 Vgl. Melms/Kentner, NZA 2014, 127.
154 Vgl. Melms/Kentner, NZA 2014, 127, 128.
155 Vgl. BAG, Beschluss vom 20.4.1999 – 1 ABR 72/98 = NZA 1999, 887.
156 Vgl. Nebeling/Arntze, NZA 2011, 1215, 1216.
157 Vgl. Melms/Kentner, NZA 2014, 127.

quelle, die **spezieller/besser auf den Sachverhalt im Betrieb** (betrieblich, fachlich, persönlich und räumlich) zutrifft.[158]

#ARpraxis: Haustarifvertrag

Beispielsweise besteht ein Haustarifvertrag neben einem Flächen- und Branchentarifvertrag. Bedeutend ist, ob der Haustarifvertrag besser auf den Sachverhalt im Betrieb zutrifft. Als spezieller Tarifvertrag wird dies meist der Fall sein. Das Ordnungsprinzip regelt daher den Vorrang gegenüber der alten Regelung.[159] 158

Im Ergebnis verdrängt der speziellere Haustarifvertag also den allgemeineren Flächentarifvertrag[160]; der regionale den bundesweiten Tarifvertrag.[161] 159

Das **Ordnungs- bzw.- Ablösungsprinzip** regelt das Verhältnis zweier Regelungen die zeitlich auf gleicher Ebene vorhanden sind. Hierbei verdrängt die jüngere die ältere Regelung, selbst wenn diese – zum Teil – **günstiger** ist.[162] Dies bedeutet für Tarifverträge, dass „alte" tarifliche Regelungen durch neue -zum Teil- **ungünstigere** ersetzt werden.[163] Auch für gleiche (horizontale) Ablösungen von betriebsverfassungsrechtlichen Arbeitsbedingungen kann es sein, dass eine neue und in Teilen ungünstigere Betriebsvereinbarung die alte verdrängt.[164] 160

3. Arbeitsvertrag gem. § 611a Abs. 1 BGB

Der Arbeitsvertrag ist ein privatrechtlicher Vertrag zwischen Arbeitnehmer und Arbeitgeber zur Begründung eines Arbeitsverhältnisses. Er kommt durch zwei übereinstimmende Willenserklärungen gem. §§ 145, 161

158 So in ständiger Rechtsprechung das BAG etwa, siehe NZA 2005, 1003.
159 Vgl. BAG, Urteil vom 20.4.1999 – 1 AZR 631/98 = NZA 1999, 1059.
160 Ebenda.
161 Vgl. BAG, Urteil vom 4.12.2002 – 10 AZR 113/02 = NZA 2003, 632.
162 Vgl. BAG, Urteil vom 15.4.2008 – 9 AZR 159/07 = NZA-RR 2008, 586, m. w. N.
163 Vgl. Melms/Kentner, NZA 2014, 127.
164 Vgl. BAG, Urteil vom 14.8.2001 – 1 AZR 619/00 = NZA 2002, 276.

147 ff. BGB zustande.[165] Dabei handelt es sich um eine Austauschbeziehung zwischen zwei **vereinbarten Diensten**, welche durch diesen Vertrag verpflichtend für beide Parteien sind. Der Arbeitgeber verpflichtet sich zur Zahlung, der im Vertrag vereinbarten und geregelten **Vergütung**. Der Arbeitnehmer schuldet dem Arbeitgeber eine Erbringung der vereinbarten **Dienste**. Die Vereinbarung ist ein Dauerschuldverhältnis. Nach § 613 BGB hat der Arbeitnehmer die vereinbarten Dienste **persönlich** zu leisten und zu erbringen. Damit unterliegt er dem Weisungs- und Direktionsrecht des Arbeitgebers.

Abschluss und Inhalt eines Arbeitsvertrags:

162 Der Arbeitsvertrag unterliegt den Grundsätzen der **Vertragsfreiheit**. Dies bedeutet, sowohl dem Arbeitgeber als auch dem Arbeitnehmer steht frei, mit „Wem" oder für „Was" ein Arbeitsvertrag geschlossen wird. Diese Vertragsfreiheit wird jedoch durch Gesetze, Tarifverträge und Betriebsvereinbarungen dahingehend eingeschränkt, dass ein **Gleichgewicht der Rechte und Pflichten** hergestellt werden soll. Für den Abschluss eines Arbeitsvertrags bedarf es **keiner Schriftform**. Ein Arbeitsvertrag kann somit auch mündlich zwischen den Parteien vereinbart werden.[166] Der Arbeitnehmer hat bei einer längeren Beschäftigungsdauer von mehr als einem Monat, ein Anspruch auf eine schriftliche Niederlegung eines Arbeitsvertrages. Darin muss der wesentliche Inhalt niedergeschrieben sein. Aus dem Nachweisgesetz (NachwG) ergibt sich, dass der Arbeitgeber, diese unterzeichnete Niederschrift anhand eines Arbeitsvertrages an den Arbeitnehmer aushändigen muss. Ausnahmen gelten für Aushilfen die nicht länger als einen Monat im Unternehmen beschäftigt werden.[167]

165 Vgl. Reidel, in: Conze/Karb/Wölk/Reidel, Personalbuch Arbeits- und Tarifrecht öffentlicher Dienst, Arbeitsvertrag, Rn. 533b.
166 Vgl. Spinner/MüKo, § 611a, Rn. 560 ff.
167 Vgl. Reidel, in: Conze/Karb/Wölk/Reidel, Personalbuch Arbeits- und Tarifrecht öffentlicher Dienst, Arbeitsvertrag, Rn. 558.

In die Niederschrift ist nach § 2 NachwG mindestens[168] aufzunehmen: 163

1. Name und die Anschrift der Vertragsparteien
2. Zeitpunkt des Beginns des Arbeitsverhältnisses
3. Dauer des Arbeitsverhältnisses
4. Arbeitsort
5. Beschreibung der Tätigkeit
6. Arbeitsentgelt
7. Arbeitszeit
8. Erholungsurlaub
9. Fristen für die Kündigung
10. Hinweis auf die Tarifverträge, Betriebs- oder Dienstvereinbarungen

4. Vertragsarten

a) Dienst- und Werkvertrag

Dienstvertrag:

Bei einem Dienstvertrag (**§ 611 BGB**) verpflichtet sich eine Partei zur Leistung **von Diensten (aber nicht zum Erfolg)** und die andere Partei leistet eine Vergütung für diese Dienste.[169] 164

Werkvertrag:

Der Werkvertrag ist in **§ 631 BGB** geregelt. Eine Partei verpflichtet sich, ein **Werk** ohne Mängel herzustellen. Der Auftragnehmer garantiert hierbei **den Erfolg** seiner Leistung.[170] 165

Beide Verträge unterscheiden sich nur durch den Erfolg, der beim **Werkvertrag geschuldet** wird, beim **Dienstvertrag hingegen nicht.** 166

---

168 Vgl. Reidel, in: Conze/Karb/Wölk/Reidel, Personalbuch Arbeits- und Tarifrecht öffentlicher Dienst, Arbeitsvertrag, Rn. 558 aE.

169 Vgl. Jauernig/Mansel BGB § 611 Rn. 1.

170 Ebenda.

#ARdigital: Haustarifvertrag

167 Besonders im Bereich der **agilen Softwareentwicklung** kommt es häufiger zu Abgrenzungsproblemen in Bezug auf den anwendbaren Vertragstyp.

168 Der klassischen Projektmanagementmethode „Wasserfall" ist ein Werkvertrag zuzuordnen, da zu **Projektbeginn festgelegt** wird, wie das Ergebnis auszusehen hat und welche Funktionen die Software besitzen soll. Bei agilen Methoden, wie Scrum, entwickeln sich die Anforderungen an das Ergebnis erst mit dem **Verlauf des Projektes.** Es ist daher schwierig, hier festzulegen, ob es sich um einen **Werk- oder einen Dienstvertrag handelt.**[171]

169 **Vorteile für das agile Vorgehen sind:**

- Auftraggeber spart sich Zeit und Kosten, da er keine Anforderungsanalyse und -beschreibung vornehmen muss.
- Bei Scrum können die entfallende Zeit und Kosten schon in die schrittweise Umsetzung des Projekts investiert werden.

170 Wie bei anderen Verträgen auch, erwartet der **Auftraggeber einen Erfolg vom Auftragnehmer**, also eine funktionsfähige Software. Da der **Auftragnehmer** nicht weiß, wie das Projekt am Ende aussehen wird, möchte er die Erfolgsverantwortung nicht übernehmen. Er versucht daher in der Regel eine Beauftragung auf **Dienstvertragsbasis mit aufwandsabhängiger Vergütung durchzusetzen.**

171 Für die Festlegung auf einen Vertragstyp, müssen sich Auftragnehmer und Auftraggeber über die Vorbereitungsphase, die jeweiligen Sprints, die Mängelrechte und die Vergütung einig werden.

- Die **Vorbereitungsphase kann auf Dienstvertragsbasis** erbracht werden, da kein Erfolg benötigt wird.
- Die jeweiligen Sprints eignen sich für eine **werkvertragliche Ausgestaltung, da jeder Sprint eigene Abnahmekriterien** aufweist.
- Mängel werden bei agilen Methoden meist im nachfolgenden Sprint behoben. Die eigentliche Gewährleistung greift daher erst **mit Vollendung des letzten Sprints.** Mängel könnten durch

171 Vgl. Lutz/Bach, BB 2017, 3016 ff.

zwischengeschaltete „Nachbesserungs-Sprints“ kostenfrei oder zu einem angemessenen, geminderten Preis angeboten werden.

- In Sachen **Vergütung** sind verschiedene Methoden möglich. Für den Auftraggeber ist eine Festpreisvergütung optimal. Da der Auftragnehmer bei Scrum die Kosten nicht im Vorhinein kalkulieren kann, ist für ihn die **aufwandsbezogene Vergütung von Vorteil.** Als Kompromiss werden folgende Möglichkeiten genannt: **Leistungen die als Dienstvertrag** erbracht werden, können aufwandsbezogen abgerechnet werden. Für die **Sprints könnten Festpreise angeboten werden.** Außerdem könnte ein Höchstbetrag vereinbart werden, mit dessen Erreichen der Auftragnehmer die Arbeiten einstellt, bis neues Budget freigegeben wird.[172]

Die Parteien können ihre Rechtsbeziehung und die jeweiligen Verant- 172
wortlichkeiten **selbst gestalten.** Wichtig ist nur: Die Parteien sollten Ihre Interessen zu einem **gerechten Ausgleich bringen, ohne die agile Vorgehensweise dabei im Kern zu verändern.**

b) Arbeitnehmerüberlassungsvertrag (Leiharbeit)

Der Anstellungsvertrag für einen Leih- oder Zeitarbeiter ist ein Arbeit- 173
nehmerüberlassungsvertrag (§ 1 AÜG). Hierbei handelt es sich um das zeitlich begrenzte Ausleihen eines Arbeitnehmers, zur Arbeit in einem Betrieb eines anderen Arbeitgebers, dem sogenannten „Entleiher“. Arbeitnehmerüberlassung ist die gesetzliche Bezeichnung der sogenannten Leiharbeit oder Zeitarbeit. Eine Arbeitnehmerüberlassung liegt vor, wenn ein Arbeitgeber (Verleiher), seinen Arbeitnehmer (Leiharbeitnehmer) zur Erbringung von Arbeits-leistung einem Dritten (Entleiher) zur Verfügung stellt.

Die Überlassung eines Arbeitnehmers als Leiharbeitnehmer ist aus- 174
schließlich erlaubt, wenn zwischen dem Verleiher und dem Leiharbeitnehmer ein Arbeitsverhältnis besteht und der Verleiher über eine Verleiherlaubnis seitens des Leiharbeitnehmers verfügt. Ein weiteres Vertragsverhältnis besteht zwischen Verleiher und Entleiher. Es entsteht

172 Vgl. ArbRAktuell 2015, 363, 366.

allerdings keine arbeitsvertragliche Beziehung zwischen Entleiher und Leiharbeitnehmer, sondern nur ein gesetzliches **Schutzpflichtenverhältnis.** Nichtsdestotrotz wird der Leiharbeitnehmer vom Entleiher wie ein eigener Mitarbeiter eingesetzt und unterliegt während seiner Tätigkeit **allein den Weisungen des Entleihers.**

175 Im Jahresdurchschnitt 2020 arbeiteten in Deutschland 845.000 Leiharbeiter. Das entspricht einem Anteil von 2,2 % an der Gesamtbeschäftigung. Leiharbeitnehmer arbeiten häufiger in Tätigkeiten, die mit einem **niedrigen Anforderungsniveau verbunden sind: über 50% davon üben eine Helfertätigkeit aus.**

176 Die Mehrzahl der Zeitarbeitnehmer ist **männlich.** Die Bruttoarbeitsentgelte in der Zeitarbeit liegen deutlich unter den im Durchschnitt über alle Branchen erzielten Entgelten. Strukturelle Unterschiede zu allen Beschäftigten dürften hierbei aber auch eine Rolle spielen – Leiharbeitnehmer sind typischerweise eher jung und weisen weniger Berufserfahrung auf. Der Verleiher trägt alle Arbeitgeberanteile des Arbeitslohns. Diese Kosten sowie eine Gewinnspanne müssen auf den Bruttoarbeitslohn für die Verrechnung an den Entleiher aufgeschlagen werden.

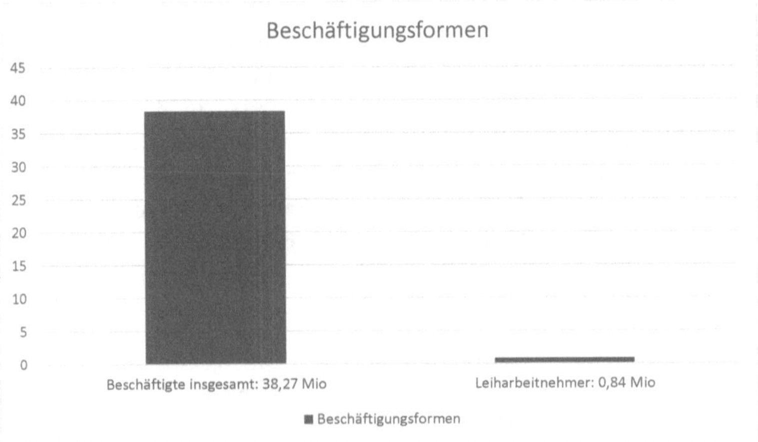

Abbildung 4: Beschäftigungsformen[173]

173 Vgl. haufe, 2019.

5. Rechte und Pflichten aus dem Arbeitsverhältnis

Bei einem Arbeitsvertrag ergeben sich eine Vielzahl von umfangreichen Rechten und Pflichten für Arbeitgeber sowie Arbeitnehmer aus dem bestehenden Arbeitsverhältnis. Diese werden differenziert zwischen Neben- und Hauptleistungspflichten. 177

a) Rechte

Arbeitnehmer und Arbeitgeber stehen sich jeweils als Schuldner und Gläubiger in einem Schuldverhältnis nach § 241 BGB gegenüber. Der Arbeitnehmer ist Schuldner des Arbeitgebers hinsichtlich der Arbeitsleistung und der Arbeitgeber ist Schuldner des Arbeitnehmers in Bezug auf die Vergütung. Der Arbeitnehmer hat daher nach Abschluss eines Arbeitsvertrages in erster Linie ein Recht auf eine pünktliche und vollständige Zahlung bzw. einer Vergütung für seine erbrachte Arbeitsleistung, welche im Arbeitsvertrag vereinbart ist. Damit einhergehend hat er ein Recht auf eine Beschäftigung und Erholungsurlaub. Ebenfalls hat er während dem Urlaub, beim Krankheitsausfall oder einer Arbeitsunfähigkeit ein Anspruch auf eine weiterlaufende Entgeltfortzahlung. Zudem besteht ein Recht auf Ruhepausen. 178

b) Pflichten

Der **Arbeitnehmer** hat eine **Arbeitspflicht**[174], welcher er nachgehen und persönlich erbringen muss. Es bestehen folgende Pflichten: 179

Hauptpflichten

- Erbringung der vertraglich zugesicherten Arbeitsleistung unter
- Berücksichtigung von Arbeitsort und -zeit
- Leistung von Überstunden im vertraglich vereinbarten Rahmen
- Persönliche Leistung der Arbeit

174 Vgl. firma.de, 2021.

- Weisungs- und Direktionspflicht
- Pflicht zur Krankmeldung
- Wettbewerbsverbot

Nebenpflichten

- Verschwiegenheitspflicht
- Treuepflicht
- Verbot der Bestechlichkeit
- Auskunfts-, Rechenschafts- und Herausgabepflicht
- Unterlassung von rufschädigenden Mitteilungen
- Schutz des Arbeitgebereigentums

180 Die Pflichten des **Arbeitgebers** sind:

- Arbeitsgerät zur Verfügung stellen
- Arbeitnehmer gemäß dem Arbeitsvertrag einsetzen
- Bezahlung des Arbeitnehmers (rechtzeitig lt. Arbeitsvertrag)
- Datenschutz gewährleisten
- Fürsorgepflicht
- Sozialversicherungsbeiträge und Steuern abführen
- Urlaub genehmigen
- Zulassen eines Betriebsrats [175]

6. Muster: Arbeitsvertrag

181 Hinweis: Im Bundesbereich verwendet man für weibliche und männliche Beschäftigte getrennte Formulare (also nicht „Doppelungen“ wie Frau/Herr). Nachstehend sind die Vertragsmuster für männliche Beschäftigte abgedruckt.

175 Vgl. firma.de, 2021.

Muster für Arbeitsverträge mit Beschäftigten, für die der TVöD gilt und die auf unbestimmte Zeit eingestellt werden.[176] 182

(männlich)

Zwischen

der Bundesrepublik Deutschland

vertreten durch .... (Arbeitgeber)

und

Herrn ....

wohnhaft in ....

geboren am: ....

wird – vorbehaltlich – .... folgender

Arbeitsvertrag

geschlossen:

§ 1

Herr ....

wird ab ....

auf unbestimmte Zeit

□ als Vollbeschäftigter eingestellt.

□ als Teilzeitbeschäftigter mit .... vH der durchschnittlichen regelmäßigen Wochenarbeitszeit eines entsprechenden Vollbeschäftigten eingestellt. Der Teilzeitbeschäftigte ist im Rahmen begründeter dienstlicher Notwendigkeiten zur Leistung von Bereitschaftsdienst, Rufbereitschaft, Überstunden und Mehrarbeit verpflichtet.

176 Übernommen aus: Reidel, in: Conze/Karb/Wölk/Reidel, Personalbuch Arbeits- und Tarifrecht öffentlicher Dienst, Arbeitsvertrag, Rn. 573, 574.

§ 2

Das Arbeitsverhältnis bestimmt sich nach dem Tarifvertrag für den öffentlichen Dienst (TVöD), den besonderen Regelungen für die Verwaltung (TVöD – Besonderer Teil Verwaltung), dem Tarifvertrag zur Überleitung der Beschäftigten des Bundes in den TVöD und zur Regelung des Übergangsrechts (TVÜ-Bund) und die diese ergänzenden, ändernden oder ersetzenden Tarifverträge in der für den Bereich des Bundes jeweils geltenden Fassung.

Auf das Arbeitsverhältnis finden die Regelungen für das Tarifgebiet □ Ost □ West Anwendung.

§ 3

Die Probezeit nach § 2 Abs. 4 TVöD beträgt sechs Monate.

§ 4

Der Beschäftigte ist in die Entgeltgruppe .... TVöD eingruppiert

Der Arbeitgeber ist berechtigt, den Beschäftigten aus dienstlichen Gründen eine andere Tätigkeit iRd Entgeltgruppe zuzuweisen.

§ 5

(1) Es wird folgende Nebenabrede vereinbart:

□ ....

(2) Die Nebenabrede kann mit einer Frist

□ von zwei Wochen zum Monatsschluss

□ .... von .... zum

schriftlich gekündigt werden.

(3) Die Vereinbarung von Nebenabreden bedarf der Schriftform (§ 2 Abs. 3 S. 1 TVöD)

....

(Ort, Datum)

....

(Arbeitgeber) (Beschäftigter)

7. Verhandlung 3

#ARVerhandlung: Rentenversicherung vs. Selbstständigkeit?

Die **Klinikgesellschaft (KG)** ist eine der größten deutschlandweit. Sie 183
ist in unterschiedlichen Regionen verschiedenartig spezialisiert. In den letzten Jahren fällt es ihr zunehmend schwerer, ausreichend qualifiziertes Personal zu finden. Gewiefte Unternehmensberater haben der **KG** daher empfohlen, eine neue Tochtergesellschaft zu gründen, die Pflege- und Arztpersonal auf Honorarbasis an die Kliniken vermittelt. Aufgrund der Win-Win-Situation für alle Parteien, brummte das Geschäft.

Da die Rentenversicherung allerdings keine Beiträge von den selbstständigen Honorarkräften erhält, prüft diese nun alle Vermittlungsverträge in der Branche.

Im Falle der **Ärztin (A)** stellt sich folgende Situation dar:

- Führt eine eigenständige Praxis.
- Für die Anschaffung des neuesten Mercedes AMG, einmal wöchentliche (meist sonntags) Einteilung als Anästhesistin bei der **KG**.
- Nimmt via Zoom an wöchentlichen Teamsitzungen teil.
- Disziplinarisch einem leitenden Vorgesetzten der Klinik unterstellt.
- Hinsichtlich Arbeitszeit und Vertretungsdienst in den Klinikbetrieb eingebunden.
- Auswahl der zu behandelnden Patienten kann sie nicht auswählen.
- Ist **A** Arbeitnehmerin oder Selbstständige?
- Wie ist die Situation personalpolitisch einzuordnen?

Aus: BSG, Urteil vom 4.6.2019 – B 12 R 11/18 R

8. Fragen zum Kapitel

1. Welche Klauseln haben im Arbeitsvertrag die höchste Relevanz?
2. Welche Arbeitsgesetze sind bei der Erstellung eines Arbeitsvertrags besonders zu beachten?
3. Welche Prinzipien des Arbeitsrechts (individual) kennen Sie?
4. Muss ein Arbeitsvertrag schriftlich geschlossen werden?

5. Was ist mindestens in einen Arbeitsvertrag aufzunehmen?
6. Welche Vertragsarten im Arbeitsrecht kennen Sie?
7. Welche Rechte hat ein Arbeitgeber?
8. Welche Rechte hat ein Arbeitnehmer?
9. Welche Pflichten hat ein Arbeitgeber?
10. Welche Pflichten hat ein Arbeitnehmer?

9. Literatur

BAG, Beschluss vom 20.4.1999 – 1 ABR 72/98 = NZA 1999, 887.

BAG, Urteil vom 20.4.1999 – 1 AZR 631/98 = NZA 1999, 1059.

BAG, Urteil vom 14.8.2001 – 1 AZR 619/00 = NZA 2002, 276.

BAG, Urteil vom 4.12.2002 – 10 AZR 113/02 = NZA 2003, 632.

BAG, Urteil vom 23.3.2005 – 4 AZR 203/04 = NZA 2005, 1003.

BAG, Urteil vom 15.4.2008 – 9 AZR 159/07 = NZA-RR 2008, 586.

Conze/Karb/Wölk/Reidel, Personalbuch Arbeits- und Tarifrecht öffentlicher Dienst, 6. Auflage 2020.

Erfurter Kommentar zum Arbeitsrecht, 21. Auflage 2020.

firma.de, Rechte und Pflichten vom Arbeitnehmer: Arbeitsrecht erklärt, 2021. Online unter https://www.firma.de/unternehmensfuehrung/arbeitsrecht-rechte-pflichten-arbeitnehmer/.

haufe, Zeitarbeit in Deutschland, 2019. Online unter https://www.haufe.de/personal/hr-management/zeitarbeit-in-deutschland_80_495670.html.

Jauernig, Bürgerliches Gesetzbuch, Bürgerliches Gesetzbuch, 18. Auflage 2021.

Nach einer Entscheidung des LAG Düsseldorf, NZA-RR 2002, 31 können vom Grundsatz der vollständigen Ablösung zwar Ausnahmen gemacht werden, diese bedürfen allerdings besonderer Deutlichkeit und Bestimmtheit.

Lutz/Bach, Agile Softwareentwicklung – Werkvertrag oder doch Dienstvertrag?, BB 2017, 3016–3020.

Münchener Kommentar zum BGB, § 611a Arbeitsvertrag, 8. Auflage 2020.

Nebeling/Arntzen: Das Günstigkeitsprinzip – Der Tarifvertrag als „Gesamtwerk", NZA 2011, 1215.

Nipperdey Lexikon ArbeitsR, 13. Aufl. 2013.

Podehl, Jörg, Arbeitsrecht – Praktischer Leitfaden für den betrieblichen Einsatz, Düsseldorf, 2017.

Schindele, Aktuelle Fragestellungen zum Drittpersonaleinsatz (Scheinselbstständigkeit -Werkvertrag – Dienstleister), ArbRAktuell 2015, 363.

Schliemann, Tarifliches Günstigkeitsprinzip und Bindung der Rechtsprechung, NZA 2003, 122.

IV. Ausgewählte Themen im Arbeitsverhältnis

„Zusammenkommen ist ein Beginn, Zusammenbleiben ist ein Fortschritt, Zusammenarbeiten ist ein Erfolg.“ (Henry Ford)

Die Schwerpunktsetzung der umfangreichen Themen des Arbeitsrechts und der Arbeitsverhältnisse ist oftmals individuell und daher eine besondere Herausforderung. Dies gilt auch für die Identifikation von übergreifenden Themenbereichen. Jede Branche, jedes Unternehmen, die darin involvierten Personen haben nämlich jeweils ein anderes Verständnis des Arbeitsrechts bzw. setzen ihre Prioritäten in Bezug auf Themenschwerpunkte in diesem Gebiet unterschiedlich. 184

Aufgrund gesellschaftlicher Entwicklungen, **Megatrends**[177] sowie der erhöhten Fokussierung und Sensibilisierung des Gesetzgebers auf bestimmte Zusammenhänge könnten einzelne Themengebiete des Arbeitsrechts in naher Zukunft weiter an Bedeutung gewinnen. Dazu zählen z. B.: 185

- AGG / Sexuelle Belästigung am Arbeitsplatz (4.)
- Betriebliches Gesundheitsmanagement (BGM) / Krankheit am Arbeitsplatz (3.)
- Lebenslanges Lernen (1.)
- Migrations- und Brain-Wellen / sog. „Blaue Karte“ (2.)

Aufgrund der Zersplitterung des Arbeitsrechts sind diese Punkte in Einzelgesetzen geregelt. Der Implementierung in diese ist oftmals eine gesellschaftliche Entwicklung vorgelagert bzw. durch europarechtliche Vorgaben bestimmt. 186

177 Vgl. Sattelberger, S. 39; https://www.springerprofessional.de/change-management/transformation/welche-trends-die-arbeitswelt-in-15-jahren-praegen/16297526.

1. Lebenslanges Lernen und Weiterbildung

a) Gesellschaftliche Entwicklungen

187 Berufliche **Weiterbildung** ist in Deutschland ein wichtiges Thema und wird von vielen Arbeitgebern und Arbeitnehmern auch ernst- und wahrgenommen. Die Statistiken zeigen, dass in den letzten Jahrzehnten die Quote der an **Weiterbildungsmaßnahmen** teilnehmenden Personen stetig **steigt**. Bereits 1987 stellte das BVerfG[178] fest, dass sich ein Wandel hin zum **Lebenslangen Lernen** verfestigt. Dies gilt für die berufliche Weiterbildung, ebenso für die Berufsausbildung. Mit der Reformation bestehender und der Schaffung neuer Berufsfelder ist innerhalb der **dualen Ausbildung** in Unternehmen und den Berufsschulen ein erster Aufschlag zum lebenslangen Lernen gemacht.[179] Diese Einzigartigkeit der Ausbildung und die qualifizierte und recht schnelle Anpassung an die Markt- bzw. Berufsfelderfordernisse verschafft Deutschland einen Wettbewerbsvorteil bzgl. fähigen Fachkräften. Anschließend daran ist die berufliche Weiterbildung durch informelles Lernen im Betrieb/der Arbeitsprozesse, Lean Management, Outsourcing und vor allem Qualitätssicherung geprägt.[180]

188 Generell hat der Arbeitgeber dafür Sorge zu tragen, dass der Arbeitnehmer seinen Pflichten aus dem Arbeitsvertrag nachkommen kann. Dazu zählt ebenfalls eine Pflicht zur beruflichen Betätigung. Dem Arbeitnehmer soll die Möglichkeit gegeben werden, sich persönlich zu entfalten und seine beruflichen Fähigkeiten und Fertigkeiten zu erhalten. Sofern diese Möglichkeit aufgrund betrieblicher Gründe[181] nicht mehr gegeben ist, besteht – vor allem bei großen Unternehmen – meist ein Versetzungsvorbehalt. Damit dieser erfolgreich stattfindet, müssen entsprechende Weiterbildungen stattfinden, auf die der Arbeitnehmer einen Anspruch hat. Ein Anwendungsfall kann die die **Einführung neuer Software** sein, die der Arbeitnehmer zwingend beherrschen muss. In diesem Fall besteht ein Anspruch, dass der Arbeitgeber im

178 Vgl. BVerfG, Beschluss vom 15.12.1987 – 1 BvR 563/85, NJW 1988, 1899–1902.
179 Vgl. Berufsbildungsbericht 1998, S. 73 f.
180 Vgl. Berufsbildungsbericht 1996, S. 115 ff.
181 Siehe betriebsbedingte Kündigung (V. 2. a. cc.).

Rahmen seiner Möglichkeiten die neuen und erforderlichen Kompetenzen vermittelt oder dem Arbeitnehmer einen Arbeitsplatz anbietet, der mit den bisherigen Kenntnissen fortgeführt werden kann.[182]

Das ist auch besonders wichtig, denn wer sich **beruflich weiterentwickeln** möchte und eventuell eine Gehaltserhöhung anstrebt, kann sich nicht auf den Kenntnissen und Skills ausruhen, die ein Arbeitgeber bereits von seinem Arbeitnehmer kennt. Man muss dem Arbeitgeber ständig neue Fähigkeiten anbieten, um seine eigene Stellung und letztendlich auch sein Gehalt zu rechtfertigen. Der Arbeitgeber möchte damit seine Wettbewerbs- und Zukunftsfähigkeit steigern.[183] 189

In einem Klima in dem es mehr Stellenangebote als potenzielle Arbeitnehmer gibt, können Weiterbildungsangebote des Arbeitgebers und zusätzliche Benefits ein entscheidender Faktor für Bewerber sein. Insbesondere in Bezug auf die aktuelle Entwicklung des digitalen Zeitalters und angesichts des dabei entstehenden **Fachkräftemangels in einigen Berufsgruppen**[184] ist es wichtig, sich an aktuelle Gegebenheiten anzupassen.[185] 190

Der Erhalt der **mentalen Gesundheit** ist ein weiterer wichtiger **Grund für Weiterbildung** und Lebenslanges Lernen. Studien zeigen, dass besser ausgebildete Probanden noch bis zum Tod anspruchsvolle Aufgaben erfüllen können, auch wenn das Gehirn bereits starke Veränderungen zeigt. Es werden Reserven in der Dichte der neuronalen Verbindungen im Gehirn für das Alter gebildet. Ein besonderer Faktor, wenn das Renteneintrittsalter von derzeit 67 Jahren weiter steigen sollte.[186] 191

Abb. 5 zeigt die Weiterbildungsbeteiligung in Deutschland von 1991 – 2018. Es ist zu erkennen, dass die Teilnahme an Weiterbildungen stetig 192

182 Vgl. Kramer IT-ArbR HdB/von der Straten, B. Individualarbeitsrecht, Rn. 1205.

183 Vgl. https://www.sueddeutsche.de/karriere/lebenslanges-lernen-was-bringt-mir-eine-berufliche-weiterbildung-1.1867142.

184 Unter der Prämisse einer sich zügig erholenden Wirtschaft nach der COVID-19-Pandemie.

185 Vgl. Burstedde/Seyda, IW-Kurzbericht 7/2020 – Wo Arbeitgeber besonders attraktiv sein müssen.

186 Vgl. Rogge-Strang, Carsten, Prävention 4.0 – Arbeitsorganisation im Fokus, Kreditwesen 20 / 2018, S. 24, 27.

zunimmt. Allerdings fällt der Anstieg gering aus. Betrachtet man die Jahrzehnte davor, ist ein stetig steiler Anstieg festzustellen, der in den 90er Jahren abflacht.[187]

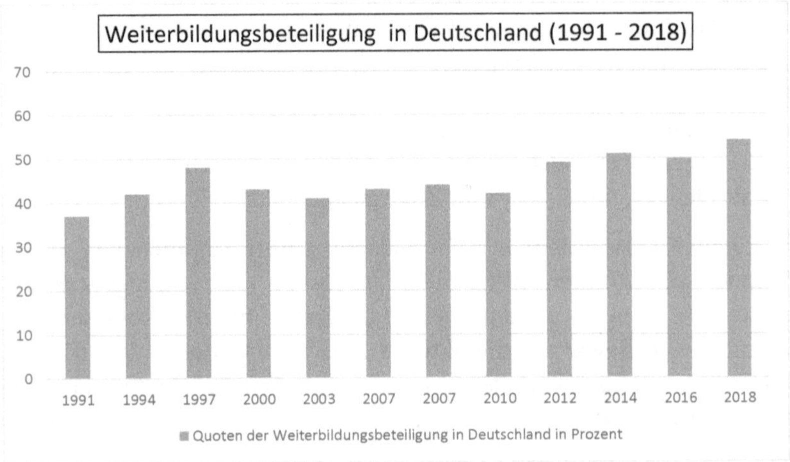

Abbildung 5: Weiterbildungsbeteiligung in Deutschland (1991–2018)[188]

193 Bestimmte in der Vergangenheit überwiegend der Arbeitgeber die Weiterbildungsmaßnahmen noch für jeden Arbeitnehmer in einem definierten Arbeitsprozess. Aufgrund der Verdichtung und den immer komplexeren Arbeitsprozessen ist der Arbeitnehmer heutzutage immer stärker in die Auswahl der Angebote integriert. Teilweise wünschen sich Arbeitnehmer individuelle Angebotszuschnitte. Hierbei kollidieren Sie noch mit den engen Budgetplanungen und einem generellen Angebot aufseiten der Unternehmen. Eine **„Kultur des Lernens“** wird damit jedoch erschwert. Meist wissen die Arbeitnehmer mittlerweile – wahrscheinlich schon immer –, was und welche

187 Vgl. Kuwan/Thebis, Berichtssystem Weiterbildung IX, Bonn / Berlin 2005, S. 22.

188 Bis 2007 wurden die Daten nach dem Konzept des Berichtssystems Weiterbildung (BSW) erhoben, seitdem nach dem Konzept des Adult Education Survey (AES). Vgl. BMBF, 2019.:
Bundesministerium für Bildung und Forschung (BMBF): Weiterbildungsverhalten in Deutschland 2018. Ergebnisse des Adult Education Survey. AES-Trendbericht. Bonn, Berlin 2019.

Weiterbildung für sie am besten ist. Die **Transformation des Arbeitens hin zum Arbeiten 4.0** wird durch Wissenmanagement-Programme (z. B. Vernetzung, Wikis, Blogs), Online-Formate und vor allem der Know-how Sicherung unterstützt. Zusammengefasst unter dem Schlagwort „Kultur des Lernens" entfalten sich solche Maßnahmen effektiver, wenn sie **individuell** zugeschnitten sind.[189] Es wird sich zeigen, ob Arbeitgeber die Freiheiten zulassen und die Arbeitnehmer diese entsprechend einsetzen werden. Dazu bedarf es dann auch einem Kulturwandel.

b) Aktuelle Gesetzeslage und Initiativen

In der Bundesrepublik Deutschland behandeln eine Vielzahl von Ge- 194
setzen das Thema Aus- und Weiterbildung. Bisher existiert kein Gesetz, welches sich ausschließlich mit dem Thema „Lebenslanges Lernen" beschäftigt. Zusätzlich besteht für einen Arbeitnehmer **kein gesetzlicher Anspruch** auf Weiterbildung und somit auch **keine** damit verbundene **Übernahme der Kosten** für diese. Die seltenen Ausnahmen sind für wichtige Berufs- bzw. Anspruchsgruppen vorgesehen. Z. B. müssen sich **Betriebsärzte** gem. § 2 Abs. 3 S. 2 ASiG fortbilden. Ähnliches gilt für die besonders geschützte Gruppe der **Betriebsräte**. Zur Ausübung Ihrer Funktion haben diese einen **gesetzlichen Anspruch** auf Schulungsmaßnahmen gem. § 37 BetrVG. In beiden Fällen muss während der Fortbildung das Gehalt weiterbezahlt werden.[190]

Allen Arbeitnehmern kann meist nur innerhalb **vorhandener Be- 195**
triebsvereinbarungen eines Unternehmens oder von **Tarifverträgen** ein Recht auf Fort- und Weiterbildungen eingeräumt werden. Aktuell zählen sie als wichtigste Anspruchsgrundlage für den Arbeitnehmer. Er sollte über seine Rechte genau informiert sein, um einen möglichen Anspruch zu identifizieren und in Anspruch zu nehmen. In der Praxis ist jedoch meist kein direkter Anspruch formuliert. Häufig wird

189 Vgl. Daniel/Haus, HR 2020: Das sind die wichtigsten Trends, https://www.humanresourcesmanager.de/news/hr-2020-das-sind-die-wichtigsten-trends.html.

190 Vgl. Arnold/Günther ArbR 4.0-HdB/Arnold/Winzer, Kap. 3, Rn. 103.

auf ein Qualifizierungsgespräch mit dem Arbeitgeber hingewiesen.[191] Im Zuge dessen werden dann Weiterbildungen vereinbart, in den die **Seminarkosten übernommen, Weiterbildungszeiten auf die Arbeitszeit angerechnet oder unbezahlte Freistellung zur persönlichen Weiterbildung** gem. Tarifvertrag gewährt werden.[192] Bei langfristigen Weiterbildungen, die über Monate oder gar Jahre andauern (z. B. Studium; MBA; Promotion; Zertifizierung) sind **Bildungszeiten oder ein Rückkehrrecht** nach Ende der persönlichen Weiterbildung üblich.[193] Ebenso ist bei Betriebsvereinbarungen mit den Instrumenten zu verfahren.[194]

196 Einzig ein **Recht auf Bildungsurlaub**, welches jedoch selten in Anspruch genommen wird, besteht aus dem Gesetz. Es soll der politischen, **beruflichen** oder allgemeinen Weiterbildung dienen.[195] Entsprechend der Schul- und Hochschulbildung, die in den Bereich der Kulturhoheit der Länder fällt, existieren länderspezifische Gesetze, die eine Freistellung der Beschäftigten für die berufliche Weiterbildung regeln. In Hessen, Nordrhein-Westfalen, Rheinland-Pfalz und Thüringen erlaubt das Bildungsfreistellungsgesetz (BFG) eine bezahlte Freistellung für 10 Tage in 2 aufeinanderfolgenden Kalenderjahren. Bei der Art der wahrgenommenen Weiterbildung muss es sich jedoch um eine nach dem BFG anerkannte Maßnahme handeln. Die Definition von **beruflicher Fortbildung** wird in § 1 Abs. 4 des Berufsbildungsgesetzes (BBiG) geregelt. Es beschreibt die berufliche Fortbildung als Möglichkeit, die **berufliche Handlungsfähigkeit zu erhalten, anzupassen oder zu erweitern.**[196]

197 Seit einigen Jahren wird ein genereller Anspruch auf Fortbildung auch **im Arbeitsvertrag vereinbart**. Hierbei wird i. d. R. auf einen Firmenpool an Fortbildungsmaßnahmen zurückgegriffen, aus denen

191 Vgl. § 5 Abs. 4 TVöD; § 3.1 Qualifizierungstarifvertrag für die Metall und Elektroindustrie Baden-Württemberg 2015.

192 Vgl. NK-TVG/Heuschmid/Klein § 1 Rn. 944.

193 Vgl. § 5 und § 6 Qualifizierungstarifvertrag für die Metall und Elektroindustrie Baden-Württemberg 2015.

194 Vgl. Küttner/Poeche „Fortbildung" Rn. 14.

195 Kortstock in Creifelds, Rechtswörterbuch, „Bildungsurlaub".

196 Vgl. Arnold/Günther ArbR 4.0-HdB/Arnold/Winzer, Kap. 3, Rn. 113, 114.

der Arbeitnehmer die entsprechende Maßnahme wählen kann und die zu seinem Interessens- und Tätigkeitsgebiet passen.[197]

In seltenen Fällen kann ein Anspruch aus dem **Arbeitsrecht** abgeleitet werden. Nämlich wenn es **seit Jahren** in einem Unternehmen **üblich (betriebliche Übung)** ist, einem bestimmten Teil der Mitarbeiter Fortbildungen zu gewähren. 198

Die **Qualifizierungsoffensive** am Arbeitsmarkt des Bundes ist Teil der Nationalen Bildungsstrategie, die vom Bundesministerium für Arbeit und Soziales (BMAS) und dem Bundesministerium für Bildung und Forschung (BMBF) entwickelt und im Juni 2019 verabschiedet wurde. Neben einem verbesserten Schutz in der Arbeitslosenversicherung, die einen früheren Anspruch auf Arbeitslosengeld ermöglicht, und einer Absenkung des Arbeitslosenversicherungsbeitrages, will sie einen **erweiterten Zugang zur Weiterbildungsförderung** für alle anbieten, die vom **digitalen Strukturwandel betroffen sind**. Die gesetzlichen Grundlagen hierzu werden im **Qualifizierungschancengesetz** geregelt.[198] 199

Dieses Anfang 2019 in Kraft getretene Qualifizierungschancengesetz soll Beschäftigte, Arbeitssuchende und Arbeitgeber gleichermaßen unterstützen, den digitalen Strukturwandel zu bewältigen. Zum einen räumt es einen **Anspruch auf Beratung** der Bundesagentur für Arbeit zu Weiterbildungsmaßnahmen für alle ein, die vom Wandel betroffen sind und Interesse an einer Weiterbildung haben. Somit wandelt sich das **Anforderungsprofil der BA** von einer Zuständigkeit für Arbeitssuchende und Geringqualifizierte hin zu einem B**erater für eine Vielzahl** von Beschäftigten. Zusätzlich werden im Qualifizierungschancengesetz die Finanzierungen von Weiterbildungen geregelt. Je nach Größe des Betriebes der Weiterbildungswilligen werden bis zu 100 % der Kosten für die Fortbildung und Zuschüsse zum Lohn bis zu einer Höhe von 75 % von der BA übernommen. Diese Kostenübernahmen 200

197 Vgl. Däubler, Internet und Arbeitsrecht, Rn. 97 ff.

198 Vgl. https://www.bgbl.de/xaver/bgbl/start.xav?startbk=Bundesanzeiger_BGBl&jumpTo=bgbl118s2651.pdf#__bgbl__%2F%2F*%5B%40attr_id%3D%27bgbl118s2651.pdf%27%5D__1608073079962.

und die Voraussetzungen für die Anerkennung von Weiterbildungen werden in § 82 SGB III erläutert.[199] **Voraussetzungen sind:**

- In den letzten **vier Jahren wurde nicht** an einer geförderten **beruflichen Fortbildung** teilgenommen,
- die Maßnahmen und Träger müssen **zugelassen** sein,
- seit Erwerb des **letzten Berufsabschlusses** oder Vergleichbarem muss mindestens eine Zeitspanne von **4 Jahren** liegen,
- die Weiterbildung muss **außerhalb** des Betriebes stattfinden und **mindestens 160 Stunden** dauern und
- die Weiterbildung muss **über** kurzfristige arbeitsplatzbezogene **Anpassungsfortbildungen** hinausgehen.

201 Wie die einzelnen Sätze bzw. Zuschüsse tatsächlich übernommen werden, ergibt sich aus der nachfolgenden Aufzählung.[200] Hauptziel ist und bleibt eine immer älter werdende Gesellschaft auf die Veränderungen des technologischen Wandels einzustellen und bestmöglich mitzunehmen.

- **Kleinstunternehmen (weniger als 10 Beschäftigte):**
  bis zu 100 % Lehrgangskostenübernahme und bis zu 75 % Arbeitsentgeltzuschuss;
- **Kleine und mittlere Unternehmen (weniger als 250 Beschäftigte):**
  bis zu 50 % für Lehrgangskosten und Arbeitsentgelt;
- **Größere Unternehmen (mehr als 250, aber weniger als 2.500 Beschäftigte):**
  bis zu 25% für Lehrgangskosten und Arbeitsentgelt.
- **Große Unternehmen (mehr als 2.500 Beschäftigte):**
  bis zu 15 % bzw. bei Sozialpartnerbeteiligung bis zu 20 % für Lehrgangskosten und 25 % für Arbeitsentgelt.

---

199 Vgl. Gagel/Behrend, SGB III, § 147, Rn. 14; BeckOK SozR/B. Schmidt, SGB III, § 82, Rn. 1, 2;
Durch das Qualifizierungschancengesetz sind zusätzliche Fortbildungsmöglichkeiten für schwerbehinderte Menschen in § 82 Abs. 1 S. 4 SGB III normiert worden (dazu Düwell in JurisPR-ArbR 1/2019 Anm. 1).

200 Aus dem Programm „Mehr Chancen durch Qualifizierung“ des BMAS.

Ein weiteres – recht neues – Instrument sind **Lernzeit- und Bildungskonten.** Darunter werden Modelle verstanden, bei denen Arbeitnehmer während ihres Arbeitslebens Guthaben sammeln oder ansparen können. Gesetzliche Grundlage für die Ausgestaltung von **Lernzeitkonten**, im Allgemeinen oft auch Langzeit- oder Zeitwertkonten genannt, bildet das „Flexi-II"-Gesetz, welches sich mit der Regelung der flexiblen Lebensarbeitszeit auseinandersetzt. In diesen Konten **können Überstunden, Prämien, Boni und Urlaubsgelder angespart** werden, wodurch Arbeitnehmer finanzielle Vorteile erreichen können, da diese Gutschriften steuer- und sozialabgabefrei sind.[201] Da diese Abgaben erst bei Auszahlung fällig werden, wird die Steuerlast gesenkt und es besteht somit der Anreiz, diese Konten zu nutzen. Das **Wertguthaben kann für eine Auszeit vom Job, Pflege- oder Elternzeit** und für ein frühzeitiges Ausscheiden aus dem Job genutzt werden. Zusätzlich sieht § 7c Abs. 1 Nummer 2 SGB IV eine Verwendung des Wertguthabens für Zeiten vor, in denen der Arbeitnehmer an **beruflichen Qualifizierungsmaßnahmen** teilnimmt. Somit ist eine **Lohnfortzahlung** seitens des Arbeitgebers für diesen Zeitraum **garantiert.** Diese Langzeitkonten werden in der Regel vertraglich zwischen Arbeitnehmer und Arbeitgeber geregelt.[202] 202

Als **Beispiel** für die Einrichtung und Funktion eines Bildungskontos ist das tariflich geregelte Modell der IG Metall zu nennen, bei der Zeit und Geld als Wertguthaben angespart werden. Es können Mehrarbeit, Urlaubs- und Weihnachtsgeld und jährlich bis zu 152 Stunden dem Arbeitszeitkonto hinzugefügt werden. Dieses Guthaben kann im weiteren Berufsleben genutzt werden, um sich entweder in Voll- oder Teilzeit weiterzubilden. Hierbei wird bis zu 70 Prozent des Monatslohns als weiterführende Bezahlung garantiert.[203] 203

201 Vgl. Rittweger, „Das Flexi-Gesetz heißt nur so", DStR 2009, 278, 279.
202 Vgl. Hartmannshenn, Flexi II für Einkommen über der Beitragsbemessungsgrenze, NZS 2012, 165, 166.
203 Vgl. Busse/Seifert, S. 73, 74.

2. Migrations- und Brain-Wellen

a) Gesellschaftliche Entwicklungen

204 Einer der Megatrends ist der **Brain-Drain**. Dies bedeutet, dass hochqualifizierte Fachkräfte auswandern (von Deutschland, aber auch nach Deutschland). Einige meinen, dass mehr hochqualifizierte Fachkräfte aus D auswandern als einwandern.[204] Außer Acht gelassen werden dabei jedoch Absolventen (die ein Arbeitsvisum erhalten) und Rückkehrer. Darüber hinaus ist das **Erwerbspotenzial sowie die Nettozuwanderung** seit 1993 durchweg positiv, was ebenfalls auf hochqualifizierte Fachkräfte – vor allem aus dem EU-Ausland – zurückzuführen ist. Lediglich die Flüchtlingswelle im Jahr 2015 aufgrund des Syrien-Krieges, führte zu einem geringeren Erwerbspotenzial bei der Zuwanderung, wie aus Abb. 6 ersichtlich ist.

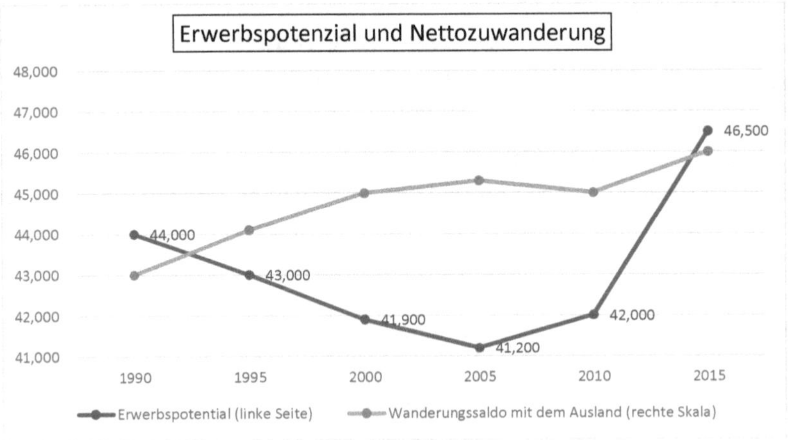

Abbildung 6: Erwerbspotenzial und Nettozuwanderung (Bertelsmann-Stiftung)[205]

204 Vgl. Ettel, WELT, 2010.
205 Vgl. Fuchs/ Kubis/Schneider, 2019, S. 51.

Als drittgrößte Exportnation der Welt[206] sind Entwicklungen und Bestimmungen im Bereich der Migration sowie deren Auswirkungen auf den Arbeitsmarkt für Arbeitgeber elementar. Das Erwerbspersonenpotenzial lässt sich noch in weitere **Vorteile**[207] aufschlüsseln: 205

- Überweisungen fördern das ökonomische Wachstum beider Länder

Die Geldüberweisungen von Migranten haben zwei positive Effekte. Zunächst werden die Heimatländer stabilisiert und der Handel vor Ort angeregt. Für deutsche Arbeitgeber entscheidend ist, dass sich dadurch oftmals die Handelsbeziehungen der Länder verstärken und deutsche Produkte gekauft werden. 206

- Transnationale Netzwerke als Innovationsmotor

Sofern Migranten wieder in ihre Heimatländer zurückkehren (z. B. ehemaliges Jugoslawien), führte dies meist zu einem Technologieaustausch in den Heimatländern. Es wurden Unternehmen gegründet und die bestehenden Beziehungen nach Deutschland aufrechterhalten bzw. ausgebaut. 207

- Migration als entwicklungspolitisches Vehikel

Verstärkt müssen deutsche Unternehmen auf ihre Produktionsbedingungen im Ausland achten (Kundenansprüche, Lieferkettengesetz, Verpflichtungen/Gesetze vor Ort). Dies kann leichter fallen, wenn zurückgekehrte Migranten deutsche Werte und Arbeitsprozesse bereits kennengelernt haben. 208

Deutschland zählt sich mittlerweile zu den „typischen" Einwanderungsländern. Die Kehrseite sind zunächst die unterschiedlichen Herangehensweisen der einzelnen EU-Staaten. Ebenso werden bei einem verstärkten Anwerben von qualifizierten Arbeitnehmern Wirtschaftsflüchtlinge angezogen, die evtl. nicht die erforderlichen Qualifikationen besitzen. Dadurch entstehen Kosten für die Gesellschaft und Arbeitgeber, um diese Personengruppe aus- und weiterzubilden. 209

206 Vgl. https://de.statista.com/statistik/daten/studie/37013/umfrage/ranking-der-top-20-exportlaender-weltweit/.

207 Vgl. https://www.tagesspiegel.de/politik/fachkraeftezuwanderung-warum-migration-gut-fuer-die-herkunftslaender-ist/24328398.html.

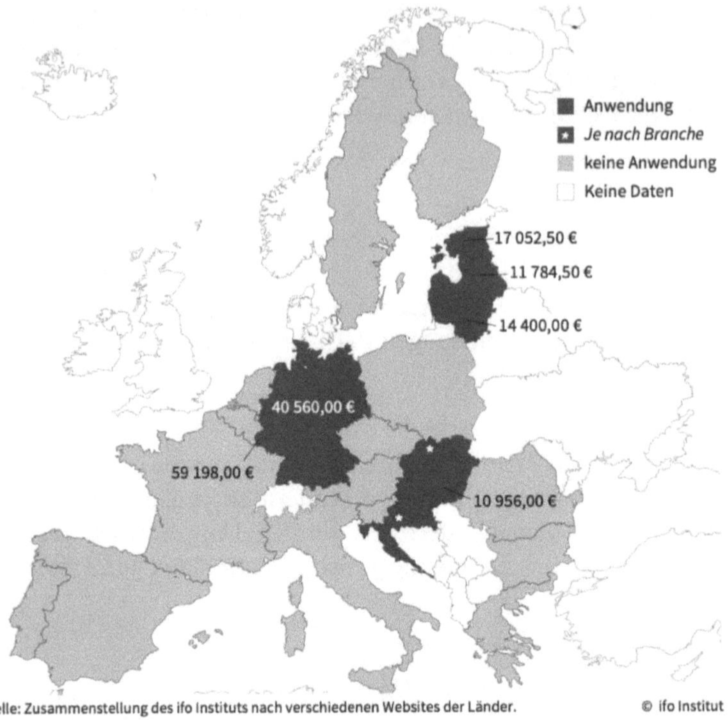

Abbildung 7: Abgesenkte Einkommensgrenzen in Mangelberufen (je Mitgliedstaat)[208]

b) Blaue Karte / Einwanderungsfachkräftegesetz

210 Seit 2012 können **Hochqualifizierte**, die Angehörige von Drittstaaten sind, zum Zweck der Erwerbstätigkeit eine blaue Karte im jeweiligen Mitgliedsstaat der EU beantragen. Aufgrund der Richtlinie 2009/50/EG[209] sind die Voraussetzungen, um diese zu erhalten, im gesamten

208 Vgl. Stitteneder, Tanja, Die Blaue Karte EU: Ein länderübergreifender Überblick, S. 43, 45.

209 Vgl. Richtlinie 2009/50/EG über die Bedingungen für die Einreise und den Aufenthalt von Drittstaatsangehörigen zur Ausübung einer hochqualifizierten Beschäftigung.

EU-Gebiet recht einheitlich. In Deutschland wurde hierfür das Aufenthaltsgesetz modifiziert:

Bei einem **verbindlichen Arbeitsplatzangebot** (§ 18 V AufenthG) sowie zum Zweck einer dem Arbeitnehmer bzw. seiner Qualifikation angemessenen Beschäftigung, wenn er, 211

- einen deutschen, einen anerkannten ausländischen oder einen einem deutschen Hochschulabschluss vergleichbaren ausländischen Hochschulabschluss besitzt **(1a) oder**
- mindestens über eine fünfjährige Berufserfahrung (mit entsprechender Qualifikation) verfügt **(1b) und**
- die Bundesagentur für Arbeit nach § 39 AufenthG zugestimmt hat **(2) oder**
- durch RechtsVO oder zwischenstaatliche Vereinbarung bestimmt ist, dass die Blaue Karte EU ohne Zustimmung der Arbeitsverwaltung erteilt werden kann **(3) und**
- der Arbeitnehmer mind. ein Gehalt von zwei Drittel der jährlichen Beitragsbemessungsgrenze in der allgemeinen Rentenversicherung (§ 2 Abs. 1 Nr. 2a BeschV, 2019: 53 600 EUR) **(4a) oder**
- dieser Arbeitnehmer einen inländischen Hochschulabschluss besitzt – zumindest ein Gehalt von 52 % der jährlichen Beitragsbemessungsgrenze in der gesetzlichen Rentenversicherung (§ 2 Abs. 1 Nr. 3 BeschV, 2019: 41 808 EUR) bezieht **(4b)**.[210]

Die technische Umsetzung ist eindeutig geregelt. Die Blaue Karte kann zu Beginn auf vier Jahre befristet werden.[211] 212

Qualitativ bestehen immer noch Bedenken, ob Hochqualifizierte den „einheimischen" Arbeitnehmer die Arbeitsplätze streitig machen. Die Zahlen sprechen dabei für sich. Ohne Zuzug von hochqualifizierten Fachkräften wird z. B. in Sachsen der Anteil der Erwerbspersonen weiter auf unter 76 % im Verhältnis des Jahres 2000 sinken.[212] Mittlerweile übersteigt die Anzahl der Berufsaussteiger die der Berufseinsteiger 213

210 Vgl. Schaub/Koch, Arbeitsrechts-Handbuch, § 27, Rn. 23.
211 Vgl. Weber in Creifelds, Rechtswörterbuch, „Blaue Karte EU".
212 Vgl. Statistisches Landesamt des Freistaates Sachsen, Prognosewerte aus der 11. koordinierten Bevölkerungsvorausberechnung des Bundes bis 2020 – Variante 1-W1.

deutlich. Dies gilt für alle ostdeutschen Bundesländer. Nicht viel weniger jedoch für die weiteren. Baden-Württemberg z. B. hat bereits einen hohen[213] Fachkräftemangel, der sich bis zum Jahr 2030 auf 465.000 verdoppeln wird.[214] Das zum 1.3.2020 in Kraft getretene **Fachkräfteeinwanderungsgesetz** ist – politisch bedingt – zwar keine Revolution, aber ein wichtiger Schritt hin zu einem modernen Einwanderungsland, der hochqualifizierte Fachkräfte anziehen möchte. Im Vergleich zur Greencard der USA, sind die Zahlen EU-weit noch bescheiden, wie der Vergleich von Abb. 8 und Tabelle 6 zeigt.

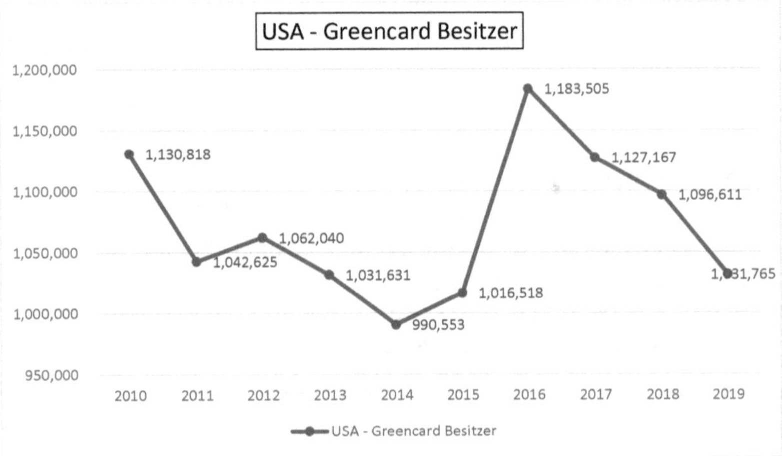

Abbildung 8: Anzahl der legalen und dauerhaften Einwanderungen (Greencard) in die USA in den Jahren 2009 bis 2019[215]

213 COVID-19 bedingt soll es 2021 keinen Fachkräftemangel geben.

214 Vgl. IHKs in Baden-Württemberg Fachkräftemonitor 2025 – Das Instrument zur Analyse von Fachkräfteangebot und -nachfrage in Baden-Württemberg, sowie in seinen Regionen und Branchen bis zum Jahr 2025, http://www.fachkraeftemonitoring-bw.de/fachkraeftemonitor.html#3278PDj.

215 Office of Immigration Statistics; US Department of Homeland Security, 2020.

Jahr	2013	2014	2015	2016	2017	2018	2019
Erteilte Blaue Karten EU	11.290	11.848	14.468	17.362	21.727	27.241	31.220
Veränderung Vorjahr (%)	-	+4,9	+22,1	+20,0	+25,1	+25,4	+14,6

Tabelle 6: Erteilte Blaue Karten im Jahr 2019[216]

In den letzten Jahren ist es immer noch nicht gelungen, ausreichend hochqualifizierte Fachkräfte in die EU und auch nach Deutschland anzuziehen. Die Hürden wie **Sprachqualifikation, kulturelle Unterschiede und ein hoher Grad an Bürokratie**, erschweren den Zugang zum hiesigen Arbeitsmarkt. 2018 hatten mehr als ¼ der Bürger einen Migrationshintergrund.[217] Faktisch und praktisch ist Deutschland ein Einwanderungsland mit bestimmten An- und Herausforderungen, die das Fachkräfteeinwanderungsgesetz lediglich punktuell annimmt. Eine große Änderung ist jedoch der **Grundsatz des Zugangs zur Erwerbstätigkeit** gem. § 4a Abs. 1 AufenthG. Danach dürfen ausländische Fachkräfte eine Tätigkeit aufnehmen, sofern kein Gesetz ein Verbot vorsieht (Erlaubnis mit Verbotsvorbehalt).[218] Daneben erleichtert das **beschleunigte Fachkräfteverfahren** deutschen Unternehmen zügiger auf einen Fachkräftemangel in ihrem Unternehmen einzugehen. Gem. § 81a AufenthG greift dieses bei folgenden Aufenthaltszwecken: 214

- § 16a AufenthG (Berufsausbildung; berufliche Weiterbildung)
- § 16d AufenthG (Maßnahmen zur Anerkennung ausländischer Berufsqualifikationen)
- § 18a AufenthG (Fachkräfte mit Berufsausbildung)
- § 18b AufenthG (Fachkräfte mit akademischer Ausbildung)
- § 18c Abs. 3 AufenthG (hoch qualifizierte Fachkräfte mit akademischer Ausbildung)

Als Einwanderungsland wird Deutschland – wie in diesem Jahrzehnt 215
deutlich wurde – auch den Arbeitsmarktzugang für **Asylsuchende oder niedrigqualifizierte Arbeitnehmer** weiter konkretisieren müs-

216 Ausländerzentralregister, Stichtag jeweils zum 31.03. des Folgejahres.

217 Vgl. https://www.destatis.de/DE/Presse/Pressemitteilungen/2019/08/PD19_314_12511.html.

218 Bislang war die Aufnahme einer Erwerbstätigkeit Drittstaatsangehörigen grundsätzlich verboten (Verbot mit Erlaubnisvorbehalt); Mävers: Das Fachkräfteeinwanderungsgesetz – ein Überblick und Ausblick, ArbRAktuell 2020, 81.

sen. Gem. § 61 AsylG i. V. m. § 47 Abs. S 1 AsylG hat der Asylsuchende solange keinen Zugang zum Arbeitsmarkt, bis über das Asylverfahren entschieden wurde. Die Höchstfrist beträgt hierbei 18 Monate.[219]

216 Ein weiterer wichtiger Aspekt für deutsche (auch europäische) Unternehmen ist, welche Regelungen bzgl. niedrigqualifizierter Arbeitsmigration bestehen. Vor allem KMU und mit dem Thema unerfahrene Unternehmen können hierbei schnell die Übersicht verlieren. Gem. § 19c Abs. 1 AufenthG darf zunächst jeder eine Beschäftigung ausüben, sofern eine Aufenthaltserlaubnis erteilt wurde. Einschränkend ist dabei die Vorschrift des § 26 BeschV. Dort ist bestimmt, welche Staatsangehörigen von Drittstaaten eher eine Beschäftigungserlaubnis erhalten (z. B. USA) und welche eher nicht (z. B. Gebiet des Westbalkans/Kennzeichnung als sichere Herkunftsstaaten).[220]

3. Krankheit am Arbeitsplatz

a) Einordnung

> „Krankheitsbedingte Arbeitsunfähigkeit ist gegeben, wenn der Arbeitnehmer infolge Krankheit seine vertraglich geschuldete Tätigkeit objektiv nicht ausüben kann (z. B. nach stationärer Aufnahme im Krankenhaus) oder objektiv nicht ausüben sollte, weil die Heilung nach ärztlicher Prognose verhindert oder verzögert wird (Verschlimmerungsgefahr).“[221]

217 Der durchschnittliche Krankenstand in Deutschland stieg von 4,23 % (2018) auf 4,34 % (2019).[222] Ein seit Jahren zu beobachtender Trend dabei ist, dass die Ausfalltage durch **psychische Erkrankungen** von Jahr zu Jahr neue Höchststände erreichen. Es gibt zwar nicht mehr Fälle bzw. Personen, die pro Jahr erkranken. Allerdings steigen die Krankheitstage/Fall, weil psychotherapeutische Angebote nicht sofort

219 Vgl. Langenfeld/Lehner, ZAR 2020, 215, 221.
220 Vgl. Langenfeld/Lehner, ZAR 2020, 215, 222.
221 Vgl. Wedde/Kunz, Rn. 48.
222 Vgl. https://de.statista.com/statistik/daten/studie/5520/umfrage/durchschnittlicher-krankenstand-in-der-gkv-seit-1991/#:~:text=Im%20Jahr%202019%20belief%20sich,auf%20rund%204%2C34%20Prozent.

zur Verfügung gestellt werden können und lange andauern. Dies führte im Schnitt zu 1,7 Tage mehr Krankheitstagen.

Neben den psychischen Erkrankungen sind vor allem die Muskel- und Skeletsystem Erkrankungen sowie Atemwegserkrankungen Hauptursache für Arbeitsunfähigkeitsbescheinigungen (AU). Gemeinsam machen sie etwa 52,8 % der Fehltage aus. 218

Für Arbeitgeber und deren Betriebliches Gesundheitsmanagement kann folgende Gegenüberstellung der DAK-Gesundheit hilfreich sein: 219

2018	2019
1. Muskel-Skelett-System (20,9 %)	1. Muskel-Skelett-System (21,2 %)
2. Atmungssystem (16,0 %)	2. Psychische Erkrankungen (17,1 %)
3. Psychische Erkrankungen (15,2 %)	3. Atmungssystem (14,5 %)
4. Verletzungen und Vergiftungen (12,3 %)	4. Verletzungen und Vergiftungen (11,8 %)
5. Verdauungssystem (5.0 %)	5. Verdauungssystem (4,9 %)
6. Unspezifische Symptome (4,8 %)	6. nfektionen (4,6 %)
7. Infektionen (4,7 %)	7. Nervensystem, Augen, Ohren (4,6 %)
8. Nervensystem, Augen, Ohren (4,6 %)	8. Unspezifische Symptome (4,6 %)
9. Neubildungen (4,3 %)	9. Kreislaufsystem (4,2 %)
10. Kreislaufsystem (4,1 %)	10. Neubildungen (3,9 %)

Tabelle 7: Häufigste Erkrankungen in Deutschland 2018/2019[223]

Eine genauere Untergliederung in Berufsgruppen, Branchen, die Rolle des Alters, unternehmensspezifische Ursachen, etc. können weitere Möglichkeiten des Arbeitsschutzes eröffnen.[224] Die Auslöser am Arbeitsplatz für Erkrankungen sind höchst unterschiedlich. In Bezug auf die drei Hauptkrankheitsgruppen sind dies: 220

(1) Bei den Erkrankungen des Muskel-Skelett-Systems sind Fehlbelastungen, durch falsches und zu schweres Heben und Tragen sowie zusätzlich eine einseitige Belastung Haupttreiber. Beispiele hierfür sind **Dauersitzen und Dauerstehen**. Die dargestellten Einflussfaktoren werden verstärkt durch oftmals untrainierte Muskulatur und/oder Übergewicht.

(2) Atemwegserkrankungen, werden oftmals durch einen zu hohen **Kontakt mit Schadstoffen und Staubbelastungen** verursacht.

223 Ebenda.

224 Vgl. https://www.iwd.de/artikel/krankenstand-in-deutschland-steigt-456309/#die-dauer.

(3) Die psychischen Erkrankungen werden bedingt durch eine **hohe Arbeitsbelastung, mangelnde Wertschätzung, geringer Arbeitsspielraum sowie zu hohe Arbeitsintensität in Zusammenhang mit geringer sozialer Unterstützung**. In Extremfällen führt dies zu Mobbing am Arbeitsplatz.

221 Zwar sind Erkrankungen des Muskel-Skelett-Systems immer noch auf Platz 1 der häufigsten Erkrankungen deutscher Arbeitnehmer (siehe Tabelle 4), allerdings entstehen bei psychischen Erkrankungen die meisten Fehltage je Fall. Bei Männern sind dies 44 und bei Frauen 42 Tage je Fall.[225] Noch deutlicher wird die Bedeutung psychischer Erkrankungen für Unternehmen in Abb. 9 Seit **2006 steigen die Fehlzeiten im Verhältnis zu anderen Diagnosen** überproportional. Doch wie ist eine solche Entwicklung zu beurteilen. Sind die Anforderungen in Unternehmen so stark gestiegen, dass viele Menschen damit nicht zurechtkommen. Welche **Ursachen**[226] haben diese und welche **Konsequenzen** können Unternehmen ziehen:

- Es gibt nicht mehr Fälle als in früheren Jahrzehnten, aber immer mehr Arbeitnehmer geben ihre Erkrankung zu.
  - Für Arbeitgeber bedeutetet dies, dass im Unternehmen ein offener und ernsthafter Umgang bzgl. psychischen Erkrankungen gepflegt werden sollte. Vor allem Meinungsführer sind hierbei in der Verantwortung.
- Die höhere Arbeitsbelastung und die komplexeren Arbeitsstrukturen führen zu höheren Belastungen und mehr Ausfällen.
  - Für Arbeitgeber bedeutetet dies, dass ein branchen- und unternehmensspezifisches BGM angewendet werden sollte. Da jeder AN Stress, Verantwortung und Belastung anders empfindet, sollten möglichst individuelle Angebote zur Verfügung stehen.
- Lange Wartezeiten aufgrund mangelnder psychotherapeutischer Angebote, führen zu längeren Krankschreibungen (zunächst durch den Hausarzt, dann wegen eines evtl. Klinikaufenthalts und zum Schluss wegen therapeutischer Behandlung).

---

225 Vgl. https://www.tk.de/resource/blob/2081662/6382c77f2ecb10cc0ae040de07c6807f/gesundheitsreport-au-2020-data.pdf, S. 21

226 Vgl. Glaeske/Helfrich/Möller-Leimkühler/Unger/Weiss, DAK-Gesundheitsreport, 2015.

- Für Arbeitgeber bedeutetet dies, dass sie Zusatzangebote anbieten sollten.

#ARbestpractice: 24h Beratung für Arbeitnehmer

„Union Investment" bietet seinen Arbeitnehmer 365 Tage im Jahr die Möglichkeit, jederzeit psychologische Telefonberatung in Anspruch zu nehmen. Anbieter dieser Leistungen sind z. B.: https://www.ias-gruppe.de/leistungen/arbeitswelten/mitarbeiterberatung 222

Rein online basierte Leistungen: https://www.selfapy.com/de. 223

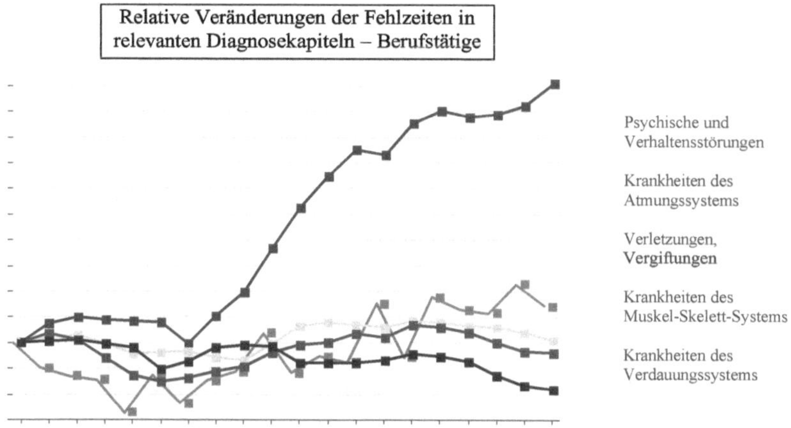

Abbildung 9: Relative Veränderungen der Fehlzeiten in relevanten Diagnosekapiteln - Berufstätige

Als Industrienation mit der zweitältesten Bevölkerung hinter Japan[227] und einem immer stärker werdenden Fachkräftemangel in einigen Branchen, sind auch die Muskel-Skelett-System-Erkrankungen sowie Atemwegserkrankungen auch von Unternehmen besonders zu berücksichtigen. In einer Arbeitswelt, in der Arbeits- und Freizeit verschwimmen, müssen entsprechende Angebote wie Büroübungen, Dusch- und 224

227 Vgl. https://www.cia.gov/the-world-factbook/field/median-age/country-comparison.

Umkleidekabinen, Fitnessangebote, gesundes Essen, Lauftreffs, Yogapause, u. v. m. ermöglicht und gefördert werden.

b) Kranmeldung und Arbeitsunfähigkeitsbescheinigung

225 Der zentrale § 3 EntgFG sichert dem Arbeitnehmer seinen Anspruch auf die bisherige Entgeltfortzahlung im Krankheitsfall. Dieser muss -auch zur Entlastung der Krankenkassen- für die Dauer von sechs Wochen zunächst vom Arbeitgeber übernommen werden.[228]

226 Gemäß § 5 Abs. 1 EntgFG ist der Arbeitnehmer verpflichtet, dem Arbeitgeber die Arbeitsunfähigkeit und deren voraussichtliche Dauer **unverzüglich** mitzuteilen. Unverzüglich bedeutet gem. § 121 BGB ohne schuldhaftes Zögern. Theoretisch bedeutet dies, dass man seinen Arbeitgeber oder Vorgesetzen **noch vor Arbeitsbeginn telefonisch** über seinen krankheitsbedingten Ausfall informiert.[229]

#ARpraxis: Meldung des Krankenstandes

227 In der Praxis ist dies jedoch ein häufiger Streitpunkt. Aus Scham, Unwissenheit, dem Gedanken „es ist ja nicht so schlimm" informieren viele Arbeitnehmer ihre Arbeitgeber erst nach Arbeitsbeginn bzw. nachdem sie beim Arzt waren. Darüber hinaus erfolgt aus Bequemlichkeit eine Krankmeldung via **E-Mail, SMS – neuerdings WhatsApp** – oder noch klassisch per Fax. Hierbei ist es wahrscheinlich, dass aufgrund der Organisationsprozesse eine Kenntnisnahme des Arbeitgebers erst im Laufe des Tages erfolgt. Noch seltener wird die Dauer der Krankmeldung erwähnt. Diese ist jedoch zwingend vorgeschrieben. Daher sollte eine **Vorgehensweise der Krankmeldung** zuvor zwischen den beiden Parteien **abgesprochen** und zu Papier gebracht worden sein. Eine solche Handlungsanleitung kenn jedoch nur unter Beteiligung des Betriebsrats geregelt werden (z. B. § 75 Abs. 3 Nr. 15 BPersVG / § 87 Abs. 1 Nr. 1 BetrVG).[230]

---

228 Vgl. Reinhard, in: Erfurter Kommentar zum Arbeitsrecht, EFZG § 3, Rn. 1.
229 Vgl. Notzon, öAT 2014, 134.
230 Ebenda.

Im Falle eines **Unfalles** oder einer eingetretenen Bewusstlosigkeit meint „unverzüglich" die Information des **Arbeitgebers durch Dritte**. Dadurch kann der Arbeitgeber den Arbeitsausfall frühzeitig einplanen und Personal anders einsetzen oder entsprechenden Ersatz organisieren. 228

Von der Krankmeldung ist die Vorlage einer Arbeitsunfähigkeitsbescheinigung (AU) zu unterscheiden. Üblicherweise muss der Arbeitnehmer ab dem **vierten Krankheitstag** eine AU vorlegen. Damit einhergehend **entfällt** die Verpflichtung eines ärztlichen Attests für die **ersten drei Tage.**[231] Der Arbeitgeber kann jedoch eine **AU ab dem ersten Tag** gem. § Abs. 1 S. 2 EFZG verlangen. Hierzu bedarf es keiner Begründung oder äußerer Umstände im Betrieb.[232] 229

Die Schwere, Art, Ursache und der Umfang müssen vom AN nicht mitgeteilt werden. Ausnahmen bestehen, wenn die Krankheit hoch ansteckend ist oder eine Pandemie vorherrscht (z. B. COVID-19-Pandemie).[233] 230

#ARpraxis: Fristberechnung AU

Krankschreibung vom 7.9.2020 (Montag) bis zum 11.9.2020 (Freitag). 231

- Arbeitgeber muss spätestens am 10.9.2020 (Donnerstag) die AU erhalten, d. h. am vierten Krankheitstag.
- Die Krankmeldung muss dem Arbeitgeber bereits am Montagmorgen unverzüglich mitgeteilt werden.

Erfolgt die Erkrankung an einem Mittwoch, müsste die AU am Samstag vorliegen. Dies jedoch nur, wenn samstags in dem Betrieb/Arbeitsort üblicherweise gearbeitet wird. 232

Ist der Betrieb am Wochenende geschlossen, muss die Mitteilung erst am Montag zugehen. 233

231 Vgl. LAG Hessen, Urteil vom 31.10.1990 – 1 Sa 610/90ArbG.
232 Vgl. BAG, Urteil vom 14.11.2012 – 5 AZR 886, m. Anm. Bauer.
233 Vgl. Notzon, öAT 2014, 134.

c) Genesungszeit

234 Im Arbeitsvertrag ist meist eindeutig geregelt, wie sich der Arbeitnehmer im Betrieb zu verhalten hat.[234] Für den Privatbereich kann der Arbeitgeber hingegen nicht bestimmen, welches gesundheitszuträgliche Verhalten angebracht wäre (§ 611 BGB). Solange aus medizinischer Sicht keine Bettruhe angeordnet ist, darf der Arbeitnehmer alles unternehmen, was den Heilungsprozess nicht verzögert oder gefährdet. **Einkäufe oder Spaziergänge** müssen erledigt werden bzw. sind genesungsfördernd. **Freizeitaktivitäten** wie Kino-, Restaurant- oder Kneipenbesuche müssen ebenfalls so gewählt werden, dass der Genesungsprozess nicht behindert wird. Im Zweifelsfall sollte von einem Arzt abgeklärt werden, inwieweit diese möglich sind. Als Arbeitnehmer sollte man hierbei auch berücksichtigen, dass in den meisten Fällen weder Kollegen noch Vorgesetzte den genauen Grund der Arbeitsunfähigkeit kennen. Bei einem Zusammentreffen könnte das **Vertrauensverhältnis zum Kollegium** aufs Spiel gesetzt werden.[235]

#ARpraxis: Genesungszeit

235 Beispielhaft sind folgende Fälle:

- Ein Armbruch ist meist deutlich sichtbar und daher können Restaurant- und Kneipenbesuche nicht missverstanden werden.
- Psychische Erkrankungen sind nicht sichtbar und werden oftmals nicht kommuniziert. Abendaktivitäten sind sogar erwünscht, jedoch sollten die Orte bewusst gewählt werden.
- Ein fiebriger Infekt bedeutet Bettruhe und lediglich den Gang zum Einkauf.
- Selbst Nebenbeschäftigungen sind zulässig. Allerdings dürfen diese die Gesundung nicht negativ beeinflussen. Auch könnte dies der Arbeitgeber nicht zuordnen können und sich übergangen fühlen.

---

234 „Sicherheitsanweisungen befolgen"; „Effiziente Arbeitsweise"; „Tätigkeitsbeschreibung wie folgt…"; „Gefährdungspotenziale vermeiden"; „Leben und Gesundheit von Beteiligten nicht riskieren"; etc.

235 Vgl. Aligbe, ArbRAktuell 2013, 282, 284.

Ein **Fehlverhalten durch den Arbeitnehmer ist schwer nachzuweisen.** 236
Es sollte eine genaue Dokumentation der Verhaltensweisen geführt werden. Bei Vergehen bzgl. einer unerlaubten Tätigkeit, lohnt sich die Einschaltung eines Anwalts. Außerdem kann der Arbeitnehmer nicht schalten und walten, wie ihm gelegen ist. Gem. § 241 Abs. 2 BGB hat dieser ebenfalls Rücksichtnahmepflichten, da er vom Arbeitgeber während der Krankenzeit bezahlt wird. Sein Handeln muss daher eine rasche Genesung fördern.[236]

Sobald ein Fehlverhalten gut dokumentiert ist, muss der Arbeitgeber zunächst **abmahnen.** Wird wiederholtes Fehlverhalten festgestellt, so kann der Arbeitgeber eine **verhaltensbedingte Kündigung** aussprechen. 237

d) Arbeit trotz Krankschreibung

In einigen Branchen stehen Arbeitnehmer so unter Druck, dass sie 238
trotz einer AU auf der Arbeitsstelle erscheinen. Was im Homeoffice noch angemessen sein kann, wird im Falle von Ansteckungskrankheiten gefährlich.[237] Grundsätzlich gilt, dass eine Krankschreibung kein Arbeitsverbot darstellt. Es wird lediglich eine Prognose über den erwartenden Krankheitsverlauf vom Arzt festgestellt. Auch Versicherungsansprüche bleiben bestehen (Krankenversicherung in § 5 Abs. 1 Nr. 1 SGB V). Dies gilt ebenso im Falle eines Unfalls für die Unfallversicherung (§§ 2 Abs. 1 Nr. 1 sowie 8 Abs. 2 SGB VII).

Für den Mutterschutz gilt dies nicht. Hierbei ist zwischen einem ge- 239
nerellen[238] und individuellen (bei speziellen Risiken für Mutter und Kind vor und nach der Geburt[239]) Beschäftigungsverbot zu unterscheiden. Arbeitgeber sollten die Berechnung[240] mit der Arbeitnehmerin

236 Vgl. BAG, Urteil vom 2.3.2006 – 2 AZR 53/05 = NZA-RR 2006, 636.
237 Grippewelle; COVID-19.
238 Vgl. Schlachter, in: Erfurter Kommentar zum Arbeitsrecht, MuSchG § 3, Rn. 8.
239 Vgl. Schlachter, in: Erfurter Kommentar zum Arbeitsrecht, MuSchG § 16, Rn. 7, 11.
240 Eine Vorlage zur Berechnung ist: https://shop.haufe.de/mutterschutz-rechner?emos_sid=AXcE9UHB4qwayHTQxYWny8CHam28jPG8&emos_vid=AXcAGAlhg

vorsorglich und zeitnah besprechen, damit man den richtigen Mutterschutzbeginn richtig wählt.

240 Nicht nur im Falle des **Mutterschutzes** muss der Arbeitgeber die **Fürsorgepflicht** wahren. Auch aus **Sicherheitsgründen** können Arbeitgeber Arbeitnehmer aus dem Betrieb weisen. Sofern das Kollegium durch Ansteckung oder durch Aufmerksamkeitsschwierigkeiten in Gefahr gebracht werden könnte, muss der Arbeitgeber dies veranlassen. Der Wiedereinsatz bestimmt sich nach äußeren Merkmalen und gegebenenfalls nach einem Gespräch mit dem Arbeitnehmer. Eine Gesundschreibung gibt es im deutschen Recht nicht. Das Arbeits- und Vertrauensverhältnis soll soweit wie möglich nicht durch Dritte beeinflusst werden. Sind sich Arbeitgeber – in gewissen Fällen auch der Arbeitnehmer – nicht sicher bzgl. der Einsatzfähigkeit, kann der Betriebsarzt[241] hinzugezogen werden.[242]

241 Die immer stärker beachtete Option **Homeoffice** darf auch während einer Krankschreibung für Arbeitgeber und Arbeitnehmer grundsätzlich nicht vorgeschrieben werden. Die AU dient der Regeneration des Arbeitnehmers und diese darf nicht beeinflusst werden.

#ARpraxis: AU und Homeoffice

242 Trotzdem können Arbeitgeber und Arbeitnehmer vereinbaren, dass einige Aufgaben von zu Hause erledigt werden. Sofern die Erkrankung keinen großen Einfluss auf die Arbeitsleistung hat (z. B. Erkältung, Beinbruch, Kreuzbandriss, etc.), kann Homeoffice vereinbart werden. Es ist dann sinnvoller, die Arbeit von zu Hause aus zu erledigen.[243]

243 Die Gründe trotz Krankheit zur Arbeit zu gehen, sind unterschiedlich. Laut statista wollen Arbeitnehmer hauptsächlich ihre Kollegen entlas-

---

wj2f1i6jkJ3GabXtFHQ8cdw&_ga=2.94640026.703106411.1610614315-418051047.1610614315.

241 Bei mittelständischen Unternehmen besteht meist eine Kooperation mit einem ansässigen Arzt. Große Unternehmen – vor allem mit großen Produktionshallen – haben einen Betriebsarzt auf dem Betriebsgelände bzw. die Räumlichkeiten dazu.

242 Vgl. https://www.personalwissen.de/arbeitsrecht/arbeitsschutz/arbeiten-krankschreibung-personalwissen/.

243 Ebenda.

ten. Damit einher geht oftmals, dass Arbeit nicht liegenbleiben soll, da mit einer Erkrankung möglicherweise Arbeitsprozesse unterbrochen werden. In wirtschaftlich stabilen Jahren (wie 2017) haben die Arbeitnehmer weniger Angst um ihren Arbeitsplatz. In der Hochphase der Finanz- und Wirtschaftskrise 2009 war dies anders. Auch 2021 könnte es wieder vermehrt vorkommen, dass Arbeitnehmer aufgrund eines Jobverlusts oder sogar wegen drohender Insolvenz des Arbeitgebers krank zur Arbeit kommen möchten. In der COVID-19-Pandemie bleibt abzuwarten, wie sich die arbeitsrechtliche Praxis entwickelt.

Abbildung 10: Krank zur Arbeit – warum?[244]

e) Betrieblicher Gesundheitsschutz

Der **betriebliche Gesundheitsschutz** fällt unter den Arbeitsschutz. 244
Wichtigste Rechtsgrundlagen sind die § 618 BGB, § 62 HGB, in denen die Fürsorgepflicht des Arbeitgebers festgehalten ist. Dem Staat fällt hierbei die Pflicht zur Überwachung zu (§ 139b GewO). Die Gewerbeaufsucht muss dabei u. a. die Arbeitsstättenverordnung, den Gesund-

244 Vgl. Studie der Uni St. Gallen, 2017.

heitsschutz der Betriebe sowie die Unfallverhütungsvorschriften der Berufsgenossenschaften beachten.[245]

245 Der **Arbeitsschutz** ist zwingend zu befolgen und lässt sich nicht durch Vertrag abmildern oder streichen (§ 134 BGB). Bei schuldhafter Verletzung des Arbeitsschutzes entsteht unmittelbar ein Schadensersatzanspruch (§ 823 Abs. 2 BGB), selbst bei fehlerhaften oder nichtbestehenden Arbeitsverhältnissen. Abgestellt wird auf die tatsächliche Arbeitstätigkeit und deren Durchführung.[246]

246 Der betriebliche Gesundheitsschutz ist auf die **langfristige Prävention** ausgelegt. Vor allem die Vermeidung von Schaden und Leid von Körper, Leib und Seele ist das oberste Ziel des Arbeitsschutzes (§ 3 Abs. 1 ArbSchG).[247] Der Arbeitgeber hat nicht nur erforderliche Maßnahmen und Prozesse einzurichten, sondern vor allem auch seine Arbeitnehmer zu schulen und zu beeinflussen.[248] Dabei muss die Organisation so ausgestaltet sein, dass arbeitsschutzrechtliche Vorschriften zu jedem Zeitpunkt beachtet und ausgeführt werden können. Die erforderlichen Werkzeuge und Maßnahmen sind mittels einer Gefährdungsbeurteilung gem. § 5 Abs. 1 ArbSchG zu bestimmen.

247 Fehlzeiten sind für Unternehmen mit hohen Kosten verbunden. Daher haben Arbeitgeber nicht nur aufgrund von sicherheitstechnischen Vorschriften ein großes Interesse Arbeitsunfälle und Gesundheitsgefahren am Arbeitsplatz zu vermeiden. Damit einhergehend sind damit auch ökonomische Interessen.

248 Die Vorteile des Gesundheitsschutzes sind damit zusammengefasst:

- Erhaltung der Leistungsfähigkeit
- Erhöhung der Wettbewerbsfähigkeit
- Mindern die Kosten bei Lohnfortzahlung
- Reduzieren den zeitweisen Ersatz erkrankter Mitarbeiter
- Verbesserung des Gesundheitszustandes
- Verhütung von Unfällen, Zur Senkung von Fehlzeiten

---

245 Vgl. Kortstock in Creifelds, Rechtswörterbuch, „Betriebsschutz".
246 Vgl. Kortstock in Creifelds, Rechtswörterbuch, „Arbeitsschutz".
247 Vgl. Kollmer/Klindt/Schucht/Kollmer, ArbSchG, § 1 Rn. 19.
248 Vgl. Hauschka/Moosmayer/Lösler, Corporate Compliance, § 53 Rn. 149 – 150.

Die Tabelle zeigt einen Überblick bzgl. erforderlicher Arbeits- und Umweltschutzrechte: 249

Bezeichnung	Rechtsgrundlage
Betriebsbeauftragter für Abfall	§§ 59–60 KrWG, AbfBetrbV
Fachkraft für Arbeitssicherheit	§§ 5–7ASiG, DGUV V2 (BVOASI im Bergbau)
Betriebsarzt	§§ 2–4 ASiG, DGUV V2 (BVOASI im Bergbau)
Beauftragter für die Biologische Sicherheit (BBS)	§ 16 GenTSV, § 16 BGV B12
Brandschutzbeauftragter	zB § 26 VkVO, Krankenhausrichtlinie, Leitlinien für Brandschutzbeauftragte, § 13 V ArbSchG
Beauftragter für den Datenschutz	§ 4 f BDSG
Elektrofachkraft	§ 7 ArbSchG, berufsgenossenschaftliche Verordnung BGV A3
Ersthelfer	§ 10 ArbSchG, § 21 SGB VII, § 26 BGV A1
Explosionsschutzbeauftragter	BetrSichV
Gefahrgutbeauftragter	§§ 3 ff. GbV
Betriebsbeauftragter für Gewässerschutz	§§ 64–66 WHG
Gleichstellungsbeauftragte	BGleiG, LGG
Hygienebeauftragter	Keine (freiwillig nach DIN ISO 9000 iVm § 4 LMHV)
Betriebsbeauftragter für Immissionsschutz	§§ 53, 54 BImSchG, § 5 BimSchV
Jugendschutzbeauftragter	§ 7 JMStV
Laserschutzbeauftragter	§ 6 BGV B2: Bei Lasereinrichtungen der Klassen 3B, 3R oder 4
Qualitätsbeauftragter	Keine (freiwillig nach DIN EN ISO 9000 ff.)
Schwerbehindertenvertretung	§§ 176 ff. SGB IX
Sicherheitsbeauftragter	§ 22 SGB VII (UVEG), BGV A1
Störfallbeauftragter	§§ 58 a-58 d BImSchG, 5. BimSchV
Strahlenschutzbeauftragter	§§ 30, 31 StrlSchV, §§ 13–15 RöV
Umweltschutzbeauftragter	Keine (freiwillig nach DIN EN ISO 14000 ff. oder EMAS-VO)

Tabelle 8: Überblick bzgl. erforderlicher Arbeits- und Umweltschutzrechte

Aufgrund der immer besseren Sicherheitsmaßnahmen und der fortschreitenden Digitalisierung/Mechanisierung gibt es weniger Unfälle in den Betrieben am Arbeitsplatz. Die Kehrseite ist jedoch, dass die drei häufigsten Erkrankungen zu- als abnehmen. Beim Aufbau von 250

Arbeits- und Umweltschutzmaßnahmen sollte darauf ein Fokus gelegt werden.

f) Abmahnung und Kündigung

Abmahnung und Kündigung

251 Es kann zu einer Abmahnung kommen, wenn der Arbeitnehmer gegen seine Pflicht der rechtzeitigen Krankmeldung verstößt. Diese sollte bereits beim ersten Vergehen ausgesprochen werden. Der Arbeitnehmer hat somit die Chance sein Verhalten diesbezüglich zu ändern.

252 Eine Kündigung aufgrund anhaltender Krankheit fällt unter die **personenbedingte Kündigung,** ist allerdings mit hohen Hürden seitens des Gesetzgebers versehen.

253 Der Arbeitgeber muss im Falle einer langanhaltenden Arbeitsunfähigkeit eine ausführliche Interessensabwägung vornehmen.[249] Dabei sind folgende Faktoren zu berücksichtigen:

- Dauer des Arbeitsverhältnisses (je länger das Arbeitsverhältnis desto schwieriger die Kündigung wegen verspäteter Krankmeldung oder Übermittlung der Arbeitsunfähigkeitsbescheinigung)
- Häufigkeit des Fehlverhaltens (Bei einmaligen Fehlverhalten ist eine Kündigung in der Regel nicht möglich)
- Vorherige Abmahnungen (Es müssen mindestens eine oder mehrere Abmahnungen in Bezug auf genau dieses Fehlverhalten vorliegen)
- Dauer der Verspätung
- Auswirkungen im Betriebsablauf (Schweregrad der Störungen im Arbeitsablauf)
- Alter des Arbeitnehmers
- Familienstand und eventuelle außergewöhnliche Belastungen (Unterhaltszahlungen)

249 Vgl. Vossen, in: Ascheid/Preis/Schmidt, Kündigungsrecht, KSchG, § 1, Rn. 137 ff.

Wesentliche Voraussetzungen[250] für die Kündigung sind außerdem: 254

- Eine ärztliche Prognose, die besagt, dass der Arbeitnehmer seinen vertraglichen Verpflichtungen im Unternehmen in Zukunft nicht mehr in vollem Umfang nachkommen kann.
- Entwicklung des Gesundheitsstatus / Genesung (Es kann für die nächsten 24 Monate kein gesundheitlicher Fortschritt ausgemacht werden).
- Ab einer Betriebsgröße von zehn Personen greift das Kündigungsschutzgesetz.

#ARVerhandlungsbeispiel: Rückdatierte Arbeitsunfähigkeitsbescheinigung: LAG Köln, Urteil vom 30.7.2015 – 7 Sa 432/15
Tatbestand

- Außerordentliche, fristlose arbeitgeberseitige Kündigung vom 9.9.2013, zugegangen am 11.9.2013, wird vom Kläger angefochten.
- Beklagter bleibt dabei, dass der Kläger in der Zeit ab 26.8.2013 unentschuldigt gefehlt habe. Erst auf Hinweis des Personalleiters habe der Kläger eine **rückdatierte Arbeitsunfähigkeitsbescheinigung** vom 3.9.2013 vorgelegt. Diese entschuldige jedoch nicht das unentschuldigte Fehlen in zwei Kalenderwochen.
- Kläger behauptet, dass sein Fehlen auf einer Verletzung durch ein oder mehrere Schläge mit einem stählernen Schlagstock auf den Kopf begründet sei. Doch die Untersuchung durch eine sachverständige Zeugin am 3.9.2013 ergab keine äußerlichen Verletzungen und konnte die Aussage daher nicht stützen.
- Der Kläger habe außerdem gegen seine Nachweispflichten gem. § 5 (2) EFZG verstoßen.
- Der Kläger legte bereits 2005 und 2009 anlässlich von Türkeiurlauben ähnliche Verhaltensweisen an den Tag. Dies hatte bereits eine Abmahnung zur Folge.

Entscheidungsgründe

- Das Arbeitsgericht geht davon aus, dass die Vorwürfe des unentschuldigten Fernbleibens und der Erschleichung einer ärztli-

250 Vgl. Schunder, Kündigung wegen Krankheit, NZA-Beilage 2015, 90.

chen Arbeitsunfähigkeitsbescheinigung vorbehaltlich der konkreten Umstände geeignet sind, eine **außerordentliche,** fristlose Kündigung des Arbeitsverhältnisses durch den Arbeitgeber **zu rechtfertigen.**

- Das Gericht konnte sich zwar nicht mit einem ausreichenden Grad von Gewissheit davon überzeugen, dass die Tatsachen der Kündigungsvorwürfe vorgelegen haben, hält es aber für höchstwahrscheinlich.
- Berücksichtigt wurde außerdem der Umstand, dass die beiden Parteien vor der Türkeireise des Klägers über die zeitliche Lage des Urlaubs gestritten hatten. Der Urlaubsantrag des Klägers umfasste den Zeitraum bis einschließlich 31.8.2013, die Beklagte ordnete jedoch aus **betrieblichen Gründen** die Wiederaufnahme der Arbeit gegen den Willen des Klägers zum 26.8.2013 an
- Aussage des Klägers: Infolge des Vorfalls vom 11.8.2013 in der Türkei habe er an Kopfschmerzen und Schwindelanfällen gelitten und konnte die rechtzeitige Rückkehr nach Deutschland nicht antreten. Er sei in der Zeit ab dem 26.8.2013 durchgängig arbeitsunfähig gewesen. Dies erschien plausibel.
- Es liegen Beweise vor, dass der Kläger am 11.8.2013 um 16:23 Uhr die Notaufnahme einer Klinik in der Türkei aufgesucht und von einem Klinikfacharzt mit der Diagnose „Kopfschmerzen" vom 14.8.2013 bis 23.8.2013 krankgeschrieben wurde. Außerdem hat er am selben Tag um 20:57 eine örtliche Polizeiwache aufgesucht und Anzeige erstattet, wovon ein Bericht existiert.
- Die sachverständige Zeugin, die den Kläger in Deutschland untersuchte, konnte Schwindelsymptome feststellen. Daraufhin wurde die AU nicht nur rückwirkend ab 26.8.2013 sondern auch zehn Tage in die Zukunft bis zum 13.9.2013 bescheinigt und stellte Folgebescheinigungen bis zum 4.10.2013 aus.
- Es steht fest, dass der Kläger in der Zeit ab dem 26.8.2013 gegenüber der Beklagten seine Pflichten zur rechtzeitigen Anzeige und zum rechtzeitigen Nachweis nach eigener Aussage vernachlässigt und Kontaktierungsversuche ab dem 27.8.2013 eingestellt hat.
- Die einmalige Verletzung der vertraglichen Nebenpflichten aus § 5 Abs. 2 EFZG berechtigt den Arbeitgeber jedoch im Regelfall nicht zum Ausspruch einer Kündigung, erst recht nicht zum Ausspruch

einer fristlosen außerordentlichen Kündigung. Im Regelfall ist vielmehr mindestens eine **einschlägige vorangegangene Abmahnung** erforderlich.
- Die Abmahnung im Jahr 2009 bezog sich darauf Arbeitsunfähigkeitsbescheinigungen beizubringen, die den deutschen gesetzlichen Grundlagen entsprächen und „die Androhung einer angekündigten Krankheit zu unterlassen" und wird daher von der Beklagten zu Unrecht angeführt.

Urteil

Die streitige außerordentliche **Kündigung** vom 9.9.2013 ist **nicht rechtswirksam**. Das Arbeitsverhältnis der beiden Parteien konnte durch diese arbeitgeberseitige Kündigung nicht beendet werden. Weiterbeschäftigung war die Folge. Voraussetzungen für Zulässigkeit der Revision ist nicht gegeben. 255

4. Sexuelle Belästigung am Arbeitsplatz

a) Definition

Eine sexuelle Belästigung ist gem. § 3 Abs. 4 AGG „[...] ein **unerwünschtes**, sexuell bestimmtes Verhalten, wozu auch unerwünschte sexuelle Handlungen und Aufforderungen zu diesen, sexuell bestimmte körperliche Berührungen, Bemerkungen sexuellen Inhalts sowie unerwünschtes Zeigen und sichtbares Anbringen von pornografischen Darstellungen gehören, bezweckt oder bewirkt, dass die **Würde der betreffenden Person verletzt** wird, insbesondere wenn ein von **Einschüchterungen, Anfeindungen, Erniedrigungen, Entwürdigungen oder Beleidigungen** gekennzeichnetes Umfeld geschaffen wird." 256

Der Arbeitgeber hat durch arbeitsrechtliche oder dienstrechtliche und personalwirtschaftliche Maßnahmen dafür Sorge zu tragen, dass Arbeitnehmer vor sexueller Belästigung geschützt werden. Hierzu sind **Prozesse** einzuführen und die **Organisation** so zu gestalten, die eine entsprechende **Transparenz des Themas, Hilfestellungen bei einem Vorfall und Nachverfolgungen** ermöglicht. Dies gilt für den öffent- 257 lichen Dienst wie für privatwirtschaftliche Unternehmen gleichermaßen.[251] Kommt es doch zu einem Fall der sexuellen Belästigung, ist eine genaue Dokumentation erforderlich. Ist für eine sexuelle Handlung gem. § 184i StGB eine körperliche Berührung notwendig (z. B. Begrabschen, Küssen, etc.), kann nach dem AGG auch jede Form der verbal und non-verbalen Belästigung als Diskriminierung einzuordnen sein.[252] Das AGG schützt Betroffene seit 2006. Das Strafgesetzbuch entsprechend erst seit 2016, was hierbei den Fortschritt bzw. die Wichtigkeit des europäischen Rechts auf gewissen Rechtsgebieten hervorhebt. Zentrale Aufgabe gem. AGG für Unternehmen ist, sexuelle Belästigungen am Arbeitsplatz **präventiv** zu verhindern.

258 Der besondere Schutz durch das AGG ist **substanziell.** Gerade im beruflichen Kontext kann sexuell belästigendes Verhalten gravierende Auswirkungen haben, da die geschädigte der belästigenden Person nicht aus dem Weg gehen kann. Der Arbeitsplatz insbesondere muss deshalb für alle Beschäftigten ein **sicheres Umfeld** sein. Auch außerhalb des Arbeitsplatzes und der -zeit sind Arbeitnehmer innerhalb des Arbeitsverhältnisses durch das AGG geschützt. Dazu gehören: Dienstreisen, Arbeitswege, Firmenfeiern, Betriebsausflüge, Pausen sowie SMS, E-Mails oder Anrufe. Sobald die sexuelle Belästigung von Arbeitnehmern im privaten Bereich stattfindet (z. B. private Verabredungen, Nachrichten, etc.) kommt das AGG nicht zur Anwendung, sondern muss privatrechtlich angezeigt und verfolgt werden.

259 Die Abbildungen 11 und 12 verdeutlichen die Problematik, wann und von wem Frauen am Arbeitsplatz sexuell belästigt werden.

251 Vgl. Raik Werner in Creifelds, Rechtswörterbuch, „Sexuelle Belästigung“.
252 Ebenda.

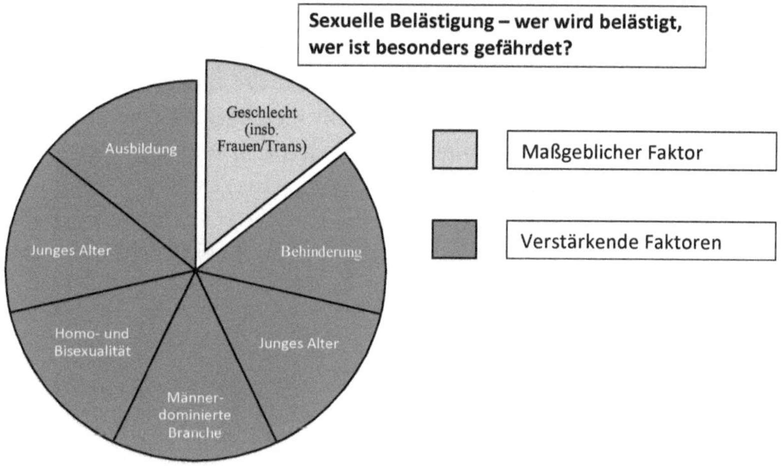

Abbildung 11: Sexuelle Belästigung – wer wird belästigt, wer ist besonders gefährdet?[253]

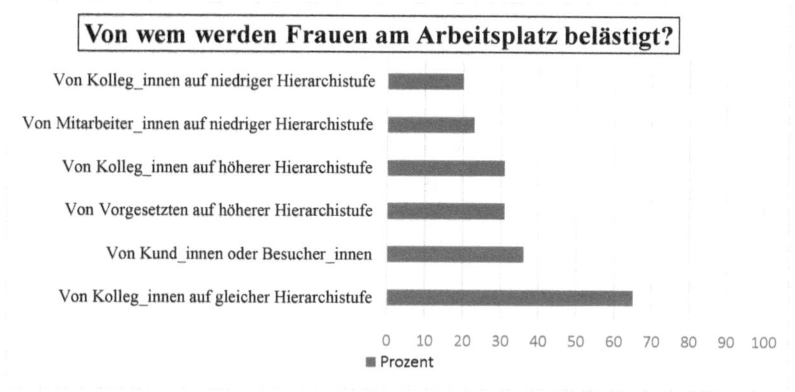

Abbildung 12: Von wem werden Frauen am Arbeitsplatz belästigt?[254]

253 Vgl. http://www.antidiskriminierungsstelle.de/SharedDocs/Downloads/DE/publikationen/Leitfaeden/Leitfaden_Was_tun_bei_sexueller_Belaestigung.pdf?__blob=publicationFile&v=3.

254 Vgl. http://www.antidiskriminierungsstelle.de/SharedDocs/Downloads/DE/publikationen/Leitfaeden/Leitfaden_Was_tun_bei_sexueller_Belaestigung.pdf?__blob=publicationFile&v=3.

260 Den meisten Fällen der sexuellen Belästigung **liegen keine sexuelle Motivation** zugrunde, sondern der **Wille Dominanz über das Opfer ausüben zu wollen**. Auffällig dabei ist, dass die meisten Täter entweder in ihrem täglichen Arbeitsumfeld mit gleichgestellten Kolleginnen oder Kollegen agieren. In vielen Fällen handelt es sich jedoch auch um eine **Mehrfachdiskriminierung**, d. h. eine Ungleichbehandlung aufgrund mehrerer Diskriminierungsmerkmale wie z. B. der Sexualität und dem Geschlecht, der Abstammung, einer Beeinträchtigung oder ähnlichem.[255]

b) Rechte von Betroffenen

261 Wenn Arbeitnehmer Opfer sexueller Übergriffe werden, stehen ihnen vier zentrale Rechte zu, um sich gegen die Belästigung zu wehren und vorzugehen:

1. **Beschwerderecht nach § 13 AGG:**
   Alle Beschäftigten haben das Recht, im Betrieb bei der zuständigen Stelle, dem Betriebsrat oder dem Arbeitgeber Beschwerde einzulegen, wenn sie das Gefühl haben, nach dem **AGG** benachteiligt bzw. belästigt oder angegriffen worden zu sein.
2. **Leistungsverweigerungsrecht nach § 14 AGG:**
   Der Arbeitgeber ist gesetzlich dazu verpflichtet, seine Beschäftigten vor Übergriffen sexueller Art zu schützen. Wenn keine geeigneten Maßnahmen zur Unterbindung der sexuellen Belästigung am Arbeitsplatz ergriffen werden und somit der Arbeitnehmer nicht geschützt wird, haben die Betroffenen das Recht, ihre Tätigkeit zu ihrem eigenen Schutz niederzulegen. Sie erhalten weiterhin das volle Arbeitsentgelt.
3. **Entschädigung und Schadensersatz nach § 15 AGG:**
   Wenn der Arbeitgeber seinen Pflichten (§ 12 AGG) nachweislich nicht oder nicht ausreichend nachgekommen ist, kann sich für Betroffene gegebenenfalls ein Anspruch auf Schadensersatz ergeben

255 Ebenda.

(Arzt- oder Therapiekosten). Auch ein Schadenersatz (Schmerzensgeld) ist möglich.

4. **Maßregelungsverbot (§ 16 AGG):**
Die betroffenen Beschäftigten, die eine Beschwerde einreichen oder Beschäftigte, die als Zeugen aussagen, dürfen nicht benachteiligt werden. Abmahnungen oder Kündigungen wegen einer Beschwerde sind daher verboten. Dies gilt unabhängig davon, ob die Beschwerde begründet oder unbegründet ist.[256]

Dieselben Rechte gelten im Übrigen auch für die „**Benachteiligungen** 262
aus Gründen der Rasse oder wegen der ethnischen Herkunft, des Geschlechts, der Religion oder Weltanschauung, einer Behinderung, des Alters oder der sexuellen Identität" **gem. § 1 AGG.**

c) Maßnahmen und Pflichten des Arbeitgebers

Grundsätzlich haben Arbeitgeber gem. **§ 12 Abs. 1 - 4 AGG** die 263
Pflicht, ihre Beschäftigten vor sexuellen Übergriffen zu schützen und vorbeugende und unterbindende Schutzmaßnahmen gegen sexuell belästigendes Verhalten zu ergreifen. Diese Maßnahmen könnten zum Beispiel die Durchführung von Schulungen oder die Aufstellung von Verhaltensregeln sein. Gerade einmal jeder fünfte Beschäftigte weiß, dass der Arbeitgeber Arbeitnehmer vor Belästigung schützen muss.

In **§ 12 Abs. 5 AGG** ist festgelegt, dass der Arbeitgeber die zuständigen 264
Beschwerdestellen im Betrieb oder in der Dienststelle bekannt machen muss.

Wenn der Arbeitgeber nun von sexueller Belästigung erfährt, muss 265
er geeignete und angemessene Maßnahmen treffen, damit die Belästigung unterbleibt, um so den künftigen Schutz der betroffenen Person zu gewährleisten. Dies kann z. B. in Form einer Abmahnung, Umsetzung, Versetzung oder auch Kündigung geschehen (§ 12 Abs. 3 AGG).

Im Einzelfall muss geprüft werden, ob sie zur außerordentlichen Kün- 266
digung des Beschuldigten berechtigt. Dies ist abhängig von den ein-

256 Vgl. Schaub/Koch, Arbeitsrecht von A-Z, Sexuelle Belästigung am Arbeitsplatz.

zelnen Umständen, d. h. von ihrem Umfang und ihrer Intensität. In jedem Fall muss der Arbeitgeber dafür sorgen, dass die sexuelle Belästigung in Zukunft unterbleibt und eine Wiederholungsgefahr ausgeschlossen werden kann. Vor diesem Hintergrund ist eine Abmahnung bei einmaligen Vorfällen oft schon ausreichend.[257]

#ARpraxis: Compliance zum Thema Sexuelle Belästigung am Arbeitsplatz

267 Der Arbeitgeber hat u.a. folgende Möglichkeiten mit sexueller Belästigung im Betrieb umzugehen:

(1) Den Mitarbeitern eine eindeutige Unternehmenskultur vermitteln, in der Diskriminierung und Belästigung nicht toleriert wird.
(2) Schulungen durchführen, um die Arbeitnehmer zu sensibilisieren.
(3) Ein offenes Ohr für die Angestellten haben und Vertrauen aufbauen.
(4) Eine Vertrauensperson einsetzen.
(5) Sichergehen, dass Beschwerdestellen im Betrieb bekannt sind.
(6) Kontakte zu externen Stellen veröffentlichen und fördern.
(7) Unstimmigkeiten im Auge behalten und Ihnen auf den Grund gehen (z. B. vermehrte Kündigungen in derselben Abteilung o. Ä.).
(8) Eigeninitiative bei Unstimmigkeiten – die Antidiskriminierungsstelle des Bundes berät auch Arbeitgeber.
(9) Alle Beschwerden sorgfältig und genau dokumentieren und Zeugen befragen.
(10) Geeignete Maßnahmen **ergreifen und umsetzen.**

#ARVerhandlungen: Sexuelle Belästigung am Arbeitsplatz
Sachverhalt 1

„Busengrapschen führt nicht automatisch zur Kündigung (BAG, Urteil vom 20.11.2014 – 2 AZR 651/13)"

268 Ein Mechaniker trifft im Umkleide- und Waschraum seines Arbeitgebers auf eine externe Putzkraft. Im Verlauf eines Gesprächs macht er ihr Komplimente wegen ihres Busens und berührt diesen dann auch.

---

257 Ebenda.

Als sie darauf deutlich zu erkennen gab, dass sie das nicht wünsche, ließ der Täter sofort von ihr ab. Die Frau informierte daraufhin ihren Chef, dieser den Arbeitgeber des Mechanikers. Im direkt folgenden Gespräch gestand der Mann gleich sein Fehlverhalten ein. Daraufhin entschuldigte er sich bei der Frau und zahlte im Rahmen des Täter-Opfer-Ausgleichs ein Schmerzensgeld. Gleichwohl erhielt er postwendend die fristlose Kündigung.

Entscheidung

Der Fall wurde vom Bundesarbeitsgericht aufgehoben und die Kündigung für unwirksam erklärt. Warum? Ob die sexuelle Belästigung im Einzelfall zur außerordentlichen Kündigung berechtigt, ist abhängig von den **konkreten Umständen**, unter anderem von ihrem Umfang und ihrer Intensität. Außerdem ist nach § 626 Abs. 1 BGB zu klären, ob Tatsachen vorliegen, aufgrund derer dem Kündigenden die Fortsetzung des Arbeitsverhältnisses nicht zuzumuten ist. Das Bundesarbeitsgericht erkannte hierbei, dass eine Weiterbeschäftigung zumutbar ist, da die Schwere der Tat erkannt und eingestanden wurde. 269

=> Abmahnung ist ausreichend, eine fristlose Kündigung sogar unzulässig.

Praxishinweis

Zur Beurteilung sind unbedingt die Umstände des Einzelfalls zu beachten: 270

- Schwere des Vergehens
- Einsicht
- Branche/Gepflogenheiten
- Privater Rahmen/Beruflicher Rahmen

Sachverhalt 2

> „Kündigung wegen verschicken eines Genitalienfotos für unwirksam erklärt (ArbG Ulm, Urteil vom 10.1.20 – 1 Ca 93/19)“

Ein seit dem Jahr 2000 beschäftigter Maschineneinrichter schickte im Juli 2019 seiner langjährig befreundeten Kollegin in seiner Freizeit und von seinem privaten Handy ein Foto von seinem erigierten Penis. 271

Nach einer Beschwerde beim gemeinsamen Arbeitgeber erfolgte die Kündigung des Arbeitsverhältnisses des Mannes fristlos sowie hilfsweise unter Einhaltung der Kündigungsfrist ordentlich.

272 Grundsätzlich kann das Verschicken von Fotos mit pornographischem Inhalt an Arbeitskollegen eine rechtmäßige Kündigung nach sich ziehen (sowohl nach§ 626 Abs. 1 BGB für eine fristlose, als auch § 1 Abs. 1 KSchG für eine hilfsweise ordentliche Kündigung).

Entscheidung

273 Das Bundesarbeitsgericht erkannte im vorliegenden Fall:

- Weiterbeschäftigung ist zumutbar, da sich der Vorfall im **privaten Rahmen** ereignete und auch durch die **private Freundschaft** der Betroffenen zugrunde lag.
- Nach Abbruch der privaten Beziehung zwischen Arbeitnehmer und Kollegin seien weitere Belästigungen nicht wahrscheinlich.

Praxishinweis

274 => eine Versetzung an einen anderen Arbeitsplatz hätte in Erwägung gezogen werden sollen.

5. Verhandlung 4

#ARVerhandlung: Sexuelle Belästigung durch Porno Uwe

275 Das **Unternehmen (U)** ist in der Lebensmittelbranche tätig. In seinem größten deutschen Warenhaus in Essen herrscht auf 10.000m vor und hinter den Kulissen ein reges Treiben. Der Umgangston ist dabei oftmals derb, speziell in der Lagerlogistik. Vor allem ein Mitarbeiter ist dafür bekannt, seinen Kolleginnen seiner Meinung nach „witzige" Kommentare zuzurufen oder im persönlichen Gespräch zu äußern. Alle Mitarbeiter - auch die Frauen - finden dies meistens tatsächlich lustig, beschert er Ihnen allen doch eine kurze Pause im stressigen Alltag. Von allen wird er deshalb auch mit **„Porno Uwe" (PU)** angesprochen. Er genießt sichtlich die Aufmerksamkeit. Bisher fühlte sich noch niemand von seinen Aussagen „belästigt" oder gar angegriffen.

Die **Mitarbeiterin Malysa (MA)** ist als Trainee im Unternehmen beschäftigt und hat Nachhaltiges Wirtschaften studiert. Sie ist als gewissenhaft und streng bekannt. Sie kommt für ca. vier Monate in die Logistikabteilung, in der auch **PU** arbeitet. Von Anfang an sind sich die beiden unsympathisch. **MA** kann über **PU's** Witze nicht lachen, was diesen sehr verärgert.

Im zweiten Monat sind **MA** und **PU** allein im Lager. **PU** versucht auf eine nettere Art und Weise **MA** zu imponieren und „witzig" zu sein. Dies gelingt ihm nicht, woraufhin **MA** ihn noch mehr ignoriert. An diesem sehr heißen Sommertag ist **MA** knapp angezogen. **PU** meint sogar: „Du bist aber heute sekschi angezogen. Willscht mir wohl jefallen." **MA** reagiert darauf nicht. In einem passenden Moment stellt sich **PU** vor **MA** und fasst ihr mit beiden Händen an die Busen. Völlig geschockt schlägt sie ihm mit dem in der Hand befindlichen Gurkenglas ins Gesicht. **PU** erleidet dabei einen Jochbeinbruch.

PU war der festen Überzeugung, dass er – aufgrund der aufreizenden Kleidung – dies hätte tun dürfen. Als er drei Tage später die Abmahnung sogar ins Krankenhaus zugestellt bekommt, platzt ihm der Kragen. Auch **MA** ist verärgert und möchte den Fall sogar Publik machen. **U** schreitet daher ein, schlägt sich auf die Seite von **MA** und entlässt am fünften Tag nach dem Vorfall **PU** doch noch. Der Betriebsrat wurde zuvor ordnungsgemäß angehört.

- Hatte **U** ein Recht zur fristlosen Kündigung?
- Wie ist die Situation personalpolitisch einzuordnen?

Aus: BAG, Urteil vom 26.11.2009 – 2 AZR 751/08

6. Fragen zum Kapitel

1. Welche Megatrends sind für das Arbeitsrecht von Bedeutung?
2. Warum steht das Thema „Lebenslanges Lernen" im Fokus?
3. Was ist die Blaue Karte?
4. Was sind die drei häufigsten Krankheitsursachen?
5. Dürfen Arbeitnehmer trotz Krankschreibung arbeiten?
6. Was ist beim Betrieblichen Gesundheitsschutz zu beachten?
7. Kann erkrankten Personen gekündigt werden?

8. Was ist das AGG?
9. Welche Rechte haben Betroffene bei sexueller Belästigung am Arbeitsplatz?
10. Beschreiben Sie eine Compliance zum Thema Sexuelle Belästigung am Arbeitsplatz!

7. Literatur

AG Ulm, Urteil vom 10.1.20 – 1 Ca 93/19.

Aligbe, Die Krankmeldung im Arbeitsverhältnis, ArbRAktuell 2013, 282.

Ante, Johann, Der Zugangsnachweis bei Einwurf-Einschreiben, NJW 2020, 3487.

http://www.antidiskriminierungsstelle.de/SharedDocs/Downloads/DE/publikationen/Leitfaeden/Leitfaden_Was_tun_bei_sexueller_Belaestigung.pdf?__blob=publicationFile&v=3.

Arnold/Günther, Arbeitsrecht 4.0, 1. Aufl. 2018.

BAG, Urteil vom 2.3.2006 – 2 AZR 53/05 = NZA-RR 2006, 636.

BAG, Urteil vom 14.11.2012 – 5 AZR 886 = ArbRAktuell 2012, 582 m. Anm. Bauer.

BAG, Urteil vom 20.11.2014 – 2 AZR 651/13.

BVerfG, Beschluss vom 15.12.1987 – 1 BvR 563/85, NJW 1988, 1899–1902.

Berufsbildungsbericht 1998, S. 73 f.

Burstedde/Seyda, IW-Kurzbericht 7/2020 – Wo Arbeitgeber besonders attraktiv sein müssen, 28.1. 2020.

Busse/Seifert, Tarifliche und betriebliche Regelungen zur beruflichen Weiterbildung – Eine explorative Studie – Gutachten für das Bundesministerium für Bildung und Forschung, Arbeitspapier 233 der Hans-Böckler-Stiftung, Düsseldorf 2009.

https://www.cia.gov/the-world-factbook/field/median-age/country-comparison.

Conze/Karb/Wölk/Reidel, Personalbuch Arbeits- und Tarifrecht öffentlicher Dienst, 6. Auflage 2020.

Creifelds, Rechtswörterbuch, 24. Edition, 2020.

Daniel/Haus, HR 2020: Das sind die wichtigsten Trends. Online unter: https://www.humanresourcesmanager.de/news/hr-2020-das-sind-die-wichtigsten-trends.html.

https://www.destatis.de/DE/Presse/Pressemitteilungen/2019/08/PD19_314_12511.html.

Ebitsch, Sabrina, Joker in der Gehaltsverhandlung, 2017. Online unter: https://www.sueddeutsche.de/karriere/lebenslanges-lernen-was-bringt-mir-eine-beruf liche-weiterbildung-1.1867142.

Erfurter Kommentar zum Arbeitsrecht, 21. Auflage 2020.

Ettel, Anja, Warum der „Brain Drain“ Deutschland belastet, WELT, 2010. Online unter: https://www.welt.de/wirtschaft/Wirtschaftslexikon/article7332670/Wa rum-der-Brain-Drain-Deutschland-belastet.html, 2010.

Fuchs/ Kubis/Schneider, Zuwanderung und Digitalisierung, Wie viel Migration aus Drittstaaten benötigt der deutsche Arbeitsmarkt künftig? Gütersloh, Bertelsmann Stiftung, 2019.

Gagel, SGB II / III, Auflage 79, 2020.

Hartmannshenn, Flexi II für Einkommen über der Beitragsbemessungsgrenze, NZS 2012, 165.

https://shop.haufe.de/mutterschutz-rechner?emos_sid=AXcE9UHB4qwayHTQxYWny8CHam28jPG8&emos_vid=AXcAGAlhgwj2f1i6jkJ3GabXtFHQ8cdw&_ga=2.94640026.703106411.1610614315-418051047.1610614315.

Hauschka/Moosmayer/Lösler, Corporate Compliance, 3. Aufl. 2016.

https://www.humanresourcesmanager.de/news/hr-2020-das-sind-die-wichtigsten-trends.html.

IHKs in Baden-Württemberg Fachkräftemonitor 2025 – Das Instrument zur Analyse von Fachkräfteangebot und -nachfrage in Baden-Württemberg, sowie in seinen Regionen und Branchen bis zum Jahr 2025,

http://www.fachkraeftemonitoring-bw.de/fachkraeftemonitor.html#3278PDj.

IHK Hochrhein-Bodensee Merkblatt „Beauftragte nach Arbeits- und Umweltschutzrecht“, Stand 3/2020.

IHK Koblenz Merkblatt „Betriebsbeauftragte im Unternehmen“, Stand 3/2020.

https://www.iwd.de/artikel/krankenstand-in-deutschland-steigt-456309/#die-dauer.

Kramer, Stefan (Hrsg.): IT-Arbeitsrecht, Digitalisierte Unternehmen: Herausforderungen und Lösungen, 2. Auflage, 2019 (zitiert: Kramer/Bearbeiter).

Klindt/Schucht/Kollmer, Arbeitsschutzgesetz, 3. Aufl. 2016.

Kuwan/Thebis, Berichtssystem Weiterbildung IX, Bonn / Berlin 2005, S. 22.

LAG Hessen, Urteil vom 31.10.1990 – 1 Sa 610/90ArbG = BeckRS 1990, 30447758.

LAG Köln, Urteil vom 30.7.2015 – 7 Sa 432/15.

Langenfeld/Lehner, Einwanderungsrecht in Deutschland – Entwicklungslinien, konzeptionelle Grundentscheidungen und offene Fragen, ZAR 2020, 215.

Mävers: Das Fachkräfteeinwanderungsgesetz – ein Überblick und Ausblick, ArbRAktuell 2020, 81.

Notzon, Krankmeldung und Abmeldepflichten – Pflichten des Arbeitnehmers im Krankheitsfall, öAT 2014, 134.

Office of Immigration Statistics; US Department of Homeland Security, 2020. Online unter: https://de.statista.com/statistik/daten/studie/463167/umfrage/greencard-legale-einwanderungen-in-die-usa/#professional, 2020.

https://www.personalwissen.de/arbeitsrecht/arbeitsschutz/arbeiten-krankschreibung-personalwissen/.

Richtlinie 2009/50/EG über die Bedingungen für die Einreise und den Aufenthalt von Drittstaatsangehörigen zur Ausübung einer hochqualifizierten Beschäftigung.

Rittweger, „Das Flexi-Gesetz heißt nur so", DStR 2009, 278.

Rogge-Strang, Carsten, Prävention 4.0 – Arbeitsorganisation im Fokus, Kreditwesen 20 / 2018.

Schaub/Linck, Arbeitsrechts-Handbuch, 18. Auflage, 2019.

Schaub/Schrader/Straube/Vogelsang, Arbeitsrechtliches Formular- und Verfahrenshandbuch, 13. Auflage 2019.

Schunder: Kündigung wegen Krankheit, NZA-Beilage 2015, 90.

https://de.statista.com/statistik/daten/studie/5520/umfrage/durchschnittlicher-krankenstand-in-der-gkv-seit-1991/#:~:text=Im%20Jahr%202019%20belief%20sich,auf%20rund%204%2C34%20Prozent.

Statistisches Landesamt des Freistaates Sachsen, Prognosewerte aus der 11. koordinierten Bevölkerungsvorausberechnung des Bundes bis 2020 – Variante 1-W1. Online unter: https://www.sozialbericht.sachsen.de/bevoelkerungsvorausberechnung-3997.html.

Stitteneder, Tanja, Die Blaue Karte EU: Ein länderübergreifender Überblick, ifo Schnelldienst, 71. Jahrgang, 6/2018. Online unter: https://www.ifo.de/DocDL/sd-2018-06-stitteneder-eu-blue-card-2018-03-22.pdf.

https://www.tagesspiegel.de/politik/fachkraeftezuwanderung-warum-migration-gut-fuer-die-herkunftslaender-ist/24328398.html.

Tarifvertrag: Qualifizierungstarifvertrag für die Metall und Elektroindustrie Baden-Württemberg 2015.

Wedde / Kunz, Entgeltfortzahlungsgesetz, Basiskommentar mit Nebengesetzen, 5. Aufl., 2020.

V. Kündigung

„Auf jeden Abend folgt ein Morgen." (aus der Türkei)

1. Einordnung

„Um Gottes Willen, dann gerätst Du in die Fänge des Kündigungsschutzes. Du weißt ja gar nicht, was wir aus dem Kündigungsschutz gemacht haben." (ehemaliger Richter des BAG zur Einstellung eines 6. Arbeitnehmers; heute entsprechend eines 11. Arbeitnehmers)

Die Kündigung ist bereits seit Jahren der häufigste Streitgrund vor Arbeitsgerichten.[258] Nach § 1 KSchG kommen dabei eine **betriebs-, personen- oder verhaltensbedingte Kündigung** in Betracht, bei **schwerwiegendem Fehlverhalten** des Arbeitnehmers auch eine außerordentliche Kündigung.[259] 276

Das KSchG greift allerdings nur, wenn Arbeitnehmer **länger als 6 Monate** in einem Betrieb gearbeitet haben, in dem auch mehr als **10 Vollzeitmitarbeiter** beschäftigt werden. 277

Bei der **Kündigung kommt das Spannungsverhältnis zwischen Arbeitgeber und Arbeitnehmer** deutlich zum Tragen. Arbeitspolitisch stellt sich die Frage, wie **einfach oder wie schwer** eine Kündigung erfolgen kann. Branchenspezifika sind dabei sicherlich einzuberechnen. Gesamtwirtschaftlich ist interessant zu sehen, wie Deutschland mit seiner bisher ausgewogenen Arbeitsmarktpolitik die Interessen der Arbeitgeber, Gewerkschaften und Arbeitnehmer, Freiberufler, Crowdworker, Selbstständigen und der Gesellschaft versucht zu vereinen. Im Bereich der Kündigung sind die Auswirkungen schnell sichtbar. 278

---

258 Vgl. https://www.bmas.de/SharedDocs/Downloads/DE/PDF-Statistiken/Ergebnisse-Statistik--Arbeitsgerichtsbarkeit-2019.pdf?__blob=publicationFile&v=1.

259 Vgl. https://arbeits-abc.de/50-kuendigungsgruende-im-arbeitsrecht/.

279 Im Vergleich zu den USA ist das deutsche Arbeitsrecht vom sozialen Ausgleich, denn von der freien Marktwirtschaft und der starken Fokussierung auf die Entfaltung des Einzelnen (Arbeitnehmer) bzw. des einzelnen Unternehmens (Arbeitgeber), geprägt. Der geringere Kündigungsschutz in anderen Ländern ist per se nicht mit Deutschland zu vergleichen. Zunächst ist die – aus der Historie gewachsene – Rolle des BR zu beachten. Darüber hinaus ist der Arbeitsmarkt durch hohe Ausbildungsinvestitionen geprägt, die durch stetige Weiterbildungen kontinuierlich steigen werden. Die bedächtigen Einstiegsgehälter, gepaart mit theoretischem Wissen aus der Ausbildung, können einen höheren Kündigungsschutz begründen.[260] Nach Kirsten bedeutet dies: „Lockert man nun das Arbeitsrecht, dann senkt man den Anreiz für Investitionen des Arbeitsnehmers." Die Folgen liegen auf der Hand: Es wird weniger hochqualifizierte Arbeitnehmer geben. Auch wenn einige Trends darauf hinweisen, dass Arbeitnehmer immer schneller die Unternehmen wechseln,[261] ist die Frage der Sicherheit (d. h. fortwährende Lohnsteigerung bei hohen Kündigungsschutzstandards) bei Arbeitnehmern stark ausgeprägt. Einige Gründe, wie z. B.:

- Kündigungsschutz als Einstellungshemmnis[262],
- Ungerechte Abfindungspraxis bei betriebsbedingten Kündigungen,
- „Bürokratiemonster Sonderkündigungsschutz" und
- „Schutz des Arbeitnehmers bei Massenentlassungen – zu undurchsichtig"

280 sprechen allerdings für den Abbau des Kündigungsschutzes.[263] In diesem Spannungsfeld setzen vor allem die Arbeitsgerichte Standards. Besonderheiten sind im Bereich der Ausbildung zu beachten.

281 Als eine der größten Exportnationen sind viele Arbeitnehmer deutscher Unternehmen im Ausland. Dabei ist zu beachten, dass bei kurzen Aufenthalten, z. B. für Montagen, Prozessverbesserungen, etc.

260 Vgl. https://www.faz.net/aktuell/wirtschaft/arbeitsrecht-kuendigungsschutz-schadet-nicht-148842.html.

261 Vgl. https://ec.europa.eu/eurostat/de/web/microdata/european-union-labour-force-survey.

262 Vgl. z. B. BAG, Urteil vom 11.12.2003 – 2 AZR 667/02 (Unterschreitung der Durchschnittsleistung um 40 % bis 50 % über mehr als ein Jahr).

263 Vgl. Bauer, NZA-Beilage 2019, 2 ff.

weiterhin deutsches Arbeitsrecht für diese Arbeitnehmer zur Anwendung kommt. Sofern längere Aufenthalte der Arbeitnehmer in einer Auslandsdestination anstehen und sogar der Hauptwohnsitz verlegt wird, ist das Arbeitsrecht vom jeweiligen Land relevant.

2. Formen der Kündigung

a) Ordentliche Kündigung | § 622 Abs. 1 BGB

Der allgemeine Kündigungsschutz umfasst lediglich die ordentliche Kündigung des Arbeitgebers. Alle weiteren Kündigungsgründe sowie die Kündigung des Arbeitnehmers bleiben hiervon unberührt. Zuvor muss ein rechtswirksames Arbeitsverhältnis (kann auch mündlich geschlossen werden) bestehen.[264] 282

Für Arbeitgeber sind insbesondere die **Kündigungsfrist, der Kündigungstermin und der Kündigungsgrund** von großer Bedeutung.[265] 283

#ARpraxis: Kündigungsnachweis

In der Praxis ist darüber hinaus der **Kündigungsnachweis** ein häufiger Streitpunkt vor Gericht. Der **sicherste** Nachweis ist die **persönliche Übergabe** der Kündigungserklärung am Arbeitsplatz unter Zeugen und mit Übergabebestätigung.[266] Vor einer Kündigung ist allerdings meist das Vertrauensverhältnis so weit gestört, dass Arbeitnehmer durch Krankmeldung oder Urlaub nicht oder selten zur Arbeit kommen. Die häufigste Variante wird daher wohl der Einwurf beim Arbeitnehmer sein. Hierbei ist jedoch selbst das Einwurf-Einschreiben mit Risiken behaftet.[267] Besser und für KMU's noch zu leisten bzw. 284

---

264 Vgl. Schaub/Linck, Arbeitsrechts-Handbuch, § 130, Rn. 29.

265 Vgl. Wank, in: Münchener Handbuch zum Arbeitsrecht, Band 2, § 109, Rn. 2.

266 Vgl. von Vogel, NJW-Spezial 2007, 369, 370.

267 So etwa ArbG Reutlingen Urteil vom 19.3.2019 – 7 Ca 89/18; ArbG Düsseldorf Urteil vom 22.2.2019 – 14 Ca 465/19; ArbG Düsseldorf, Urteil vom 6.4.2017 – 10 Ca 7262/16; offengelassen von LAG Rheinland-Pfalz Urteil vom 17.9.2019 – 8 Sa 57/19, BeckRS 2019; anders in Bezug auf die Aufforderung gem. § 21 Abs. 1 S. 2 GmbHG, BGH, Urteil vom 27.9.2016 – II ZR 299/15.

realistisch ist die persönliche Übergabe beim Arbeitnehmer oder der Einwurf in dessen Briefkasten. Bei allen Varianten ist auf eine durchgehende und ordentliche Dokumentation zu sorgen.[268]

285 Bzgl. des Kündigungsgrunds sind die Voraussetzungen des § 1 KSchG zu beachten. Arbeitgeber müssen zwingend prüfen, ob die **persönlichen** (§§ 1, 14 KSchG) und die **sachlichen** (§§ 23, 24, 25 KSchG) Voraussetzungen gegeben sind. Erst damit wird festgestellt, ob das Kündigungsschutzgesetz zur Anwendung kommt.[269] Dabei ist vor allem § 1 Abs. 2 KSchG zu beachten. Danach ist eine Kündigung sozial ungerechtfertigt, „wenn sie nicht durch Gründe, die in der **Person** oder in dem **Verhalten des Arbeitnehmers** liegen, oder durch **dringende betriebliche Erfordernisse**, die einer Weiterbeschäftigung des Arbeitnehmers in diesem Betrieb entgegenstehen, bedingt ist."

286 Daneben gelten die allgemeinen Vorschriften des BGB. Im Einzelnen sind dies Gesetzliche Verbote (§ 134 BGB), Sittenwidrige Rechtsgeschäfte und Wucher (§ 138 BGB) und Treu und Glauben (§ 242 BGB), aus denen sich Kündigungsschranken und -verbote ergeben.[270]

287 Die meisten Arbeitsverhältnisse unterliegen einem Tarifvertrag. Oftmals ist in diesem eine ordentliche Kündigung ausgeschlossen. Ausnahme kann lediglich eine Betriebsstilllegung sein.[271]

288 Der persönliche und sachliche Anwendungsbereich wird ebenfalls weiter spezifiziert und bestimmt, wann das KSchG nicht zur Anwendung kommt. Gem. § Abs. 1 KSchG und dem persönlichen Anwendungsbereich sind nur diejenigen Arbeitnehmer schutzbedürftig, die **länger als sechs Monate** in demselben Betrieb oder Unternehmen ohne Unterbrechung arbeiten. Darüber hinaus müssen Kleinbetriebe das KSchG nur beachten, sofern diese **mehr als zehn Arbeitnehmer** beschäftigen (§ 23 Abs. 1 S. 3 KSchG/sachlicher Anwendungsbereich).[272]

---

268 Vgl. Ante, Johann, Der Zugangsnachweis bei Einwurf-Einschreiben, NJW 2020, 3487, 3492.

269 Vgl. Wank, in: Münchener Handbuch zum Arbeitsrecht, Band 2, § 109, Rn. 3.

270 Vgl. BVerfG, Beschluss 27.1.1998 – 1 BvL 15/87, AP KSchG 1969 § 23 Nr. 17.

271 Vgl. Oetker, in: Erfurter Kommentar zum Arbeitsrecht, KSchG § 1, Rn. 52.

272 Vgl. Wank, in: Münchener Handbuch zum Arbeitsrecht, Band 2, § 109, Rn. 3; oder mehr als fünf Arbeitnehmer, deren Arbeitsverhältnis vor dem 31.12.2003 begonnen hat (Kleinbetriebsklausel).

Der Arbeitnehmer ist nicht in der Lage, aufgrund persönlicher Fähigkeiten und Eigenschaften die von ihm nach dem Arbeitsvertrag geschuldete Arbeitsleistung zu erbringen. Von einer verhaltensbedingten Kündigung unterscheidet sich die **personenbedingte Kündigung** dadurch, dass diese **nicht** auf einem **vom Arbeitnehmer steuerbaren Verhalten beruht**. Eine Abmahnung ist bei dieser Form nicht nötig. Diese soll eine **für den Arbeitgeber unzumutbare Belastung vermeiden** und ist somit keine Sanktion für vergangene Situationen. Bei einer personenbedingten Kündigung muss jeder Einzelfall geprüft werden. 289

Die Kündigung sollte immer als letztes Mittel angesehen werden. D. h. der Arbeitgeber hat vor Kündigung zu prüfen, ob eine Weiterbeschäftigung möglich ist, wenn der Arbeitnehmer an einen anderen Arbeitsplatz versetzt wird, oder es die Möglichkeit der Umschulungs- und Weiterbildungsmaßnahmen gibt. 290

aa) Personenbedingte Kündigung | § 1, Abs. 2 1. Fall KSchG

Die personenbedingte Kündigung folgt meist aus dem Resultat, dass eine **persönliche Fähigkeit, Eigenschaft oder nicht vorwerfbare Eigenschaft** eines Arbeitnehmers **nach** Vertragsschluss/im Laufe der Zusammenarbeit ein Fortbestehen des Arbeitsverhältnisses unmöglich macht. Ein wichtiger Aspekt ist, dass der Arbeitnehmer dafür nichts bewusst kann.[273] Für HR-Abteilungen und Vorgesetzte ist hierbei eine besonders wertschätzende und achtsame Kommunikation geboten. Die Überzeugung des Arbeitnehmers hinsichtlich eines schwierigen Fortbestehens des Arbeitsplatzes sollte im Vordergrund stehen, nicht seine Beeinflussung oder gar keine Erklärung. 291

Ein personenbedingter Kündigungsgrund liegt vor, wenn: 292

(1) der Arbeitnehmer aufgrund mangelnder **Eignung** oder seiner **persönlichen Fähigkeiten** und **Eigenschaften** nicht mehr in der Lage ist, künftig seine arbeitsvertraglichen Verpflichtungen zu erfüllen, **und**

273 Vgl. Oetker, in: Erfurter Kommentar zum Arbeitsrecht, KSchG § 1, Rn. 98.

(2) die mangelnde Eignung bzw. die fehlenden Fähigkeiten zu einer **erheblichen Beeinträchtigung betrieblicher oder wirtschaftlicher** Interessen des Arbeitgebers führen, **und**
(3) **keine Weiterbeschäftigungsmöglichkeit** auf einem anderen Arbeitsplatz besteht, **und**
(4) die **Interessenabwägung zulasten** des Arbeitnehmers ausfällt.[274]

293 Bei den ersten drei Punkten gibt es recht eindeutige Entscheidungen, die als Anhaltspunkte dienen können. Selbstverständlich ist vor allem im Arbeitsrecht immer auf den Einzelfall abzustellen. Dies gilt umso mehr für die Interessenabwägung. Hier muss eindeutig erkennbar festgestellt werden, ob nicht betriebliche **Abläufe und Prozesse** für die mangelnde Leistung des Arbeitnehmers verantwortlich sind. Auch ein **altersbedingter Leistungsrückgang** ist in die Kündigungserwägung einzubeziehen. Außerdem ist die **soziale Komponente** entscheidend. Hierbei ist die Betriebszugehörigkeit, das Lebensalter und z. B. Unterhaltspflichten auf der **Arbeitnehmerseite.**

294 Auf der **Arbeitgeberseite ist** zu hinterfragen, wie hoch das Ausmaß der **betrieblichen und/oder wirtschaftlichen** Beeinträchtigung ist. Außerdem ist zu prüfen, ob der Arbeitgeber zumutbar den **Arbeitsplatz für den Arbeitnehmer umgestalten** kann.[275]

295 Diese Form der Kündigung ist die zweithäufigste. **23 %** der Kündigungen sind personenbedingt. Damit liegt sie zwischen der betriebs- und verhaltensbedingten,[276] wovon ein Großteil mit einer negativen Prognose bei langwierigen Erkrankungen.

bb) Verhaltensbedingte Kündigung | § 1, Abs. 2 2. Fall KSchG

296 Die verhaltensbedingte Kündigung kommt dann in Frage, wenn der Arbeitnehmer gegen eine seiner Pflichten, welche im Arbeitsvertrag festgehalten wurden, verstößt. Das Gesetz spezifiziert die Voraussetzungen für eine verhaltensbedingte Kündigung nicht weiter. Durch die

274 Vgl. Schaub/Linck, Arbeitsrechts-Handbuch, § 131, Rn. 1.
275 Vgl. Schaub/Linck, Arbeitsrechts-Handbuch, § 131, Rn. 7.
276 Vgl. https://www.onelogic.de/kuendigungsstudie/.

Rechtsprechung des BAG[277] hat sich allerdings ein Prüfungsschemata verfestigt:

(1) **Haupt- oder Nebenpflichten** des Arbeitnehmers sind erheblich und i. d. R. **schuldhaft verletzt,**
(2) dauerhaft störungsfreie Vertragserfüllung **in Zukunft** ist nicht zu erwarten **und**
(3) dem **Arbeitgeber die ist Weiterbeschäftigung** des Arbeitnehmers in Abwägung beidseitiger Interessen **nicht zumutbar.**

Diese drei Voraussetzungen sind daher immer kumulativ zu prüfen.[278] 297
Der Arbeitgeber muss vorher abgemahnt haben! Unterlässt er die Abmahnung, könnte der Arbeitnehmer annehmen, dass seine bisherige Handlungs- und Verhaltensweise gebilligt oder sogar zufriedenstellend ist. Damit eine negative Prognose für die Zukunft feststellbar und objektivierbar ist, müssen unzureichende Arbeitsleistungen vom Arbeitnehmer durch den Arbeitgeber dokumentiert werden.[279] Die Abmahnung ist wie die Zahlungsaufforderung (Mahnung) in einem Kaufvertrag. Im Arbeitsvertrag übt der Arbeitgeber hiermit seine Gläubigerrechte aus und macht den Arbeitnehmer (Schuldner) auf dessen vertragliche Pflichten aufmerksam **(sog. Rüge. Und Dokumentationsfunktion)**. Ebenfalls wird dem Arbeitnehmer vor Augen geführt, dass erneute Pflichtverletzungen die Kündigung zur Folge haben **(sog. Warnfunktion)**.[280] Der Arbeitgeber hat nicht nur für eine ordnungsgemäße Abmahnung Sorge zu tragen. Gem. § 1 Abs. 2 KSchG unterliegt ihm auch die Darlegungs- und Beweislast. Dabei muss er auch die Pflichtverletzung des Arbeitnehmers genau aufzeigen. Kommt es zu einem Gerichtsverfahren, obliegt es dem Arbeitgeber diese auch zu beweisen. Für die Praxis zeigt sich, dass eine funktionierende und fundierte **Compliance** von hoher Bedeutung ist.[281]

---

277 Vgl. BAG, Urteil vom 15.12.2016 – 2 AZR 42/16 = NZA 2017, 703.

278 Vgl. KR/Griebeling/Rachor KSchG § 1 Rn. 404 ff.; APS/Vossen KSchG § 1 Rn. 272 ff.

279 Vgl. Oetker, in: Erfurter Kommentar zum Arbeitsrecht, KSchG § 1, Rn. 199.

280 Vgl. Zimmermann, in: Münchener Handbuch zum Arbeitsrecht, Band 2, § 114, Rn. 21.

281 Vgl. Schaub/Linck, Arbeitsrechts-Handbuch, § 133, Rn. 10.

298 Die verhaltensbedingte Kündigung lässt sich zusammenfassend in vier Fallbereiche aufteilen:

i. Pflichtverstöße im Leistungsbereich.
ii. Verstöße gegen betriebliche Ordnungen.
iii. Störung im Vertrauensbereich.
iv. Verletzung von Nebenpflichten aus dem Arbeitsvertrag.

299 Die verhaltensbedingte Kündigung wird am seltensten ausgesprochen. Lediglich **9 %** der Kündigungen sind auf das Verhalten des Arbeitnehmers zurückzuführen.[282]

cc) Betriebsbedingte Kündigung | § 1, Abs. 2 3. Fall KSchG

300 In Abgrenzung zur personen- und verhaltensbedingten Kündigung, liegt bei der betriebsbedingten Kündigung die Ursache beim Arbeitgeber. Der Aufgabenbereich des Arbeitnehmers muss dabei entfallen und nicht auf einem anderen Arbeitsplatz versetzt werden. Dies ist vor allem bei großen Unternehmen und Konzernen von Bedeutung.[283] Auch hierbei gilt eine dreistufige kumulative Prüfung gem. § 1 Abs. 2 KSchG:

(1) Wegfall von Beschäftigungsmöglichkeiten feststellen.
(2) Fehlen einer Weiterbeschäftigungsmöglichkeit prüfen.
(3) Soziale Auswahl vornehmen (wenn mehrere Arbeitnehmer betroffen sind).[284]

301 Die betriebsbedingte Kündigung wird zunächst zwischen **innerbetrieblichen und außerbetrieblichen Gründen unterschieden** werden:

- **Innerbetrieblich:** Stilllegung eines Betriebsteils oder eines ganzen Betriebes.

302 Hierbei entscheidet der Arbeitgeber aus einer unternehmerischen Entscheidung heraus Arbeitnehmer zu kündigen. Oftmals geschieht dies in Form von Rationalisierungsmaßnahmen, Betriebsteil-Schließungen oder durch Outsourcing. Die Entscheidung muss in sich schlüssig sein

282 Vgl. https://www.onelogic.de/kuendigungsstudie/.
283 Vgl. Schaub/Linck, Arbeitsrechts-Handbuch, § 134, Rn. 1.
284 Vgl. Schaub/Linck, Arbeitsrechts-Handbuch, § 134, Rn. 2.

und zur Zukunftsfähigkeit des Unternehmens beitragen.[285] Die unternehmerische Entscheidung muss durch wirtschaftliche oder technische Entwicklungen oder fiskalische Überlegungen untermauert werden.[286] Einzelfälle wurden als unternehmerische Entscheidung beurteilt und zugunsten des Arbeitgebers entschieden:

- Erhöhung der Arbeitsdichte[287]
- Neubestimmung des Anforderungsprofils für einen eingerichteten Arbeitsplatz[288]
- Übertragung der Arbeitsaufgaben von Arbeitnehmern auf freie Dienstnehmer[289]
- Umstellung, Einschränkung oder Verlagerung der Produktion[290]
- Umgestaltung bisheriger Arbeitsplätze und des bisherigen Arbeitsvolumens (im Rahmen eines Gesamtkonzeptes)[291]
- Zusammenlegung von Abteilungen[292]

Auch im **öffentlichen Dienst** können innerbetriebliche Kündigungs- 303
gründe bestehen. Mit 3,27 Millionen Voll- und 1,6 Millionen[293] Teilzeitbeschäftigten sind die öffentlichen Arbeitgeber ein wichtiger Vertragspartner bei Arbeitsverträgen. Durch die ständig wachsenden Belastungen der öffentlichen Haushalte, können diese allerding Restriktionen unterliegen. Finden im Rahmen von Haushaltsplanungen Stellenstreichungen statt, ist dies für Arbeitsgerichte schwer zu überprüfen. Jedenfalls für zukünftig absehbare Entwicklungen – z. B. seit Jahren sinkende Geburtenraten in einer Gemeinde – rechtfertigen die Kündigungen einer bestimmten Anzahl von Erziehern zu einem bestimmten Zeitpunkt.[294]

285 Vgl. Kreft, in: Münchener Handbuch zum Arbeitsrecht, Band 2: § 115, Rn. 137 f.
286 Vgl. Schaub/Linck, Arbeitsrechts-Handbuch, § 134, Rn. 5.
287 Vgl. BAG, Urteil vom 17.6.1999 – 2 AZR 522/98 = NZA 1999, 1095, 1157.
288 Vgl. BAG, Urteil vom 7.11.1996 – 2 AZR 811/95 = NZA 1997, 253.
289 Vgl. BAG, Urteil vom 31.7.2014 – 2 AZR 422/13 = NZA 2015, 101.
290 Vgl. BAG, Urteil vom 29.8.2013 – 2 AZR 809/12 = NZA 2014, 730.
291 Vgl. BAG, Urteil vom 22.9.2005 – 2 AZR 544/04 = NZA 2006, 558.
292 Vgl. BAG, Urteil vom 6.11.1997 – 2 AZR 94/97 = NZA 1998, 143.
293 Vgl. https://de.statista.com/statistik/daten/studie/12910/umfrage/entwicklung-des-personalbestandes-im-oeffentlichen-dienst-in-deutschland/.
294 Vgl. BAG, Urteil vom 18.9.2008 – 2 AZR 560/07 = NZA 2009, 142.

- **Außerbetrieblich:** Auftragsrückgänge oder Kundenverlust.

304 Vor allem Auftragsmangel und Umsatzrückgang gelten hierbei als Hauptgründe. Deutlich zu beobachten ist dies bei der COVID-19-Pandemie, in der beide Punkte in vielen Unternehmen deutlich betroffen waren. Ein guter Anhaltspunkt dafür ist z. B., wenn ein Unternehmen kurz vor der Eröffnung der Insolvenz steht (§ 13 InsO). Allerdings müssen die außerbetrieblichen Gründe auch zu einer entsprechenden Entscheidung der Unternehmensführung leiten.[295]

305 In beiden Fällen muss der **Grund** zum Wegfall des Arbeitsplatzes führen und es darf **kein gleichwertiger oder schlechterer Arbeitsplatz** zur Verfügung stehen. Es bedarf zudem einer **Sozialauswahl gemäß § 1 Abs. 3 KSchG**, welche im Gegensatz der Prüfung von freien Arbeitsplätzen betriebsbezogen ist. Anhand der Vergleichbarkeit der Arbeitsplätze, Lebensalter, Beschäftigungsdauer, Unterhaltsverpflichtung und Grad der Behinderung wird die Gruppe der Mitarbeiter ermittelt, die freigestellt werden können.[296]

306 Mit **68 %** ist dies die häufigste Form der Kündigung. Betriebliche Gründe stechen deutlich hervor, weil z. B. die Schließung von Abteilungen und Betrieben, die Änderung von Arbeitsabläufen sowie Insolvenzen einen großen Einfluss auf unternehmerische Entscheidungen haben und bei Sparmaßnahmen häufig die Entlassung von Arbeitnehmern zur Folge haben.[297]

dd) Änderungskündigung (Sonderfall)

307 Die Änderungskündigung folgt aus einer Kündigung und einem darauffolgenden neuen Vertragsangebot, welche das Arbeitsverhältnis unter **geänderten Arbeitsbedingungen** fortsetzt. Gem.§ 2 KSchG wird dabei dem Arbeitgeber ermöglicht, das Arbeitsverhältnis des Arbeitnehmers nach einer Kündigung fortzusetzen. Obwohl der Arbeitgeber bestimmt, ob er ein geändertes Angebot vorlegt, muss dem **Arbeitnehmer diesen zwingend die Möglichkeit zur Änderung** gegeben

295 Vgl. Schaub/Linck, Arbeitsrechts-Handbuch, § 134, Rn. 4.
296 Vgl. Oetker, in: Erfurter Kommentar zum Arbeitsrecht, KSchG § 1, Rn. 329.
297 Vgl. https://www.onelogic.de/kuendigungsstudie/.

werden. Hierbei spielt es keine Rolle, ob dem Arbeitnehmer ordentlich oder außerordentlich gekündigt wurde.[298]

Die Änderungskündigung bedarf der **Schriftform** (§ 623 BGB). 308

Aufgrund der teils weitreichenden Auswirkungen für den Arbeitnehmer sind auch der **Betriebsrat** (§ 102 BetrVG) einzuschalten und anzuhören.[299] Dies gilt gleichfalls – sofern geboten – auch für die Schwerbehindertenvertretung nach § 178 Abs. 2 SGB IX.[300] 309

#ARdigital: Einzelfälle Kündigung

Hervorzuheben ist, dass auch bei der Änderungskündigung die **elektronische Form** gem. § 126a BGB bisher **ausgeschlossen** ist.[301] Dies gilt allerdings nur für die Erklärung des Arbeitgebers. Die Annahme des Änderungsangebots kann formlos erfolgen. In den Fällen einer **formunwirksamen Änderungskündigung** (z. B. per E-Mail/Fax/Smartphone), ist von einem Angebot auszugehen, dass nach Ablauf der Kündigungsfrist der Arbeitnehmer zu veränderten Arbeitsbedingungen arbeiten kann. Bei Annahme gelten dann die neuen Bedingungen.[302] 310

Die Änderung eines bestehenden Arbeitnehmervertrages dahingehend, dass der Arbeitnehmer zum **Datenschutzbeauftragten** bestellt wird, hat die Einheitlichkeit von der Wahrnehmung des Amtes und der dementsprechend geschuldeten Leistung zur Folge. Findet eine Abberufung gem. § 6 Abs. 4 S. 1 BDSG statt, so ist das Amt und seine Verpflichtungen nicht mehr Teil der geschuldeten Leistung. Somit entfallen der arbeitsvertragliche Beschäftigungsanspruch und eine Teilkündigung.[303] 311

In Zeiten der COVID-19-Pandemie und der vielfältigen Möglichkeiten der Telearbeit, stellt sich die Frage, ob Arbeitgeber auch im Rahmen 312

298 Vgl. Oetker, in: Erfurter Kommentar zum Arbeitsrecht, KSchG § 2, Rn. 1.
299 Vgl. BAG, Urteil vom 12.8.2010 – 2 AZR 945/08 = NZA 2011, 460 Rn. 16.
300 Vgl. Rennpferdt, in: Münchener Handbuch zum Arbeitsrecht, Band 2: § 117, Rn. 6.
301 Vgl. BAG, Urteil vom 6.9.2004 – 2 AZR 628/03 = NZA 2005, 635.
302 Vgl. Kramer IT-ArbR HdB/von der Straten, B. Individualarbeitsrecht, Rn. 104 aE.
303 Vgl. Schaub/Linck, Arbeitsrechts-Handbuch, § 137, Rn. 4.

einer Änderungskündigung **„Homeoffice"** mangels Weisungsrechts durchsetzen könnte. Aufgrund des grundgesetzlichen Schutzes der Privatwohnung und der Unverhältnismäßigkeit einer Kündigung in diesem Fall, wird diese kaum sozial gerechtfertigt sein.[304] Sofern allerdings damit Arbeitsprozesse gesichert werden können – wie z. B. bei Verordnungen während einer Pandemie – könnte eine Rechtfertigung vorhanden sein. Vorher sollten unbedingt eine Regelung bzw. Übereinkunft mit den Arbeitnehmern / dem Betriebsrat erfolgen.

313 Individualrechtlich ist die Änderungskündigung das Mittel bei der Umgestaltung von Arbeitsverträgen. Doch auch im **kollektiven AR** wird dieses eingesetzt. Damit sollen z. B. Betriebsvereinbarungen oder Tarifverträge, die nur noch gem. § 4 VTVG, § 77 VI BetrVG mit Nachwirkung gelten, durch andere Abmachungen ersetzt werden.[305]

314

Muster Änderungskündigung[306]:

Sehr geehrte(r) Frau/Herr ……,

aufgrund der Umstrukturierungen in unserem Unternehmen ist ein Beschäftigungsbedarf für Ihre bisherige Tätigkeit weggefallen. Aus diesem Grunde kündigen wir hiermit das zwischen Ihnen und uns seit dem …… bestehende Arbeitsverhältnis ordentlich fristgemäß zum nächstzulässigen Zeitpunkt, das ist nach unseren Berechnungen der ……

Zugleich bieten wir Ihnen an, in der Fachabteilung …… als …… mit Ablauf der Kündigungsfrist, also ab dem …… zu arbeiten. Die Position und Stelle als …… in der Fachabteilung …… ist frei. Konkret sind damit die nachfolgenden Rechte und Pflichten verbunden:

---

304 Vgl. NZA 1987, 401, 406; a. A. Hoeren/Sieber/Holznagel, Multimedia-Recht, Teil 22.2 Rn. 124 und Wedde, Telearbeit, Rn. 300.

305 Vgl. Oetker, in: Erfurter Kommentar zum Arbeitsrecht, KSchG § 2, Rn. 1.

306 Aus Klagges in: Schaub/Schrader/Straube/Vogelsang, Arbeitsrechtliches Formular- und Verfahrenshandbuch, 3. Teil. Das laufende Arbeitsverhältnis, Rn. 428

…… (An dieser Stelle ist das Änderungsangebot nach Stellung, Funktion, Aufgabe, Vergütung, Kündigungsfristen etc. zu konkretisieren.) ……[307]

Bitte teilen Sie uns binnen drei Wochen nach Zugang dieses Schreibens, dessen Empfang wir Sie bitten, auf dem beigefügten Doppel zu quittieren, mit, ob Sie die Änderung Ihrer Arbeitsbedingungen akzeptieren, ablehnen oder unter Vorbehalt (§ 2 KSchG) annehmen.

Mit freundlichen Grüßen

Anlage: Neuer Arbeitsvertrag

a) Außerordentliche Kündigung | § 626 BGB

Bei der außerordentlichen Kündigung muss keine Kündigungsfrist 315
von Seiten des Arbeitnehmers wie der des Arbeitgebers eingehalten werden. Ein triftiger Grund muss in diesem Fall ausgesprochen werden, welcher jedoch nicht im Kündigungsschreiben genannt werden muss. Auch muss das Kündigungsschutzgesetz nicht zwingend auf das Arbeitsverhältnis Anwendung finden. Allerdings muss der Betriebsrat, sofern es einen gibt (§ 102 Abs. 2 Satz 3 BetrVG), unter Angabe des Kündigungsgrundes informiert werden. Für eine fristlose Kündigung müssen folgende besondere Voraussetzungen erfüllt werden[308]:

(1) Einhaltung der „Zwei Wochen Frist“

Gem. § 626 Abs. 2 BGB kann der Arbeitgeber nur innerhalb von zwei 316
Wochen die außerordentliche Kündigung gegenüber dem Arbeitnehmer aussprechen. Sofern Ermittlungen angestrengt bzw. Tatsachen

307 Angeraten erscheint, der Kündigungserklärung bereits als Anlage einen ausformulierten neuen Arbeitsvertrag beizufügen, auf den wegen der Einzelheiten verwiesen wird.

308 Vgl. Vossen, in: Ascheid/Preis/Schmidt, Kündigungsrecht, BGB, § 626, Rn. 35 ff.

überprüft werden müssen, kann der Arbeitgeber dies veranlassen.[309] Dabei ist eine „gebotene Eile" erforderlich.[310]

(2) Wichtiger Grund

317 Dem Arbeitgeber muss unter **Berücksichtigung aller Umstände des Einzelfalls** und unter Abwägung aller Interessen der Vertragsparteien die Fortsetzung des Arbeitsverhältnisses **bis zum Ablauf der Kündigungsfrist** nicht zugemutet werden können.

#ARpraxis: Wichtiger Grund

318 Vor Gericht werden meist zwei Schritte[311] geprüft:

- Ein Fehlverhalten des Arbeitnehmers, welches eine außerordentliche Kündigung rechtfertigt.
- Interessenabwägung der Parteien.

319 Wie bei anderen Kündigungsformen, gilt auch hier das **Prognoseprinzip**. Die Gründe für die Kündigung müssen auch **in Zukunft** für den Arbeitgeber nicht tragbar sein. Vergangene Geschehnisse zwischen Arbeitgeber und Arbeitnehmer sind unerheblich.

320 Einzelne außerordentliche **Kündigungsgründe für den Arbeitgeber** könnten sein:

- Anhaltende Arbeitsunfähigkeit
- Arbeitszeitbetrug
- Beharrliche Arbeitsverweigerung
- Grobe Verletzung der Treuepflicht
- Tätlichkeiten oder Beleidigung gegenüber dem Arbeitgeber
- Verstoß gegen das Wettbewerbsverbot

---

309 Vgl. LAG Berlin-Brandenburg, Urteil vom 192.2019 – 7 Sa 2068/18, Rn. 27.

310 Vgl. Schaub/Linck, Arbeitsrechts-Handbuch, § 127, Rn. 20.

311 Vgl. Schaub/Linck, Arbeitsrechts-Handbuch, § 127, Rn. 40.

Einzelne außerordentliche **Kündigungsgründe können auch für den Arbeitnehmer** bestehen[312]: 321

- Arbeitsplatzwechsel[313]

Ein Arbeitsplatzwechsel berechtigt den Arbeitnehmer nicht zu einer außerordentlichen Kündigung. Praktisch hat der Arbeitgeber allerdings keine große Handhabe bzw. wird er die Arbeitskraft in den seltensten Fällen einklagen. 322

- Arbeitsschutzverletzungen
- Beschäftigungspflicht
- Gewissenskonflikt
- Eheschließung
- Krankheit
- Lohnrückstand
- Prokura
- Verdächtigungen
- Verdiensthöhe
- Vertragsverletzungen

(3) Vorherige Abmahnung (ausnahmsweise entbehrlich)

Die vorherige Abmahnung ist ein zentraler Prüfungspunkt bei der außerordentlichen Kündigung, da dem Arbeitnehmer das Fehlverhalten vor Augen geführt werden soll sowie die Möglichkeit zur Besserung. Aufgrund der Schwere der Vergehen, die dann zur fristlosen Kündigung führen, muss das Unternehmen **ausnahmsweise** nicht abmahnen, sondern kann den Arbeitnehmer unverzüglich kündigen.[314] Diese Ausnahme besteht, wenn bei einer: 323

- **schwerwiegenden** Pflichtverletzung des Arbeitnehmers,
- dieser zusätzlich **uneinsichtig** ist
- und besondere Umstände im **Einzelfall** vorliegen,

312 Vgl. Schaub/Linck, Arbeitsrechts-Handbuch, § 127, Rn. 150 ff.
313 Vgl. BAG, Urteil vom 17.10.1969 – AP Nr. 7 zu § 611 BGB Treuepflicht.
314 Vgl. Conze, in: Conze/Karb/Wölk/Reidel, Personalbuch Arbeits- und Tarifrecht öffentlicher Dienst, Abmahnung, Rn. 34, 35.

324 die eine Abmahnung nicht erfolgsversprechend **(für die Zukunft)** erscheinen lassen.[315]

(4) Kein milderes Mittel

325 Die Kündigung muss unausweislich (ultima ratio) sein. Dabei ist unbedingt zu prüfen, ob der Zweck, den der Arbeitgeber erreichen möchte, nicht durch mildere Mittel[316] erreicht werden könnte. Diese könnten sein:

- Abmahnung
- Änderungskündigung
- Ordentliche, fristgemäße Kündigung
- Versetzung auf einen anderen Arbeitsplatz
- Weiterbeschäftigung zu schlechteren Bedingungen
- Zumutbare Überbrückungsmaßnahme

#ARpraxis: 3-Wochen-Frist

326 Auch bei einer außerordentlichen, fristlosen Kündigung muss der Arbeitnehmer die Unwirksamkeit der Kündigung innerhalb von **3 Wochen** mit einer **Kündigungsschutzklage** beim Arbeitsgericht geltend machen. Versäumt der diese Frist, wird die Kündigung als **wirksam behandelt.**

b) Verdachtskündigung (Sonderfall)

327 Die Verdachtskündigung kommt zum Tragen, wenn der Arbeitgeber einen begründeten Verdacht zur **strafbaren Handlung oder schwerwiegenden Pflichtverletzung** beweisen kann. Dies hat zunächst die außerordentliche Kündigung zur Folge.[317] Stellt sich im **Nachgang die Unschuld** des Arbeitnehmers heraus, kann ein Wiedereinstellungsanspruch bestehen. Dann ist davon auszugehen, dass das Vertrauensverhältnis wiederhergestellt ist. In der **Praxis** wird die Unternehmens-

---

315 Vgl. Vossen, in: Ascheid/Preis/Schmidt, Kündigungsrecht, BGB, § 626, Rn. 84.
316 Vgl. Vossen, in: Ascheid/Preis/Schmidt, Kündigungsrecht, BGB, § 626, Rn. 88.
317 Vgl. Schaub/Linck, Arbeitsrechts-Handbuch, § 146, Rn. 7.

kultur, das Verhalten des Arbeitnehmers und Arbeitgebers sowie die Akzeptanz des Kollegiums eine große Rolle bei der erneuten Vertrauensbildung ausmachen.[318]

Sobald der Arbeitgeber Kenntnis von der Verfehlung erlangt, hat er gem. **§ 626 Abs. 2 BGB** in der Ausschlussfrist[319] einer **Anhörung des Arbeitnehmers** durchzuführen. Nach der Rechtsprechung soll diese Regelfrist **nicht länger als eine Woche** ab Kenntnisnahme betragen.[320] 328

Sollten sich die Anschuldigungen gegenüber dem Arbeitnehmer jedoch als unzutreffend erweisen, kann dieser auch noch nach Ablauf der Kündigungsfrist einen Antrag auf Wiedereinstellung einreichen. Dem Arbeitnehmer muss die Möglichkeit gegeben -sofern der Arbeitnehmer die Verdachtsereignisse nicht begangen hat- vollständig rehabilitiert zu werden. Auch der Arbeitgeber muss dann entsprechend tätig werden und eine störungsfreie Rückkehr ermöglichen. Dies gestaltet sich in der **Praxis** mitunter aufgrund menschlicher Gegebenheiten schwieriger, als es arbeitsrechtlich sollte.[321] Ebenfalls ist gestaltet sich der Wiedereinstellungsanspruch als sehr herausfordernd, da zumeist der Arbeitnehmer den vollen Beweis der nachträglich bekanntgewordenen Tatsachen zu erbringen hat.[322] 329

Zusammenfassend genügt, wenn ein dringender Tatverdacht besteht, dass mit hoher Wahrscheinlichkeit eine Straftat des Arbeitnehmers vorliegt. Dieser Verdacht muss so schwerwiegend sein, dass die Fortsetzung des Arbeitsverhältnisses bis zum Ende der Kündigungsfrist nicht zumutbar ist. Dabei entstehen für den Arbeitgeber oftmals Kosten (Arbeitszeit, Detektivkosten, Systemkosten). Zumindest die Kosten für einen Detektiv können vom Arbeitnehmer zurückgefordert werden, sofern die „Belastungstatsachen" den Verdacht erhärten, dass der Arbeitnehmer seine Vertragspflichten verletzt hat.[323] 330

318 Vgl. APS/Vossen BGB § 626 Rn. 370.

319 ist eine Frist, nach deren Ablauf Ansprüche (auch Rechte) erlöschen bzw. untergehen, auch wenn der Anspruch entstanden ist.

320 Vgl. Preis in Stahlhacke/Preis/Vossen Rn. 799.

321 Vgl. Schaub/Linck, Arbeitsrechts-Handbuch, § 146, Rn. 7 Mitte.

322 Vgl. Eylert, NZA-RR 2014, 393, 408.

323 Vgl. BAG, Urteil vom 26.9.2013 – 8 AZR 1026/12 = NZA 2014, 301.

#ARdigital: Megatrends

331 Im Rahmen der **fünf Megatrends (gesellschaftliche Wertewandel; demografische Wende; Digitalisierung; zivilgesellschaftliche und politische Druck sowie Migrations- und Brain-Wellen)**[324] ergeben sich arbeitsrechtliche Besonderheiten.

332 Im Bereich der **Demokratisierung** von Unternehmen wird sich die Frage stellen, wer für **Kündigungen verantwortlich zeichnen** wird. Wie wird die Teilhabe an Strategien aussehen? Gibt es neue horizontale und diverse Karrierekulturen? Wie verteilt sich Macht in Organisationen? Vor allem die letzte Frage könnte einen entscheidenden Einfluss auf die zukünftige Kündigungspraxis haben. Sofern Teams diese Entscheidungen übernehmen werden, müssen auch neue Prozesse hierzu installiert werden.

333 Wie bereits zu beobachten ist, werden die gesellschaftlichen Entwicklungen zu einer neuen Art der Selbstständigkeit führen, dem sog. Unternehmensbürger.[325] „Freelancer", „Projektarbeit", **„Step-out/Step-in-Kultur"** sind hierbei nur einige Stichworte. Zugespitzt könnte es sein, dass sich die Frage einer Kündigung erst gar nicht stellt, weil der Arbeitnehmer bereits **freiwillig** ausscheidet. Sofern er dem Unternehmen wieder behilflich sein kann, tritt er auch freiwillig wieder ein. Sicherlich ist dies für heutige Verhältnisse noch ein Extrembeispiel. Denkt man den „Unternehmer im Unternehmen" allerdings zu Ende, bedeutet diese eine deutlich erhöhte Selbstverantwortung eines jeden einzelnen.

334 Eine ausbalancierte, differenzierte Unternehmensentwicklung, die vorbereitet auf den disruptiven Wandel reagiert **(Gesunde Organisation)**. In Bezug auf Kündigungen könnte es hierbei von Bedeutung sein, die Arbeitnehmer mitzunehmen, die sich dem Wandel stellen können und möchten. Heutzutage ist es eine große Herausforderung disruptive Change-Prozesse anzustoßen.

---

324 Vgl. Sattelberger, S. 36; In Anlehnung an die Deutsche Akademie der Technikwissenschaften (Arbeitskreis Smart Service/acatech 2014).

325 Vgl. Sattelberger, S. 14, 155.

Die gesellschaftliche **Diversität** spiegelt sich bereits längst in unternehmerischen Entscheidungsprozessen wider. Unterschiedliche Stile, Denkrichtungen und Erfahrungen machen am Ende eine gute neue Organisation aus. Neue Machtverhältnisse am Arbeitsmarkt, ein Mehr an Individualität gepaart mit dem Druck der Unternehmen gläsern zu werden, was durch **Big Data** beschleunigt wird. Datengetriebene Unternehmens- und somit auch Personalentscheidungen werden in Zukunft zunehmen. Ein Management dieser Sammlungen wird auch für Kündigungen ein zunehmender Faktor werden. Eine datenschutzrechtliche Ordnung wird hierbei elementar sein. 335

3. Die 40 wichtigsten Kündigungsgründe

Die konkrete Begründung für eine Kündigung kann im Einzelfall sehr unterschiedlich sein. Die folgende Übersicht stellt daher einen Überblick in Bezug auf die wichtigsten Kündigungsgründe dar: 336

Gründe für betriebsbedingte Kündigungen:

Betriebliche Schwierigkeiten sind der häufigste Grund für eine Kündigung in deutschen Unternehmen. Die Ursachen können dabei **innerhalb und/oder außerhalb des Unternehmens** liegen. Der Arbeitgeber muss konkret (mit verlässlichen Zahlen) nachweisen, dass „betriebliche Erfordernisse" eine Weiterbeschäftigung des Arbeitnehmers nicht weiterhin möglich ist. Innerbetriebliche Gründe, wie z. B. Rationalisierung, Umstrukturierung oder technischer Fortschritt gehen in der Praxis oftmals mit den außerbetrieblichen Gründen, wie z. B. Auftragsmangel oder Absatzschwierigkeiten einher. 337

Eine **Auflistung** wichtiger betrieblicher Erfordernisse, die einen Personalabbau erforderlich machen können, wurden in der Rechtsprechung „im Einzelfall" wie folgt bestätigt: 338

1. Absatzschwierigkeiten und Umsatzrückgang[326]

#ARdigital: Arbeitsprozesse

339 Insbesondere wenn Arbeitsprozesse und -schritte infolge einer technischen Entwicklung entfallen. Dies ist nach mehr als 20 Jahren der BAG-Entscheidung aktueller denn je. Arbeitstätigkeiten ändern sich rasant und könnten damit eine betriebsbedingte Kündigung rechtfertigen.

2. Auftragsrückgang[327]
3. Auslagerung von Tätigkeitsbereichen. Eine gestaltende Unternehmensentscheidung liegt vor, wenn der Arbeitgeber Aufgaben auslagert und an Fremdfirmen vergibt.[328]
4. Betriebsänderungen[329]

#ARdigital: Neue Arbeitsmethoden

340 Die Einführung **neuer technischer Arbeitsmethoden** oder Fertigungsverfahren gilt ebenso, wenn nicht sogar noch mehr auch im Bereich der **Betriebsänderungen**. Unter den Stichworten VUCA, Disruption und Agilität werden heutzutage häufig schnelle und weitreichende **Änderungen der Betriebsabläufe** oder sogar der Betriebsgrundlage zusammengefasst. Auch hierbei gilt eine betriebsbedingte Kündigung als gerechtfertigt.

4. Fremdvergabe von Arbeiten[330]
5. Kündigungsschutz ist nicht konzernbezogen[331]
6. Produktionsverlagerung[332]
7. Rationalisierungsmaßnahmen[333]
8. Umstellung der Vertriebsart[334]

---

326 Vgl. BAG, Urteil vom 29.01.1997 – 2 AZR = BeckRS 1997, 30368548.
327 Vgl. BAG, Urteil vom 17.6.1999 – 2 AZR 522/98 = NZA 1999, 1095, 1157.
328 Vgl. BAG, Urteil vom 7.12.2000 – 2 AZR 391/99 = NZA 2001, 495.
329 Vgl. LAG Düsseldorf, Urteil vom 7.8.1998 – 11 Sa 713/98 = BeckRS 2007, 47510.
330 Vgl. LAG Düsseldorf, Urteil vom 11.10.2001 – 13 (14) Sa 997/01 = NZA-RR 2002, 352.
331 Vgl. BAG, Urteil vom 18.9.2003 – 2 AZR 79/02 = AP KSchG 1969 § 17 Nr. 14.
332 Vgl. BAG, Urteil vom 27.9.2001 – 2 AZR 246/00 = RdA 2002, 372.
333 Vgl. BAG, Urteil vom 24.4.1997 – 2 AZR 352/96 = NZA 1997, 1047.
334 Vgl. BAG, Urteil vom 9.5.1996 – 2 AZR 438/95 = NZA 1996, 1145.

9. Wegfall von Drittmitteln zur Finanz. von Stellen[335]
10. Witterungsgründe, die entsprechend § 22 KSchG, § 90 SGB IX oder Tarifvertrag Arbeitstätigkeiten für einen längeren Zeitraum unmöglich machen (z. B. in der Baubranche).

#ARpraxis: Betriebsbedingte Kündigung

Die betriebsbedingte Kündigung, die in der Praxis am häufigsten vor- 341
kommt, weil Insolvenzen, Änderungen von Betriebsabläufen und immer mehr die technische Ersetzung von Arbeitsplätzen der Hauptgrund für eine Kündigung sind.

Vor Gericht kann der Arbeitgeber auch recht leicht auf Zahlen und 342
Fakten verweisen. Sofern hier ein gutes Datenmanagement vorliegt, hat ein Arbeitnehmer nur wenig Handhabe. Dann hilft lediglich die Überprüfung, dass alle **vier Voraussetzungen für die erfolgreiche betriebsbedingte Kündigung vorgelegen haben.**

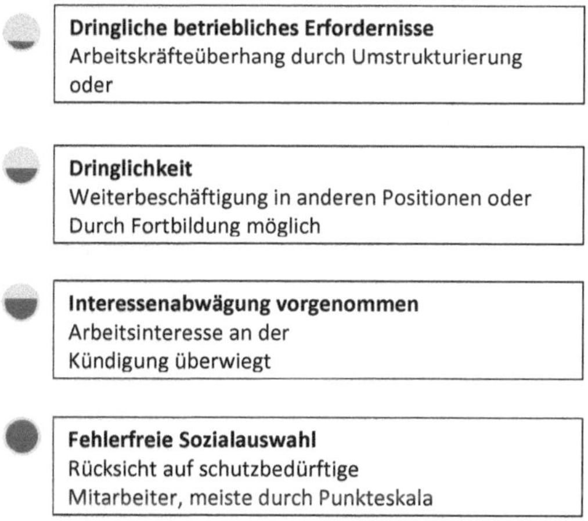

Abbildung 13: Voraussetzungen für die erfolgreiche betriebsbedingte Kündigung[336]

---

335 Vgl. BAG, Urteil vom 20.2.1986 – 2 AZR 212/85 = AP KSchG 1969 § 1 Nr. 11.
336 Eigene Darstellung.

343 Die Ursachen können dabei **innerhalb und/oder außerhalb des Unternehmens** liegen. Der Arbeitgeber muss konkret (mit verlässlichen Zahlen) nachweisen, dass „betriebliche Erfordernisse" eine Weiterbeschäftigung des Arbeitnehmers nicht weiterhin möglich ist. Innerbetriebliche Gründe, wie z. B. Rationalisierung, Umstrukturierung oder technischer Fortschritt gehen in der Praxis oftmals mit den außerbetrieblichen Gründen, wie z. B. Auftragsmangel oder Absatzschwierigkeiten einher.

Gründe für personenbedingte Kündigungen:

344 Personenbedingte Schwierigkeiten sind der zweithäufigste Grund für eine Kündigung in deutschen Unternehmen. Kann man bei der betriebsbedingten Kündigung noch relativ gut auf Fakten und Zahlen zurückgreifen, wird dies bei der personenbedingten Form bereits schwieriger. Einem Arbeitnehmer kann dabei aufgrund von **charakterlichen, fachlichen, körperlichen oder gesundheitlichen Gründen** gekündigt werden, die **nicht** in seinem Einflussbereich liegen, die für eine Tätigkeit nicht mehr geeignet erscheint. Weiterhin müssen durch die personenbedingten Gründe die betrieblichen Abläufe erheblich gestört werden. Außerdem kann dadurch dem Arbeitgeber eine Zusammenarbeit nicht mehr zugemutet werden.

345 Krankheitsbedingte Kündigungen sind hierbei in der Mehrheit. Dies kommt in der Praxis sogar recht häufig vor. Dazu muss eine ärztlich bestätigte, negative Gesundheitsprognose vorliegen. Der Arbeitnehmer muss aufgrund seiner Erkrankung voraussichtlich dauerhaft nicht in der Lage sein, seine Arbeitspflichten zu erfüllen. Eine **Auflistung** wichtiger personenbedingter Gründe, die eine Kündigung erforderlich machen können, wurden in der Rechtsprechung „im Einzelfall" wie folgt bestätigt:

1. **Häufige Kurzerkrankungen, die insgesamt einen Zeitraum von 6 Wochen pro Jahr überschreiten (17,3 Wochen in 3 Jahren).**[337]

337 Vgl. BAG, Urteil vom 29.7.1993 – 2 AZR 155/93 = NZA 1994, 67.

2. Krankheitsbedingte Minderung der Leistungsfähigkeit (30 % oder komplett).[338]
3. Lang dauernde Krankheiten (länger als 1½ Jahre arbeitsunfähig machen).[339]
4. Nicht therapiebereite alkohol- oder drogensüchtig Erkrankte.

Aus **persönlichen oder fachlichen Gründen** der Arbeitnehmer wurde wie folgt geurteilt: 346

5. Fehlende Arbeitserlaubnis, die gem. § 284 SGB III zu einem Beschäftigungsverbot führt.
6. Verbüßen einer Freiheitsstrafe, die die geschuldeten Arbeitsleistungen verhindert.[340]

#ARdigital: Homeoffice

Die Einführung bzw. die vertragliche Vereinbarung von Homeoffice 347
i. V. m. einer gesellschaftlichen Entwicklung hin zu stärkerer Resozialisierung kann dazu führen, dass Arbeitnehmer auch unter Freiheitsentzug ihre Tätigkeit wahrnehmen könnten. Solche Entwicklungen gilt es bei allen beispielhaften Einzelfällen zu berücksichtigen.

7. Leistungsmängel eines sehr leistungsschwachen Kollegen.[341]
8. Verlust der Fahrerlaubnis, wenn diese für die Tätigkeit (z. B. als Lkw- oder Busfahrer) benötigt wird und der Mitarbeiter im Unternehmen währenddessen nicht anderweitig im Betrieb beschäftigt werden kann.[342]
9. Charaktermangel lediglich im Einzelfall (Verschweigen einer „DDR-Vergangenheit im Ministerium“).[343]
10. Fehlende Sprachkenntnisse, wenn dadurch die Arbeit deutlich erschwert wird oder zur Gefahrenabwehr.[344]

338 Vgl. BAG, Urteil vom 26.9.1991 – 2 AZR 132/91 = NZA 1992, 1073.
339 Vgl. BAG, Urteil vom 21.5.1992 – 2 AZR 399/91 = NZA 1993, 497.
340 Vgl. BAG, Urteil vom 25.11.2010 – 2 AZR 984/08 = NJW 2011, 1896.
341 Vgl. BAG, Urteil vom 11.12.2003 – 2 AZR 667/02 = NZA 2004, 784.
342 Vgl. BAG, Urteil vom 25.4.1996 – 2 AZR 74/95 = NZA 1996, 1201.
343 Vgl. BAG, Urteil vom 10.10.1996 – 2 AZR 552/95 = BeckRS 1996, 30764320.
344 Vgl. BAG, Urteil vom 28.1.2010 – 2 AZR 764/08 = NZA 2010, 625.

#ARpraxis: Personenbedingte Kündigung

348 Die zweithaüfigste Kündigungsform ist ebenfalls teilweise faktenbasiert (Freiheitsstrafe, Führerscheinentzug, Krankheitsdauer. Bei der betriebsbedingten Kündigung kann der Arbeitgeber allerdings besser auf Fakten und Zahlen zurückgreifen. Aufgrund der meist interpretationsfähigen Fakten, gilt daher für die personenbedingte Kündigung, dass der Arbeitgeber eine lückenlose Aufzeichnung der personenbedingten Mangelleistungen. Für den Arbeitnehmer gilt, dass die bei der Person liegenden Schwachstellen schnellstens behoben und kontinuierlich verbessert werden sollten. Sofern eine Kündigung bereits erfolgt ist, sollte überprüft werden, ob alle **sieben Voraussetzungen für die erfolgreiche personenbedingte Kündigung vorgelegen haben, die hier nochmals aufgeschlüsselt sind:**

Triftiger Kündigungsgrund
Krankheit, fehlende Arbeitserlaubnis oder Qualifikation

Betriebsrat
Der Betriebsrat muss informiert sein

Schriftform
Die Kündigung muss schriftlich erfolgen

Begründung
Das Kündigungsschreiben enthält eine nachvollziehbare Begründung

Personalgespräch
Ein Personalgespräch findet statt

Unterzeichnete Kündigung
Der Arbeitgeber überreicht die unterzeichnete Kündigung

Meldepflicht
Arbeitnehmer wird auf Meldepflicht (Arbeitsagentur) hingewiesen

Abbildung 14: Voraussetzungen für die erfolgreiche personenbedingte Kündigung[345]

Gründe für verhaltensbedingte Kündigungen:

Verhaltensbedingte Schwierigkeiten sind der dritthäufigste Grund für 349
eine Kündigung in deutschen Unternehmen. Hierbei muss der Arbeitnehmer seine Leistungspflichten aus dem Arbeitsvertrag, Tarifvertrag oder Gesetz verletzt haben. Dabei ist wichtig, dass er Einfluss auf sein Fehlverhalten hätte nehmen können. Überwiegend ist auch mindestens eine, im Regelfall **drei Abmahnungen** (Kündigung mit der dritten Abmahnung) erforderlich, bevor der Arbeitgeber eine Kündigung ausstellen darf. Eine lückenlose Dokumentation der Abmahnungen ist hierbei elementar.

345 Eigene Darstellung.

350 Eine **Auflistung** wichtiger verhaltensbedingter Gründe, die eine Kündigung erforderlich machen können, wurden in der Rechtsprechung „im Einzelfall" wie folgt bestätigt:

1. Ausländerfeindliche, rechtsradikale oder rassistische Meinungsäußerung, die eine ausländerfeindliche Stimmung im Betrieb erzeugen oder verstärken können.[346]
2. Ausführung von Tätigkeiten bei Arbeitsunfähigkeit, die die Genesung verzögern.[347]
3. Häufige Unpünktlichkeit, die die betrieblichen Abläufe stört.[348]
4. Mobbing und Diskriminierung von Betriebsangehörigen.[349]
5. Sexuelle Belästigung von Betriebsangehörigen.[350]
6. Private Internetnutzung am Arbeitsplatz, die – auch wenn sie genehmigt ist – ein solches Ausmaß erreicht, dass sie der Arbeitgeber nicht dulden muss.[351]
7. Unentschuldigtes Fehlen.[352]
8. Unerlaubte Nebentätigkeit, die die Pflichterfüllung im Hauptbeschäftigungsverhältnis beeinträchtigen.[353]
9. Verrat von Betriebs- und Geschäftsgeheimnissen, selbst wenn der Arbeitgeber nur einen begründeten Verdacht hat.[354]
10. Verstoß gegen die sofortige Anzeigepflicht bei Arbeitsunfähigkeit nach § 5 EntgFG.

#ARpraxis: Verhaltensbedingte Kündigung

351 Die **verhaltensbedingte** Kündigung kommt in **9 %**[355] aller Fälle zur Anwendung. Der geringe Anteil lässt sich mit der Rechtsprechung der

346 Vgl. BAG, Urteil vom 24.4.1997 – 2 AZR 352/96 = NZA 1997, 1047.
347 Vgl. BAG, Urteil vom 26.3.1993 – 2 AZR 154/93 = NZA 1994, 63.
348 Vgl. BAG, Urteil vom 17.3.1988 – 2 AZR 576/87 = NZA 1989, 261.
349 Vgl. LAG Sachsen-Anhalt, Urteil vom 27.1.2000 – 9 Sa 473/99 = BeckRS 2000, 30467669.
350 Vgl. LAG Hamm, Urteil vom 22.10.1996 – 6 Sa 730/96 = NZA 1997, 769.
351 Vgl. BAG, Urteil vom 31.5.2007 – 2 AZR 200/06 = NZA 2007, 922.
352 Vgl. LAG Düsseldorf, Urteil vom 8.5.1970 – 3 Sa 89/70 = DB 1970, 1136.
353 Vgl. BAG, Urteil vom 13.11.1979 – 6 AZR 934/77 = AP KSchG 1969 § 1 Krankheit Nr. 5.
354 Vgl. BAG, Urteil vom 26.10.1978 – 3 AZR 649/77 = NJW 1979, 2166.
355 Vgl. https://www.onelogic.de/kuendigungsstudie/.

letzten Jahre begründen. War es bis 2010 für Arbeitgeber problemlos möglich, auch Kleinstvergehen anzuzeigen und deswegen zu kündigen, wurden durch den Fall „Emmely"[356] die Grundsätze der **Bagatellkündigung neu geordnet.** Kündigungsgründe -wie das Einlösen eines 1,30 € Pfandbons, das Essen einer Frikadelle oder eines Kuchens- sind seit der Entscheidung nicht mehr zwingend verhältnismäßig. Einer verhaltensbedingten Kündigung muss in der Regel außerdem zunächst eine **Abmahnung vorausgehen. Drei Voraussetzungen für die erfolgreiche verhaltensbedingte Kündigung sollten vorliegen:**

Interessenabwägung
Interesse des Arbeitgebers an der Kündigung überwiegt.

Pflichtverstoß & Schuldhaftigkeit
Vorsätzlich, fahrlässig & rechtswidrig gegen arbeitsvertragliche Pflichten verstoßen.

Verhältnismäßigkeit
Keine mildere Option als die Entlassung (Abmahnung, Versetzung)

Abbildung 15: Voraussetzungen für die erfolgreiche verhaltensbedingte Kündigung[357]

Außerordentliche, fristlose Kündigung:

Neben den zuvor erwähnten ordentlichen Kündigungsformen, die 352
86 % der Kündigungen ausmachen, kommt in besonders schwerwiegenden Fällen die außerordentliche (fristlose) Kündigung zum Tragen. In 14 % der Fälle ist gem. § 626 BGB eine fristlose Kündigung gerechtfertigt, wenn dem Arbeitgeber die Fortführung des Arbeitsverhältnisses nicht mehr zugemutet werden kann. In der Regel muss ein grobes Fehlverhalten des Arbeitnehmers vorliegen.

Eine **Auflistung** wichtiger außerordentlicher Gründe, die eine Kündi- 353
gung erforderlich machen können, wurden in der Rechtsprechung „im Einzelfall" wie folgt bestätigt:

---

356 Vgl. BAG, Urteil vom 10.06.2010 – 2 AZR 541/09.

357 Eigene Darstellung.

1. Alkoholmissbrauch in Tätigkeiten (z. B. als Arzt, Bauarbeiter oder Lkw-Fahrer), die Gefahren für Dritte mit sich bringen, wenn sie alkoholisiert ausgeführt werden.[358]
2. Androhung einer Krankmeldung, wenn der Arbeitgeber keinen Urlaub bewilligt oder unangenehme Tätigkeiten auszuführen sind, obwohl es zu diesem Zeitpunkt keine Krankheitsanzeichen gibt.[359]
3. Annahme von Schmiergeld oder sonstigen Zuwendungen, selbst wenn sich der Mitarbeiter nicht zu einem Pflichtverstoß hinreißen lässt, aber dies zu einem berechtigten Vertrauensverlust auf Seiten des Arbeitgebers führt.[360]
4. Ausländerfeindlichkeit – besonders schwerwiegende Fälle.[361]
5. Bewusste Beleidigung des Arbeitgebers aus „gehässigen Motiven".[362]
6. Nachhaltige Versuche, Arbeitskollegen abzuwerben und zum Vertragsbruch aufzufordern, um den Arbeitgeber zu schädigen.[363]
7. Nutzung des Internets während der Arbeitszeit, um pornographisches Bildmaterial herunterzuladen.[364]8. Unerlaubte Konkurrenztätigkeit, unabhängig davon, ob dem Arbeitgeber dadurch ein Schaden entstanden ist oder Kunden abgeworben wurden.[365]
8. Urlaubsantritt ohne Genehmigung des Arbeitgebers.[366]
9. Vortäuschen von Arbeitsunfähigkeit, um einer Nebenbeschäftigung nachzugehen.[367]

358 Vgl. BAG, Urteil vom 7.6.1984 – 2 AZR 270/83 = NZA 1985, 57.
359 Vgl. BAG, Urteil vom 5.11.1992 – 2 AZR 147/92 = NZA 1993, 308.
360 Vgl. BAG, Urteil vom 21.6.2001 – 2 AZR 30/00 = NZA 2002, 232.
361 Vgl. BAG, Urteil vom 14.2.1996 – 2 AZR 274/95 = NJW 1996, 2253.
362 Vgl. LAG Köln, Urteil vom 18.4.1997 – 11 Sa 995/96 = NZA-RR 1998, 15.
363 Vgl. BAG, Urteil vom 22.11.1965 – 3 AZR 130/65 = NJW 1966, 689.
364 Vgl. ArbG Hamm, Urteil vom 1.12.2000 – 1 Ca 504/00 B.
365 Vgl. LAG Rheinland-Pfalz, Urteil vom 1.12.1997 – 9 Sa 949/97 = NZA-RR 1998, 496.
366 Vgl. LAG Köln, Urteil vom 16.3.2001 – 11 Sa 1479/00 = NZA-RR 2001, 533.
367 Vgl. BAG, Urteil vom 26.8.1993 – 2 AZR 154/93 = NZA 1994, 63.

4. Kündigung während der Ausbildung | § 22, Abs. 1 BBiG

Das Ausbildungsverhältnis unterliegt einem hohen Schutzbedürfnis und wird auch dementsprechend gesetzgeberisch behandelt. Im Bereich der Kündigung gibt es allerdings Sonderregelungen, die sich auch in der Praxis erwiesen haben. 354

Auszubildende oder auch Arbeitgeber müssen in der Probezeit keine Kündigungsfrist einhalten. Auch müssen Kündigungsgründe nicht genannt werden. Jedoch muss diese zwingend schriftlich erfolgen, § 22 Abs. 1 BBiG. 355

Eine fristlose Kündigung **außerhalb der Probezeit** ist beidseitig möglich, wenn ein schwerer Gesetzesverstoß oder ein triftiger Grund vorliegt. Allerdings muss der Ausbilder dem Auszubildenden eine **Abmahnung** erteilen, um ihm eine Chance auf Besserung zu gewähren. 356

Während der Probezeit kann das Berufsausbildungsverhältnis jederzeit ohne Einhalten einer Kündigungsfrist beendet werden. 357

Nach der Probezeit kann das Berufsausbildungsverhältnis nur gekündigt werden, wenn 358

1. aus einem wichtigen Grund ohne Einhalten einer Kündigungsfrist,
2. von Auszubildenden mit einer Kündigungsfrist von vier Wochen, wenn sie die Berufsausbildung aufgeben oder sich für eine andere Berufstätigkeit ausbilden lassen wollen.

Eine Kündigung aus einem wichtigen Grund ist unwirksam, wenn die ihr zugrunde liegenden Tatsachen dem zur Kündigung Berechtigten **länger als zwei Wochen** bekannt sind. Ist ein vorgesehenes Güteverfahren vor einer außergerichtlichen Stelle eingeleitet, so wird bis zu dessen Beendigung der Lauf dieser Frist gehemmt, § 22 Abs. 4 BBiG. 359

5. Kündigung im Ausland

Als Exportnation müssen deutsche Arbeitnehmer auch immer wieder für eine längere Zeit in Auslandseinsätzen tätig werden. Hierbei kommt überwiegend das deutsche Arbeitsrecht zur Anwendung. Fin- 360 det jedoch eine Einstellung bei dem verbundenen Unternehmen vor Ort statt oder planen Arbeitnehmer und Arbeitgeber deutlich längere Auslandsaufenthalte, wird meist das ausländische Recht, in dem das Unternehmen seinen Sitz hat, zur Anwendung kommen.

361 Ebenfalls interessant ist als Exportnation der Vergleich zu anderen Ländern. Die exportgetriebene deutsche Wirtschaft muss sich auf dem internationalen Markt behaupten. Hierbei sind einerseits die Personalkosten ein entscheidender Faktor, andererseits die arbeitspolitischen Bedingungen. Wie schnell können Unternehmen auf äußere Einflüsse reagieren. Wie ist der Arbeitsmarkt gestaltet. Welche gesetzlichen Vorgaben sind zu beachten. Ist der Arbeitsmarkt „frei" oder hat dieser einen „sozialwirtschaftlichen" Charakter. Der ausgewählte Markt USA kann wie folgt beurteilt werden:

USA:

- Jeder kann jederzeit ohne Angaben von Gründen entlassen werden
- Mindestens zwei Monate Kündigungsfrist bei Massenentlassungen
- 26 Wochen Anspruch auf Arbeitslosengeld
- Ca. 50–400 Dollar Gehalt pro Woche
- Versicherung für Arbeitslosengeld zahlt der Arbeitgeber (ca. 0,6 %-6,8 % der Lohnsumme)
- Wenn der Arbeitnehmer kündigt, muss er mindestens zwei Wochen vorher schriftlich Bescheid geben (kann im Arbeitsvertrag abweichend geregelt sein)
- Neue Arbeitgeber verlangen oft ein Dienstzeugnis vom vorherigen Arbeitgeber (formvollendete Kündigung wird hoch angesehen)
- **System wird als „hire and fire" bezeichnet**
- Vorteile der Arbeitgeber bei Konjunkturabschwung oder Großaufträgen (wenn Auftrag beendet, können Mitarbeiter einfach entlassen werden)
- **Teil des Zivilprozesses und keine eigene Gerichtsbarkeit (D: Arbeitsgericht)**
- In Montana kann das Diskriminierungsgesetz greifen und eine hiermit verbundene Begründungspflicht

6. Verhandlung 5

#ARVerhandlung: Die Töchter, die weniger zahlen

Das **Unternehmen (U)** ist in der Automobilzuliefererindustrie tätig. 362
Mit dem Auslaufen der COVID-19-Pandemie möchte **U** weiter kosten sparen und möglichst den Gewinn maximieren. Das Oberhaupt des Familienunternehmens geht bald in Rente und sieht seine Kinder nicht als Nachfolger im **U**. Während der Pandemie hat **U** seine höchsten Gewinne in der Unternehmensgeschichte eingefahren.

Um das Unternehmen für einen Verkauf bestmöglich aufzustellen, gründet **U** mehrere Tochtergesellschaften. Alle Services (z. B. Rechnungswesen, Personal, etc.), außer Produktion, IT und Vertrieb werden ausgelagert. Allen Mitarbeitern **(MA)** der Serviceabteilungen wird betriebsbedingt gekündigt. Die **MA** ziehen lediglich „rechtlich" um, ansonsten ist alles gleichgeblieben. Lediglich die Vergütung sinkt um 10 % - 20 %.

- Sind die Kündigungen berechtigt?
- Wie ist die Situation personalpolitisch einzuordnen?

Aus: BAG, Urteil vom 26.9.2002 – 2 AZR 636/01

7. Fragen zum Kapitel

1. Beurteilen Sie das deutsche Kündigungsrecht (z. B. im Vergleich zu den USA)!
2. Was kann für den Abbau des Kündigungsschutzes sprechen?
3. Welche Formen der Kündigung kennen Sie?
4. Wie lässt sich die verhaltensbedingte Kündigung unterteilen?
5. Wie oft kommen die unterschiedlichen Kündigungsformen in der Praxis vor?
6. Wo sind Rechte und Pflichten bzgl. der Kündigung geregelt?
7. Ist eine Kündigung in elektrischer Form möglich?
8. Was ist eine Änderungskündigung?
9. Nennen Sie 5 wichtige Kündigungsgründe, die durch das BAG bestätigt wurden?
10. Was besagt der Fall „Emily"?

8. Literatur

Ante, Johann, Der Zugangsnachweis bei Einwurf-Einschreiben, NJW 2020, 3487.

Ascheid/Preis/Schmidt, Kündigungsrecht, 6. Auflage, 2021.

https://arbeits-abc.de/50-kuendigungsgruende-im-arbeitsrecht/.

ArbG Düsseldorf Urteil vom 22.2.2019 – 14 Ca 465/19, BeckRS 2019, 17926 Rn. 37.

ArbG Düsseldorf, Urteil vom 6.4.2017 – 10 Ca 7262/16, BeckRS 2017, 116324 Rn. 17.

ArbG Hamm, Urteil vom 1.12.2000 – 1 Ca 504/00 B.

ArbG Reutlingen, Urteil vom 19.3.2019 – 7 Ca 89/18, BeckRS 2019, 7851 Rn. 24.

Ascheid/Preis/Schmidt, Kündigungsrecht, 6. Auflage, 2021.

Bader/Fischermeier/Gallner/Klose/Kreft/Kreutzberg-Kowalczyk/Krumbiegel/Link/Lipke/Rinck/Rachor/Spelge/Spilger/Treber/Vogt/Weigand, Gemeinschaftskommentar zum Kündigungsschutzgesetz und zu sonstigen kündigungsschutzrechtlichen Vorschriften, Kommentar, 12. Auflage, 2019

BAG, Urteil vom 15.12.2016 – 2 AZR 42/16 = NZA 2017, 703.

BAG, Urteil vom 31.7.2014 – 2 AZR 422/13 = NZA 2015, 101.

BAG, Urteil vom 26.9.2013 – 8 AZR 1026/12 = NZA 2014, 301.

BAG, Urteil vom 29.8.2013 – 2 AZR 809/12 = NZA 2014, 730.

BAG, Urteil vom 25.11.2010 – 2 AZR 984/08 = NJW 2011, 1896.

BAG, Urteil vom 12.8.2010 – 2 AZR 945/08 = NZA 2011, 460 Rn. 16.

BAG, Urteil vom 28.1.2010 – 2 AZR 764/08 = NZA 2010, 625.

BAG, Urteil vom 18.9.2008 – 2 AZR 560/07 = NZA 2009, 142.

BAG, Urteil vom 31.5.2007 – 2 AZR 200/06 = NZA 2007, 922.

BAG, Urteil vom 22.9.2005 – 2 AZR 544/04 = NZA 2006, 558.

BAG, Urteil vom 6.9.2004 – 2 AZR 628/03 = NZA 2005, 635.

BAG, Urteil vom 11.12.2003 – 2 AZR 667/02 = NZA 2004, 784.

BAG, Urteil vom 18.9.2003 – 2 AZR 79/02 = NZA 2004, 375.

BAG, Urteil vom 27.9.2001 – 2 AZR 246/00 = RdA 2002, 372.

BAG, Urteil vom 21.6.2001 – 2 AZR 30/00 = NZA 2002, 232.

BAG, Urteil vom 7.12.2000 – 2 AZR 391/99 = NZA 2001, 495.

BAG, Urteil vom 17.6.1999 – 2 AZR 522/98 = NZA 1999, 1095, 1157.

BAG, Urteil vom 1.7.1999 – 2 AZR 676/98 = NZA 1999, 1270

BAG, Urteil vom 6.11.1997 – 2 AZR 94/97 = NZA 1998, 143.

BAG, Urteil vom 24.4.1997 – 2 AZR 352/96 = NZA 1997, 1047.

BAG, Urteil vom 29.1.1997 – 2 AZR = BeckRS 1997, 30368548.

BAG, Urteil vom 7.11.1996 – 2 AZR 811/95 = NZA 1997, 253.

BAG, Urteil vom 10.10.1996 – 2 AZR 552/95 = BeckRS 1996, 30764320.

BAG, Urteil vom 9.5.1996 – 2 AZR 438/95 = NZA 1996, 1145.

BAG, Urteil vom 25.4.1996 – 2 AZR 74/95 = NZA 1996, 1201.

BAG, Urteil vom 14.2.1996 – 2 AZR 274/95 = NJW 1996, 2253.

BAG, Urteil vom 26.8.1993 – 2 AZR 154/93 = NZA 1994, 63.

BAG, Urteil vom 29.7.1993 – 2 AZR 155/93 = NZA 1994, 67.

BAG, Urteil vom 21.5.1992 – 2 AZR 399/91 = NZA 1993, 497.

BAG, Urteil vom 5.11.1992 – 2 AZR 147/92 = NZA 1993, 308.

BAG, Urteil vom 26.9.1991 – 2 AZR 132/91 = NZA 1992, 1073.

BAG, Urteil vom 17.3.1988 – 2 AZR 576/87 = NZA 1989, 261.

BAG, Urteil vom 20.2.1986 – 2 AZR 212/85 = AP KSchG 1969 § 1 Nr. 11.

BAG, Urteil vom 7.6.1984 – 2 AZR 270/83 = NZA 1985, 57.

BAG, Urteil vom 13.11.1979 – 6 AZR 934/77 = AP KSchG 1969 § 1 Krankheit Nr. 5.

BAG, Urteil vom 26.10.1978 – 3 AZR 649/77 = NJW 1979, 2166.

BAG, Urteil vom 17.10.1969 – AP Nr. 7 zu § 611 BGB Treuepflicht.

BAG, Urteil vom 22.11.1965 – 3 AZR 130/65 = NJW 1966, 689.

Bauer, Kündigungsschutz – Paradigmenwechsel nötig? NZA-Beilage 2019, 2.

BGH, Urteil vom 27.9.2016 – II ZR 299/15 = NJW 2017, 68 Rn. 31.

https://www.bmas.de/SharedDocs/Downloads/DE/PDF-Statistiken/Ergebnisse-Statistik--Arbeitsgerichtsbarkeit-2019.pdf?__blob=publicationFile&v=1.

BVerfG, Beschluss vom 27.1.1998 – 1 BvL 15/87 = AP KSchG 1969 § 23 Nr. 17.

Conze/Karb/Wölk/Reidel, Personalbuch Arbeits- und Tarifrecht öffentlicher Dienst, 6. Auflage, 2020.

Erfurter Kommentar zum Arbeitsrecht, 21. Auflage, 2020.

https://ec.europa.eu/eurostat/de/web/microdata/european-union-labour-force-survey.

Eylert: Die Verdachtskündigung, NZA-RR 2014, 393.

https://www.faz.net/aktuell/wirtschaft/arbeitsrecht-kuendigungsschutz-schadet-nicht-148842.html.

Hoeren/Sieber/Holznagel, Handbuch Multimedia-Recht, 53. Auflage, 2020.

LAG Berlin-Brandenburg, Urteil vom 19.2.2019 – 7 Sa 2068/18.

LAG Düsseldorf, Urteil vom 11.10.2001 – 13 (14) Sa 997/01 = NZA-RR 2002, 352.

LAG Düsseldorf, Urteil vom 7.8.1998 – 11 Sa 713/98 = BeckRS 2007, 47510.

LAG Düsseldorf, Urteil vom 8.5.1970 – 3 Sa 89/70 = DB 1970, 1136.

LAG Hamm, Urteil vom 22.10.1996 – 6 Sa 730/96 = NZA 1997, 769.

LAG Köln, Urteil vom 16.3.2001 – 11 Sa 1479/00 = NZA-RR 2001, 533.

LAG Köln, Urteil vom 18.4.1997 – 11 Sa 995/96 = NZA-RR 1998, 15.

LAG Rheinland-Pfalz, Urteil vom 17.9.2019 – 8 Sa 57/19, BeckRS 2019, 31046 Rn. 38 f. (offengelassen).

LAG Rheinland-Pfalz, Urteil vom 1.12.1997 – 9 Sa 949/97 = NZA-RR 1998, 496.

LAG Sachsen-Anhalt, Urteil vom 27.1.2000 – 9 Sa 473/99 = BeckRS 2000, 30467669.

Münchener Handbuch zum Arbeitsrecht, Band 2, 4. Auflage, 2018.

https://www.onelogic.de/kuendigungsstudie/.

Schaub/Linck, Arbeitsrechts-Handbuch, 18. Auflage, 2019.

Schaub/Schrader/Straube/Vogelsang, Arbeitsrechtliches Formular- und Verfahrenshandbuch, 13. Auflage, 2019.

https://de.statista.com/statistik/daten/studie/12910/umfrage/entwicklung-des-personalbestandes-im-oeffentlichen-dienst-in-deutschland/.

von Vogel, Der Nachweis der Kündigung in der Praxis, NJW-Spezial 2007, 369.

Wedde, Telearbeit – Arbeitsrecht – Sozialrecht – Datenschutz, 3. Auflage, München, 2002.

VI. Arbeitszeugnis

„Das Beste in der Musik steht nicht in den Noten." (Gustav Mahler)

Der rechtliche Anspruch auf ein Endzeugnis besteht aus **§ 109 I GewO**. 363
In diesem heißt es: „Der Arbeitnehmer hat bei Beendigung eines Arbeitsverhältnisses Anspruch auf ein schriftliches Zeugnis. Das Zeugnis muss mindestens Angaben zu Art und Dauer der Tätigkeit (**einfaches Zeugnis**) enthalten. Der Arbeitnehmer kann verlangen, dass sich die Angaben darüber hinaus auf Leistung und Verhalten im Arbeitsverhältnis (**qualifiziertes Zeugnis**) erstrecken."

Dabei ist das Spannungsverhältnis von Arbeitnehmer, Arbeitgeber und 364
zukünftigem Arbeitgeber zu berücksichtigen.

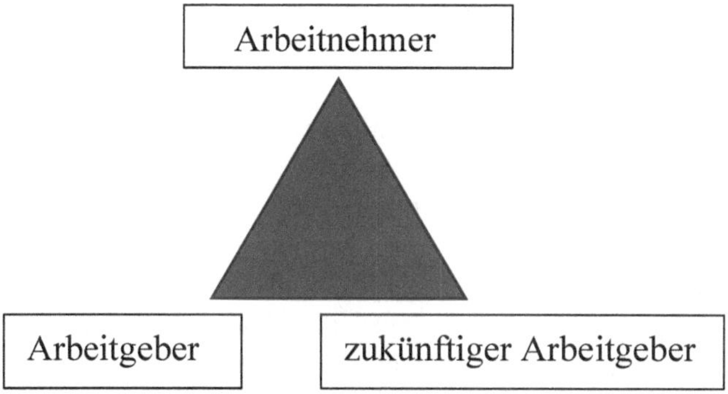

Abbildung 16: Spannungsverhältnisse bei der Zeugniserstellung[368]

Der Arbeitnehmer ist darauf bedacht, ein möglichst wohlwollendes, 365
gutes und seine fachlichen Qualifikationen berücksichtigendes Zeugnis zu erhalten. Der Arbeitgeber möchte ein möglichst wahrheitsgemäßes

368 Eigene Darstellung.

Zeugnis nach seinen Kriterien erstellen. Er wird von anderen Arbeitgebern dies ebenfalls erwarten. Ziel zukünftiger Arbeitgeber ist es hauptsächlich zu erfahren, welchen Gesamteindruck der Arbeitnehmer hinterlassen hat.[369] In der Praxis lässt sich dies kaum verwirklichen. Zunächst sind die Gerichte gem. § 57 Abs. 2 ArbGG dazu angehalten, auf eine gütliche Einigung hinzuwirken. Des Weiteren dürfen nach der Rechtsprechung keine negativen Formulierungen im Zeugnis aufgeschrieben werden. Außerdem sind die Arbeitgeber daran interessiert, dass der Personalaustritt reibungslos verläuft und die Organisation bzw. die übrigen Arbeitnehmer nicht in Mitleidenschaft gezogen werden. Dementsprechend sind die Arbeitgeber beim Thema Zeugnis eher gewillt, eine wohlwollende als kritische Bewertung abzugeben. Ein Rechtsstreit soll nämlich vermieden werden. Verbindliche Grundsätze und Vorgehensweisen sind in der Praxis jedoch zumindest:

- **Zeugniswahrheit:** Der Zeugnisinhalt muss sich auf wahre Tatsachen stützen.[370]
- **Zeugnisklarheit (§ 109 Abs. 2 GewO)**: Das Zeugnis muss klar und verständlich formuliert sein und darf keine versteckten Botschaften enthalten.[371] Maßgeblich ist dabei der objektive Empfängerhorizont eines unbefangenen Arbeitgebers mit Berufs- und Branchenkenntnissen.[372]
- **Vollständigkeit:** Das Zeugnis muss ein vollständiges und möglichst objektives Bild über den Verlauf des Arbeitsverhältnisses vermitteln, sodass sich künftige Arbeitgeber ein klares Bild machen können. Nur Unwesentliches darf verschwiegen werden.[373]
- **Einheitlichkeit:** Das Zeugnis umfasst das gesamte Arbeitsverhältnis, nicht nur einzelne Zeitabschnitte oder Aufgaben. Im qualifizierten Zeugnis sind zwingend sowohl Leistung als auch Verhalten zu bewerten und aufzunehmen.[374]

---

369 Vgl. Wiebauer, RdA 2020, 283.
370 Vgl. BAG, Urteil vom 18.11.2014 – 9 AZR 584/13 = NZA 2015, 435.
371 Vgl. BAG, Urteil vom 12.8.2008 – 9 AZR 632/07 = NZA 2008, 1349.
372 Vgl. BAG, Urteil vom 15.11.2011 – 9 AZR 386/10 = NZA 2012, 448.
373 Vgl. BAG, Urteil vom 10.5.2005 – 9 AZR 261/04 = NZA 2005, 1237.
374 Vgl. LAG Hessen, Urteil vom 14.9.1984 – 13 Sa 64/84 = NZA 1985, 27.

→ Bei der Erstellung des Endzeugnisses ist der Arbeitgeber an den Inhalt des Zwischenzeugnisses gebunden, wenn zuvor eines ausgestellt wurde.

1. Arten

Das Zwischenzeugnis wird **während des Arbeitsverhältnisses** ausgestellt. Einen inhaltlichen Unterschied zum Endzeugnis gibt es nicht. Es wird nur auf Wunsch des Arbeitnehmers bei **berechtigtem Interesse** gestattet. Beispiele dafür sind: Stellenwechsel, Vorgesetztenwechsel, Insolvenz der Firma, für Bewerbungen, bei Betriebsübergang § 613a BGB.[375] 366

Das vorläufige Zeugnis wird ausgestellt, wenn eine **Kündigung noch bevorsteht,** um dem Arbeitnehmer dieses für Bewerbungen zur Verfügung zu stellen. Das Zeugnis wird bei Beendigung des Arbeitsverhältnisses gegen das Endzeugnis ausgetauscht. Der Arbeitnehmer kann aber während eines Kündigungsschutzprozesses entscheiden, ob er ein vorläufiges Zeugnis oder ein Endzeugnis erhalten möchte.[376] 367

Das Endzeugnis wird bei **Beendigung des Arbeitsverhältnisses ausgestellt**. Spätestens nach Ablauf der Kündigungsfrist hat der Arbeitnehmer einen Anspruch hierauf. Der Anspruch selbst entsteht jedoch, sobald die Kündigung vom Arbeitgeber ausgesprochen/ein Aufhebungsvertrag unterschrieben wurde. Es sind zwei Arten zu unterscheiden. Das **„einfache Zeugnis“** stellt lediglich die Art und Dauer des Arbeitsverhältnisses fest. Das **„qualifizierte Zeugnis“** beinhaltet hingegen auch die Leistung, das Verhalten und die Entwicklung des Arbeitnehmers. Der Arbeitgeber sollte innerhalb von 2 bis 3 Wochen nach dem Ende des Arbeitsverhältnisses das Zeugnis ausstellen, um Schadensersatzansprüche zu vermeiden. 368

375 Vgl. Wilcken / Rambach / Backer, 2018, S. 17, 18.
376 Vgl. Wilcken / Rambach / Backer, 2018, S. 15, 16.

#ARpraxis: Schadensersatzanspruch des Arbeitnehmers

369 Wenn der Arbeitnehmer das Zeugnis beim Arbeitgeber angemahnt hat und er bekommt eine Stelle auf Grund des fehlenden Zeugnisses nicht, besteht Schadensersatzanspruch gegenüber dem Arbeitgeber.[377]

2. Anspruch

370 Der Zeugnisanspruch muss grundsätzlich ausdrücklich geltend gemacht werden, insbesondere der Wunsch nach einem qualifizierten Zeugnis. Die Pflicht zur Zeugniserstellung ergibt sich aus § 106 GewO zunächst für abhängig Beschäftigte. Abzustellen ist hierbei auf das direkte Weisungsrecht des Arbeitgebers in Bezug auf Arbeitsinhalt, -ort und -zeit. Darüber hinaus fallen auch dauernde Dienstverhältnisse gem. § 630 BGB unter das Gebot der Zeugniserstellung nach Beendigung.[378]

371 Wird der Anspruch ordnungsgemäß erfüllt, erlischt er. **Andernfalls besteht er 3 Jahre.**[379] Dieser kann jedoch bereits früher verwirkt werden, da vom Arbeitgeber nicht verlangt werden kann, die Leistungen des Arbeitnehmers drei Jahre im Nachhinein zu beurteilen.

372 Demnach kann der Anspruch verloren werden durch:

- Zu langes Warten des Arbeitnehmers.
- Vorliegen von Umständen, durch die der Arbeitgeber annehmen darf, dass das Recht nicht mehr geltend gemacht wird.
- Forderungserfüllung ist dem Arbeitgeber nicht mehr zuzumuten.

373 Außerdem besteht die Möglichkeit der **Anspruchsverwirkung nach ca. 5–10 Monaten**, wenn der Arbeitnehmer seinen Zeugnisanspruch nicht direkt bei Kündigung geltend macht und der Arbeitgeber dann davon ausgehen kann, dass kein Interesse mehr an einem Zeugnis besteht.

---

377 Vgl. Wilcken / Rambach / Backer, 2018, S. 13 – 15.

378 Vgl. Grau / Watzka, 2016, S. 6.

379 Vgl. Grau / Watzka, 2016, S. 7

Arbeitnehmer, Arbeitnehmer mit Probezeit, Aushilfskräfte, GmbH-Geschäftsführer (solange kein Gesellschafter), **freie Mitarbeiter** (wenn **Dienstverhältnis** auf Dauer angelegt war und gewisse Zeit bestand), leitende Angestellte und Teilzeitbeschäftigte haben einen **Zeugnisanspruch**. Besonderheiten bestehen bei **Leiharbeitnehmer**. Diese haben einen Anspruch gegen den Verleiher, wobei der Entleiher im Rahmen seiner Aufsichts- und Fürsorgepflicht angemessen mitwirken muss.[380] Die schutzwürdige Gruppe der **Auszubildenden** ist auch bei der Zeugniserstellung besonders zu berücksichtigen. Gem. § 16 BBiG muss der Arbeitgeber auch „Art, Dauer und Ziel der Berufsausbildung“ sowie „erworbene beruflich Fertigkeiten, Kenntnisse und Fähigkeiten im Zeugnis aufnehmen.[381] 374

Beim Verfassen besteht der Anspruch des Arbeitnehmers auf eine wahrheitsgemäße Beurteilung und der Arbeitgeber darf das Zeugnis nicht zurückhalten. Es muss unverzüglich ausgestellt werden, wenn der Arbeitnehmer ein Zeugnis verlangt. Der Anspruch kann vor Gericht eingeklagt werden. 375

3. Formerfordernisse

Formerfordernisse[382] sind bei der Erstellung des Arbeitszeugnisses besonders streng zu verfolgen. Ihre Nichtbeachtung führt zu einem fehlerhaften Zeugnis. Damit hat der Arbeitnehmer einen Anspruch auf Korrektur bzw. Ausstellung eines neuen Exemplars. Im Einzelnen sind dies: 376

- **Ordentliche Form:**
  Das Zeugnis soll frei von Schreibfehlern, Verbesserungen, Durchstreichungen und Flecken sein. Auch Gänsefüßchen, **Ausruf- und Fragezeichen und Hervorhebungen sind unzulässig.** Ein Papier von guter Qualität und Haltbarkeit soll verwendet werden. Das

380 Vgl. Jung, 2011, S. 785 f.
381 Vgl. Grau / Watzka, 2016, S. 7.
382 Vgl. Wilcken / Rambach / Backer, 2018, S. 35, 36.

Zeugnis darf gefaltet werden. Der neue Arbeitgeber darf das Zeugnis auf Grund schlechter Form nicht zurückweisen.

#ARpraxis: Das gefaltete Zeugnis

377 Als verdeckter Hinweis geringer Wertschätzung bzw. Schludrigkeit durch den Arbeitnehmer wird oftmals ein gefaltetes Zeugnis verwendet. Auch wenn das Gesetz und die Rechtsprechung dies anerkennen, sieht dies in der Praxis – vor allem in Fach- und Führungspositionen – nicht entsprechend aus. Hier gilt es genau zu prüfen, ob das gefaltete Zeugnis nicht weitere Beschädigungen enthält. Diese sind dann zu dokumentieren und anschließend sollte ein Versand in einem Umschlag mit Papprückwand vereinbart werden. Bestenfalls wird dies bereits im Vorhinein besprochen und festgehalten.

- **Maschinelle Erstellung:**
  Ein handschriftliches Zeugnis ist nicht erlaubt. Die Verkehrssitte schreibt vor, dass eine ordnungsgemäße Erstellung nur dann gewährleistet ist, wenn das **Zeugnis mit einem Textprogramm am PC** geschrieben wurde. Bei älteren Zeugnissen ist das Schreiben mit Schreibmaschine gestattet. Allerdings muss das Zeugnis in **ausgedruckter und nicht in elektronischer Form** ausgestellt werden (§§ 630 BGB, 109 GewO).
- **Zeugnis auf Firmenpapier:**
  Wenn der Arbeitgeber für alle Korrespondenzen Firmenpapier benutzt, ist auch das Arbeitszeugnis auf diesem auszustellen.[383] Ein Blankopapier mit Firmenstempel würde den Anforderungen nicht genügen. Soll jedoch ein weißes Papier verwendet werden, so müssen Firmenbezeichnung, Anschrift und Rechtsform angegeben werden.
- **Branchenübliche Daten:**
  Werden in unterschiedlichen Branchen spezifische Fähigkeiten vorausgesetzt, sollten diese auch im Zeugnis erwähnt werden, um die Vollständigkeit des Zeugnisses zu gewährleisten. Ein Beispiel ist die Ehrlichkeit beim Beruf des Kassierers. Fehlt diese, ist davon aus-

383 Vgl. BAG, Urteil vom 3.3.1993 – 5 AZR 182/92 = DB 1993, 1624.

zugehen, dass die gewünschte Fähigkeit beim Arbeitnehmer nicht vorliegt.[384]

- **Die Unterschrift:**
  Der Arbeitgeber muss das Zeugnis handschriftlich unterschreiben. **Der Unterschreibende muss ranghöher sein als der Empfänger.**

4. Wertung

Um ein Zeugnis überprüfbar zu machen zu können, orientiert sich auch die Rechtsprechung an bestimmten Kriterien. Der Inhalt des Zeugnisses muss: 378

- **wahrheitsgemäß** sein,
- nach **sachlichen Maßstäben** ausgerichtet sein und
- eine **prüfbare Gesamtbewertung** des Mitarbeiters enthalten.

Eine Gesamtbeurteilung ist dann nicht gegeben, wenn für unterschiedliche Tätigkeitsbereiche bzw. Anforderungen dieselbe Note oder Formulierung genutzt wird. 379

Die Leistungsbewertung:

In der Praxis wird für die Leistungsbewertung ein **klassisches Schema mit 6-stufiger Notenskala** und dazugehörigen Textbausteinen genutzt. Die Rechtsprechung hat dies zu sieben Stufen ausgebaut, wobei die Stufe 3 als Zwischenstufe gilt. Die Note „sehr gut" ist eigentlich grammatikalisch dahingehend nicht korrekt, da das Wort „voll" eigentlich nicht noch gesteigert werden kann. Hier können alternative Formulierungen helfen.[385] 380

Der Arbeitnehmer hat im Zweifel einen Anspruch auf ein Zeugnis mit Note 3, hierbei trägt der Arbeitnehmer dann jedoch die Beweislast.[386] 381

384 Vgl. BAG, Urteil vom 20.2.2001 – 9 AZR 44/00 = NZA 2001, 843.
385 Vgl. Dahl / Düwell, NZA, 2011, 958.
386 Vgl. LAG Köln, Urteil vom 2.7.1999 – 11 Sa 255/99 = NZA-RR 2000, 235.

Die Verhaltensbeurteilung:

382 Hierrunter ist das zu bewertende Sozialverhalten des Arbeitnehmers zu verstehen. Hierbei wird vor allem auf folgende Kriterien eingegangen:

- Zusammenarbeit mit anderen Kollegen und Vorgesetzten
- Vertrauenswürdigkeit
- Arbeitsbereitschaft
- Eventuell Führungsleistung

383 Zusammengefasst werden die Eigenschaften des Arbeitnehmers und dessen Verhalten im Betrieb beurteilt. Zu dieser Beurteilung gehört auch das Werten von eventuellem Fehlverhalten. Da der Arbeitgeber jedoch **kein unwohlwollendes Zeugnis ausstellen darf**, sind die Beschreibungen von unterdurchschnittlichen Leistungen nur nach Beweisen des Arbeitgebers zulässig, dies wird jedoch in der Praxis durch fehlende Aussage zum entsprechenden Bereich im Zeugnis zum Ausdruck gebracht. Um die Verhaltensbeurteilung zu messen, gibt es auch hier eine Notenskala mit entsprechenden Textbausteinen, um das Verhalten eines Arbeitnehmers bewerten zu können.

384 Auch auf den Inhalt und die Formulierung von Arbeitszeugnissen wird in **§ 109 II GewO** eingegangen. Dort heißt es: „Das Zeugnis muss **klar und verständlich formuliert** sein. Es darf keine Merkmale oder Formulierungen enthalten, die den Zweck haben, eine andere als aus der äußeren Form oder aus dem Wortlaut ersichtliche Aussage über den Arbeitnehmer zu treffen."

385 Da das Zeugnis wahr und wohlwollend sein soll, wird oft nur noch das Positive formuliert und das Negative in einer Art „Geheimsprache" verschlüsselt. Durch Formulierungstechniken und Reihenfolgen werden direkte negative Aussagen vermieden, sind jedoch unterschwellig erkennbar.[387]

387 Vgl. Dahl / Düwell, NZA, 2011, 958, 959.

Formulierungstechniken:

Verschiedene Formulierungstechniken können dazu genutzt werden, Informationen innerhalb des Zeugnisses zu verbergen und nur kundigen Lesern weiterzugeben[388]: 386

Aussage	Bewertung
Genaue Arbeitsweise	Unterdurchschnittlich
Fähigkeit zu delegieren	Faul
Erfrischende Art	Keine Manieren
Sich für die Belange der Belegschaft einsetzen	Betriebsratsmitglied
Vertreter der eigenen Meinung	Kritikunfähig/Stur
Gründlich, fleißig und gewissenhaft	Kaum brauchbar
Galts als (zuverlässig)	War nicht zuverlässig
Selbstbewusst	Arrogant
Im Rahmen seiner Fähigkeiten eingesetzt	Äußerst schwache Leistung
Bemüht, den Anforderungen gerecht zu werden	Der Wille war da, mehr leider nicht
War immer mit Interesse bei der Sache	Hat sich angestrengt, nichts geleistet
Trug durch seine Geselligkeit zur Verbesserung des Arbeitsklimas bei	Übertriebener Alkoholkonsum

Tabelle 9: Formulierungstechniken im Zeugnis

Notensystem:

Auch das Notensystem folgt durch arbeitsrechtliche Entscheidungen einem eigenen Schema: 387

Formulierung	Note
stets zu unserer vollsten/größten/äußersten Zufriedenheit	1
stets zu unserer vollen Zufriedenheit	2
zu unserer vollen Zufriedenheit / stets zu unserer Zufriedenheit	3
zu unserer Zufriedenheit	4
Insgesamt/Im Großen und Ganzen zu unserer Zufriedenheit	5

Tabelle 10: Notensystem im Zeugnis

388 Vgl. https://arbeitszeugnis.haufe.de.

Reihenfolgetechnik:

388 Hier hat der Arbeitgeber die übliche Struktur des Zeugnisses aufgelöst. Durch das Ändern dieser standardisierten Reihenfolge (z. B. setzt er die Verhaltensbeurteilung vor die Leistungsbeurteilung) kann schon interpretiert werden, dass der Arbeitgeber den Arbeitnehmer persönlich mag, die Leistungen aber schwach einstuft.

Leerstellentechnik:

389 Bestimmte Punkte im Zeugnis verbleiben ohne Aussage des Arbeitgebers. Durch dieses „Schweigen" soll zum Ausdruck gebracht werden, dass eine negative Bewertung des Punktes gewollt, aber nicht wörtlich geschrieben wurde. Ein Beispiel hierfür wäre das Fehlen des Schlusssatzes um das Bedauern des Austritts des Arbeitnehmers.

5. Inhalt

390 Der Inhalt eines Zeugnisses unterteilt sich in den Bereich der **Tätigkeitsbeschreibung** und der **Leistungsbeschreibung.** Die Übergänge sind hierbei meist fließend. Ein ideales Verhältnis wäre 50:50, dies ist nicht übergenau zu deuten, ein starkes Missverhältnis soll jedoch unterbleiben.

391 In diesem ausformulierten Teil des Zeugnisses liegt großes Potential hinsichtlich dessen, dass sich der neue Arbeitgeber hieraus einen sehr breitgefächerten Eindruck vom Bewerber machen kann. Es sollen nicht nur die **Kernkompetenzen**, sondern auch die **berufliche positive Entwicklung** eingebracht werden. Unter anderem sollten folgenden Inhalte enthalten sein:

- Vollmachten o. Ä.: dies gibt Rückschlüsse auf die hierarchische Stellung im Betrieb.
- Beschreibung des Unternehmens/der Branche.
- Das Berufsbild und deren Beschreibung.
- Beschreibung des Aufgabengebiets und der Art der Tätigkeit mit beruflicher Entwicklung.

Tätigkeitsbeschreibung:

Die **Tätigkeiten,** die der Arbeitnehmer im Unternehmen ausgeführt hat, sollen **präzise und vollständig** beschrieben werden. Ein fachkundiger Dritter soll sich ein genaues Bild vom beruflichen Werdegang machen können. Die wichtigsten Tätigkeiten sollten zuerst genannt werden. Sollten unwichtigere Tätigkeiten mehr Bedeutung im Zeugnis erhalten, kann ein Dritter hieraus schließen, dass die wichtigeren Tätigkeiten nicht zur Zufriedenheit des Arbeitgebers ausgeführt wurden. Der berufliche Verlauf im Unternehmen sollte dargestellt werden, um die **Weiterbildungs- und Entwicklungsfähigkeit des Arbeitnehmers aufzuzeigen**. Tätigkeiten, in denen hohe Verantwortung getragen wurde, sollten hervorgehoben werden. 392

Leistungsbeschreibung:

Die **Leistungsbewertung** ist das Herzstück des Zeugnisses. Die Analyse und Bewertung dieses Teils können sehr schwierig sein. Die angewandte Zeugnissprache gilt als komplex und gibt einen **großen Interpretationsspielraum**. Die Leistungsbeurteilung muss immer in Kombination mit der Tätigkeitsbeschreibung gesehen werden und ergibt nur so ein **Gesamtbild.**[389] 393

Die „No-Go´s" im Arbeitszeugnis:

Eine Reihe von Informationen über den Arbeitnehmer sollten **nicht** in das Zeugnis aufgenommen werden. Ansonsten könnte gegen den Arbeitgeber ein Anspruch auf die Erstellung eines neuen Zeugnisses oder sogar Schadensersatzansprüche aufgrund eine Nichteinstellung drohen. Zu vermeiden sind daher[390]: 394

- Angaben zu Abmahnungen
- Außerdienstliches Verhalten, welches keine Auswirkung auf die Arbeit hatte
- Betriebsratszugehörigkeit
- Höhe des Entgelts

389 Vgl. Backer, 2018, S. 24, 25.
390 Vgl. Backer, 2018, S. 75, 76.

- Informationen über Alkoholgenuss
- Krankheitszeiten
- Kündigungsgründe (außer wenn vom Arbeitnehmer ausdrücklich verlangt)
- Mitgliedschaft in einer Partei oder Gewerkschaft
- Nebentätigkeiten
- Schwerbehinderung
- Straftaten, Verdacht auf Straftaten sowie Straftaten ohne Zusammenhang mit dem Arbeitsverhältnis (Straftaten mit Bezug zum Arbeitsverhältnis müssen allerdings angegeben werden, z. B. Diebstahl, Untreue oder Unterschlagung)
- Tatsächliche Unterbrechungen (Elternzeit, Krankheit, Urlaub, etc.)

395 Außerdem darf sich der neue Arbeitgeber nur diejenigen Informationen beim ehemaligen Arbeitgeber einholen, die über die Informationen des Arbeitszeugnisses nicht hinaus gehen.

396 Der **Betriebsrat** hat bei der Erstellung und dem Inhalt von Arbeitszeugnissen **kein Mitbestimmungsrecht**. Bei der **Aufstellung von allgemeinen Grundsätzen** zur Abfassung kann er aber mitbestimmen.

6. Zwischenzeugnis

397 Anders als beim Anspruch auf ein Endzeugnis aus § 109 GewO bzw. § 630 BGB, ergibt sich dieser aus der **Fürsorgepflicht des Arbeitgebers**. Bei vielen Arbeitsverträgen ist das Recht auf das Zwischenzeugnis mit Verweis auf den **Tarifvertrag** geregelt. Dort sind meist geeignete Zeitabstände bzgl. der Branche festgelegt. Hier sollte der Arbeitnehmer mit Verweis auf den Tarifvertrag entsprechend Anspruch nehmen. **Arbeitnehmerähnliche** Personen haben nur einen Anspruch auf ein Zwischenzeugnis, wenn dem Arbeitsverhältnis vergleichbare Fürsorgepflichten des Arbeitgebers bestehen. Während eines **Kündigungsschutzprozesses** steht dem Arbeitnehmer ein Wahlrecht bzgl. Zwischen- oder Endzeugnis zu.[391]

391 Vgl. Müller-Glöge, in: Erfurter Kommentar zum Arbeitsrecht, GewO § 109, Rn. 50 Mitte.

Der Arbeitnehmer kann in einem unbefristeten Arbeitsverhältnis ein Zwischenzeugnis verlangen. Allerdings müssen hierfür Gründe vorliegen. Die Hürde ist das **berechtigte Interesse oder ein triftiger Grund (§ 35 Abs. 2 TVöD)** des Arbeitnehmers. Folgende Ereignisse sprechen für ein berechtigtes Interesse: 398

- Aussichtstellung Kündigung (Betriebseinschränkung, Absatzrückgang)
- Bei Führungskräften im Falle einer Umwandlung, Fusion oder Inhaberwechsel
- Versetzungen im Betrieb
- Vorlage des Zwischenzeugnisses für Fortbildungskurse/Bewerbung für Hochschulen
- Wechsel des zuständigen Vorgesetzten

Ein triftiger Grund ist gegeben, wenn der Wunsch des Arbeitnehmers bei verständiger Betrachtungsweise berechtigt erscheint. Hierbei ist der Maßstab nicht hoch anzusetzen. Folgende Beispiele sind ein triftiger Grund[392]: 399

- Beendigungsrechtsstreit
- Bevorstehende persönliche Veränderungen des Arbeitnehmers
- Bewerbung um eine neue Stelle
- Insolvenz
- Stellen eines Kreditantrags
- Strukturelle Veränderungen im Betrieb
- Vorlage bei Behörden und Gerichten

Für das Zwischenzeugnis gelten im Übrigen die gleichen Grundsätze wie für das das Endzeugnis. Sofern der Arbeitnehmer ein verbessertes Endzeugnis verlangt, trägt er die Darlegungs- und Beweislast.[393] 400

392 Ebenda.
393 Vgl. Henssler/MüKo, § 630, Rn. 21.

7. Die häufigsten Zeugnismängel

401 Arbeitszeugnisse unterliegen einer hohen Fehlerquote. Die Ursachen hierfür sind vielfältig.

402 Entscheidend kann bereits sein, wer, wann und in welchem Unternehmen/welcher Abteilung das Zeugnis erstellt wird. Das Spektrum der Zeugnisaussteller reicht von Spezialisten bis zu Personen, die noch nie ein Arbeitszeugnis erstellt haben oder sich mit der Materie nicht auseinandersetzen möchten. Auch Trainings bzw. Fortbildungen zu Arbeitszeugnissen finden selten statt, da sie scheinbar keinen Mehrwert bringen. Dabei sollte zu einem ordnungsgemäßen **Ausscheidungsprozess** auch die Übergabe eines zumindest formal korrekten Zeugnisses gehören. Oftmals findet die **Mängel auch bewusst Einklang**, um eine geringe Wertschätzung dem ehemaligen Arbeitnehmer entgegenzubringen.

403 Obwohl bereits eine detaillierte Auflistung der verschieden Zeugnisinhalte sowie vom Zeugnisinhalt gegeben wurde, sollen im Folgenden zusammenfassend die häufigsten Zeugnismängel wiedergegeben werden. Ist der Text nämlich erst einmal zu Papier gebracht, scheuen die meisten Zeugnisaussteller den Konflikt mit dem Arbeitnehmer und verweisen auf das bereits unterschriebene Zeugnis.

#ARpraxis: Zwischenzeugnis

404 Zunächst ist elementar, dass in einem bestimmten Rhythmus das **Zwischenzeugnis** eingefordert wird. Sofern ein Unternehmenswechsel bevorsteht, sollte ein **Zeugnisvorschlag** angefragt werden. Die meisten Unternehmen/Aussteller sind über die Arbeitserleichterung erfreut. Außerdem kann so einem Konflikt frühzeitig entgegengetreten werden.

1. **Einholen eines Zwischenzeugnisses:**
   Der häufigste Fehler geschieht nicht bei der Erstellung des Zeugnisses, sondern bereits davor. Ein Zwischenzeugnis steht dem Arbeitnehmer zwar zu, wenn ein berechtigtes Interesse oder ein triftiger Grund vorliegt. Aufgrund von fehlendem Austausch, fehlenden Absprachen bzgl. Erstellung (Zeitraum) oder weil Arbeitnehmer sich schlichtweg nicht trauen, danach zur fragen.

2. **Angaben fehlen: Beredtes Schweigen**
Ein Zeugnis folgt einer klaren Struktur und muss entsprechende Angaben enthalten. Sofern bestimmte Angaben fehlen, wird in der Personalwirtschaft häufig von „beredtem" Schweigen gesprochen. Dies ist vor Gericht meist nicht nachweisbar und kann entsprechend einfach korrigiert werden.
Soweit für eine Berufsgruppe oder in einer Branche der allgemeine Brauch besteht, bestimmte Leistungen oder Eigenschaften des Arbeitnehmers im Zeugnis zu erwähnen, darf man diese nicht Verschweigen (z. B. Belastbarkeit bei einem Account Manager/Vertrieb oder die Kreativität bei einem Designer).

3. **Lob unglaubwürdig: Gefälligkeitszeugnis**
Ein mit Lob durchzogenes Zeugnis sollte mit konkreten Beispielen und Fakten – spätestens beim nächsten Vorstellungsgespräch – untermauert werden. Daneben sollte bei sehr guten Zeugnissen die persönliche Note nicht fehlen. Es macht einen großen Unterschied, ob ein sehr gutes Zeugnis distanziert oder mit Würdigung und Wertschätzung geschrieben wurde. Personaler sind vor allem bei Insolvenzen und betriebsbedingten Kündigungen skeptisch. Die ehemaligen Arbeitgeber haben dabei schlichtweg keine Zeit oder die Gefälligkeitszeugnisse sind dann vertraglich vereinbart. Meist ist dies auch bei Kündigungen der Fall, in denen der Arbeitnehmer Klage einreicht und zumindest ein sehr gutes Zeugnis aushandeln kann.

4. **Eigenentwurf**
Wie bereits beim Gefälligkeitszeugnis möchten Arbeitgeber ein Ausscheiden meist konfliktfrei beenden. Hierzu eignet sich das Instrument Eigenentwurf hervorragend. Auf folgende Fallstricke ist allerdings zu achten:
   - Ausgeglichenes Verhältnis von Wahrheit zu Wohlwollen
   - Keine unglaubwürdigen Wertungen
   - Layout des Arbeitgebers verwenden
   - Unterschrift vor den Namen verlangen (danach bedeutet Distanzierung)

5. **Interpretationsmöglichkeiten**
Genauso wie die Arbeitsgesetze vor Gericht unterschiedlich ausgelegt werden, so gibt es unter Personalern, Arbeitsgerichten, Arbeitnehmern und Arbeitgebern weitreichende Interpretationsmöglichkeiten hinsichtlich der Zeugnissprache. Bei der Formulierung ist daher auch darauf zu achten, wie potenzielle neue Arbeitgeber bzw. Leser die Formulierungen verstehen könnten.

6. **Formfehler**
Ein Zeugnis sollte aus folgendem Aufbau bestehen:
- Einleitung
- Werdegang
- Stellenbeschreibung
- Leistungs- und Verhaltensteil
- Beendigungsformel
  Ist kein roter Faden sowie eine sachliche und vor allem wertungsfreie Sprache gegeben, erkennen Personaler sofort geringste Abweichungen.

7. **Widersprüche und Floskeln**
Eine beliebte Form der Negativdarstellung sind versteckte Widersprüche. Diese sind ebenfalls nur für Experten bestimmt und können daher erheblichen Schaden anrichten. Beispiele hierfür sind:
- Doppelte Verneinungen
- Einschränkende Aussagen
- Doppeldeutige Sätze
- Eine Note 1 („vollste Zufriedenheit“, aber gleichzeitig wird Dankes- und Bedauernsformel am Ende „vergessen“

8. **Stil- und Rechtschreibfehler**
Unbedingt zu reklamieren sind Rechtschreibfehler. Hierauf ist bei der Korrektur besonders zu achten. Personaler deuten ein wiederholtes Vorkommen als versteckten Hinweis, dass der Arbeitnehmer selbst schludrig war. Besonders ist auf das Personalpronomen zu achten. Werden diese groß geschrieben, obwohl es sich nicht um eine Anrede handelt („Alle Aufgaben erledigte Sie …“, „Dabei umfasste Ihr Aufgabengebiet …“). Auch ein nicht durchgängig eingehaltener Blocksatz entwertet ein Zeugnis.

9. **Versteckte Kritik**
Für den Laien schwer erkennbar, gibt es bestimmte Techniken und Formulierungen die unter den Arbeitgebern bzw. Personalern als Verschlüsselung verwendet werden. Hierbei liegt ein besonderes Augenmerk auf:
   - **Ausweichtechnik** (Selbstverständliches und Unwichtiges wird hervorgehoben, z. B. wird bei einem Abteilungsleiter die *Pünktlichkeit* hervorgehoben)
   - **Negationstechnik** (Doppelte Verneinungen sind im Zeugnis negativ, z. B. „nicht unwahrscheinlich" oder „keinen Anlass zu Beanstandungen")
   - **Passivierungstechnik** (Die Aussagen sollten aktiv beschrieben werden. Passive Aussagen, wie „ihr übertragene Aufgaben führte sie zielstrebig aus" sollten vermieden werden

10. **Geringe Wertschätzung**
Um diesen Punkt wird vor Gericht häufig gestritten. Hierbei ist es schwierig, den Arbeitgeber bzw. die Unterzeichner zu konkreten Aussagen zu zwingen. In einem Eigenentwurf ist daher unbedingt auf folgende Punkte zu achten:
    - Konkrete Beispiele für die Note „gut" oder „sehr gut" benennen. Fehlen diese, wirkt das Zeugnis unglaubwürdig.
    - Unterzeichner ist der Vorgesetzte oder Geschäftsführer. Sofern jemand anderes unterschreibt, wird dies als geringe Wertschätzung interpretiert.

11. **Nachlässiger Bewerber (keine Mängelbeseitigung)**
Hierbei ist höchste Vorsicht und Sorgfalt geboten! Die oben genannten Fehler können absichtlich oder unabsichtlich passieren, in keinem Fall dürfen sie in das Endzeugnis. Auch wenn ein Gerichtsstreit nerven- und zeitaufwendig ist (kostspielig ist er bei einer Zeugnisbeanstandung noch nicht), muss dieser als letztes Druckmittel Bestand haben. Hierbei sind alle Fehler anzuzeigen und es ist explizit eine Neufassung zu verlangen. Bereits nach **acht** Monaten ist nach gültiger Rechtsprechung dem Arbeitgeber nicht mehr zuzumuten, sich mit dem Sachverhalt auseinanderzusetzen.

8. Die häufigsten Irrtürmer

405 Im Recht und besonders im Arbeitsrecht gibt es viele Mythen und Irrtümer. Eine Auswahl ergeben die Irrtümer 1–5[394]:

Irrtum Nr. 1: Abteilungsleiter schreiben schlechtere Zeugnisse als die Personalabteilung.
In der Regel kennt der Abteilungsleiter den Arbeitnehmer besser und kann ein authentischeres Zeugnis verfassen.
Irrtum Nr. 2: Zeugnisse sind klar und eindeutig.
Aufgrund der unterschiedlichen Schreib- und Interpretationsmöglichkeiten eines jeden Einzelnen, sind pauschale Bewertungsmuster oftmals schwierig.
Irrtum Nr. 3: Tätigkeitsbeschreibung ist das Wichtigste
Oftmals ist die Leistungsbewertung für zukünftige Arbeitgeber elementarer.
Irrtum Nr. 4: Gute Zeugnisse sichern die Karriere.
Sie schaden auf alle Fälle nicht, aber es gibt noch weitaus mehr Aspekte zu betrachten (persönliche Eindruck, Netzwerk, etc.).
Irrtum Nr. 5: Kein Zeugnis soll länger als zwei Seiten sein.
Wer viel zu sagen hat, kann gerne mehr schreiben. Es drückt sogar die Wertschätzung des Arbeitgebers aus, dass er sich die Zeit nimmt und die Mühe macht (bei positiven Zeugnissen).

9. Deutschland im europäischen Vergleich

406 Ein europäisches Arbeitsrecht ist noch nicht vorhanden und aufgrund der unterschiedlichen Historie sowie Gesetzeslagen und Gepflogenheiten derzeit auch nicht absehbar. Die deutsche Fokussierung auf Arbeitszeugnisse ist im europäischen Vergleich die Ausnahme, denn die Regel. Außer in Österreich und den Niederlanden liegt der Fokus der Arbeitgeber auf persönlichen Referenzen sowie der konkreten Beschreibung / dem konkreten Nachweis von Erfolgen.

---

394 Vgl. Knobbe/Leis/Umnuß, 2013, S. 10 – 15.

Land	**Art des Arbeitsnachweises**	**Bedeutung**
Frankreich	– „Certificat de traivail“: L 122-16 Code du travail – Ausstellung am Beschäftigungsende – **Beschränkung** auf Angaben zur Art und Dauer der Tätigkeit	– Zeugnisse = unüblich bei Bewerbung – Zertifikate wird zu Vorstellungsgespräch mitgenommen
Italien	– „Certificato di lavoro“: Art. 2246 Code Civil – **Beschränkung** auf Angaben zur Art und Dauer der Tätigkeit – Inhalt häufig zwischen Arbeitnehmer und Arbeitgeber abgesprochen	– Spielt bei der Vorauswahl keine Rolle – **Empfehlungsschreiben** haben größeren Stellenwert
Österreich	– Dienstzeugnis: § 1163 ABGB – Schriftliches Zeugnis über Art und Dauer bei Beendigung – Formulierungen, die das berufliche Weiterkommen erschweren, sind unzulässig	– **Vergleichbar** mit dem **einfachen Zeugnis** in Deutschland – Lediglich Formalia – **Gerichtsprozesse sind sehr selten**
Polen	– Arbeitszeugnis: Art. 97 polnisches Arbeitsgesetzbuch – Ausstellung am Ende des Arbeitsverhältnisses	– Dient eher zur **Festlegung gesetzlicher Ansprüche** als zur Bewerberauswahl
Schweiz/Lichtenstein	– Gesetzlicher Anspruch auf ein **qualifiziertes Zeugnis**: Art. 330 a OR – Aufbau/Inhalt = ähnlich wie in Deutschland	– **Hohe Qualität der Arbeitszeugnisse** – Ähnliche Bedeutung wie in Deutschland – Jährlich = tausende Klagen
Spanien	– „Certificado de trabajo“: Art. 80 LCT – Nur als Bescheinigung für bei Praktika oder Studierenden üblich	– Nicht Teil der Bewerbungsunterlagen – **Referenzschreiben** spielen oft größere Rolle

Tschechien	– Unterscheidung zwischen Arbeitsbescheinigung (wie in Deutschland) und **Arbeitsgutachten** – Arbeitsgutachten: § 314 Gesetz Nr. 262/2006, Arbeitsgesetzbuch – Umfang und Inhalt nicht genau definiert	– Durch **fehlende Einheitlichkeit** kann das Arbeitsgutachten kaum als Vergleichsinstrument bei der Personalauswahl dienen

Tabelle 11: Bedeutung des Arbeitszeugnisses im europäischen Vergleich mit gesetzlicher Basis[395]

10. Musterzeugnis

407 „ZEUGNIS

Herr Dipl. Kfm. Gunnar Lindemann, geboren am 22.01.1977 in Schladern/Sieg, war vom 01.04.2010 bis zum 30.10.2013 in unserem Unternehmen als Leiter des Bereichs Personal und Organisation tätig.

Herrn Lindemann unterstanden die Abteilungen Personal- und Sozialwesen, Organisation, IT und allgemeine Verwaltung mit insgesamt ca. 100 Mitarbeitern. In seiner Position berichtete er direkt an die Geschäftsführung.

Im Einzelnen erbrachte Herr Lindemann folgende Leistungen und Erfolge:

- Strategische und operative Leitung des Bereichs,
- Organisatorische Neustrukturierung und Ausrichtung des Unternehmens auf veränderte, liberalisierte Marktbedingungen,
- Als Mitglied des Steering-Committees Einführung SAP R/3 in allen Bereichen des Unternehmens,
- Einsourcing der DV-Verantwortung ins Unternehmen, nachdem zunächst ein externer IT-Dienstleister mit dieser Aufgabe betraut war,

395 Aus: Grau / Watzka, 2016, S. 16, 17; Alle anderen europäischen Staaten haben meist keine gesetzliche Grundlage. Hier sind Gebräuche aus der Historie heraus gewachsen. Meist spielen „Referenzen“ und persönliche Empfehlungen eine größere Rolle. Es gibt dadurch deutlich weniger Gerichtsprozesse.

- Umzug der Unternehmensgruppe in ein neues Produktionsgebäude,
- Schaffung eines neuen AT-Vergütungssystems mit Zielvereinbarung und Bonussystem.

Herr Lindemann verfügt über ein hervorragendes Fachwissen, auch in den Details seines umfangreichen Aufgabengebiets. Seine Arbeitsweise war geprägt von hoher Zuverlässigkeit, Flexibilität und Selbstständigkeit. Er war stets hochmotiviert, zielorientiert, sehr belastbar und äußerst verantwortungsbewusst.

Seine fundierten Projektmanagementtechniken kombinierte er mit vorbildlicher Tatkraft und Dynamik, so dass er neue Prozesse sehr schnell implementierte und alle Projekte zu einem erfolgreichen Abschluss führte. Präsentationen und Verhandlungen führte Herr Lindemann stets mit rhetorischem wie analytischem Geschick. Er war ein aktiver, innovativer und kreativer Problemlöser, der jederzeit die Umsetzung aller Maßnahmen vorantrieb und eine hohe Ergebnisorientierung zeigte.

Wir haben Herrn Lindemann als freundlichen und zugänglichen Menschen erlebt, der seine Mitarbeiter zu gleichbleibend hohen Leistungen motivierte. Er pflegte eine Atmosphäre der offenen Kommunikation und war innerhalb wie auch außerhalb des Unternehmens ein allseits beliebter und häufig frequentierter Ansprechpartner. Er wurde von seinen Mitarbeitern und den Projektpartnern gleichermaßen anerkannt.

Wir waren mit Herrn Lindemanns Leistungen stets zufrieden.

Sein Verhalten gegenüber Vorgesetzten, Kollegen und dritten Personen war stets einwandfrei. Seine Zusammenarbeit mit der Geschäftsführung war von gegenseitigem Vertrauen geprägt.

Herr Lindemann verlässt uns auf eigenen Wunsch, um sich neuen Herausforderungen zu stellen. Wir bedauern dies außerordentlich, weil wir mit ihm einen wertvollen Mitarbeiter verlieren, bedanken uns bei ihm für seine Dienste und wünschen ihm für seine Zukunft alles Gute sowie weiterhin viel Erfolg.

Wiesbaden, 30.10.2013, Bernhard Paul
Mitglied der Geschäftsführung“[396]

396 Aus: Knobbe/Leis/Umnuß, 2013, S. 221, 222; mit weiteren sehr guten und zahlreichen Vorlagen auf deutsch und englisch.

11. Verhandlung 6

#ARVerhandlung: Das ehrliche Arbeitszeugnis

408 Die **Unternehmerin (UN)** ist stets darauf bedacht, ihre Mitarbeiter (MA) ordnungsgemäß zu beurteilen. Sie schreckt dabei auch nicht davor zurück in Bezug auf die Zeugnissprache eine 4 oder 5 zu verteilen. Im Kollegium und bei ehemaligen MA herrscht jedoch Unmut, da es in ihrer Branche üblich ist, ausschließlich Zeugnisse mit den Noten 1 – 3 zu vergeben. Zunächst wenden diese sich an den Betriebsrat, der aber eher auf der Seite der **U** steht.

Auch dem **MA 1**, den alle nur „Master of Desaster" nennen, gibt sie eine „4". **MA 1** hat allerdings alle seine Aufgaben vorschriftsmäßig – sozusagen „Dienst nach Vorschrift" – erledigt. Er war nie unpünktlich oder krank. Sein Kollegium schätzte ihn. Lediglich **UN** kam mit ihm nicht zurecht, da er ihr zu langsam sei. Sie war froh, als er von sich aus eine neue Arbeitsstelle gefunden hat. Sie hat ihre Benotung nicht weiter begründet.

- Kann **MA 1** ein neues Arbeitszeugnis verlangen?
- Wie ist die Situation personalpolitisch einzuordnen – sollte/muss sich **UN** an der Branche orientieren?

Aus: BAG, Urteil vom 18.11.2014 – 9 AZR 584/13

12. Fragen zum Kapitel

1. Gibt es einen Anspruch auf ein Endzeugnis und wo ist dieser geregelt?
2. Welche Arten von Zeugnissen gibt es?
3. Welche Formerfordernisse sind bei der Erstellung eines Zeugnisses zu beachten?
4. Auf welche Kriterien sind bei einem Zeugnis elementar?
5. Welche „No-go's" gibt es im Arbeitszeugnis?
6. Welche Rolle spielt der Betriebsrat bei der Erstellung eines Zeugnisses?
7. Wann kann ein Zwischenzeugnis verlangt werden?

8. Benennen Sie die 5 häufigsten Fehler bei der Erstellung eines Zeugnisses?
9. Welche Schritte könnten Sie unternehmen, wenn Sie eines oder mehrere dieser Fehler in Ihrem Endzeugnis erkennen?
10. Welche Abschnitte in einem Zeugnis sind besonders wichtig?

13. Literatur

https://arbeitszeugnis.haufe.de.

Backer, Anne, Arbeitszeugnisse – Entschlüsseln und mitgestalten, 8. Auflage, 2018.

BAG, Urteil vom 3.3.1993 – 5 AZR 182/92 = DB 1993, 1624.

BAG, Urteil vom 20.2.2001 – 9 AZR 44/00 = NZA 2001, 843.

BAG, Urteil vom 10.5.2005 – 9 AZR 261/04 = NZA 2005, 1237.

BAG, Urteil vom 12.8.2008 – 9 AZR 632/07 = NZA 2008, 1349.

BAG, Urteil vom 15.11.2011 – 9 AZR 386/10 = NZA 2012, 448.

BAG, Urteil vom 18.11.2014 – 9 AZR 584/13 = NZA 2015, 435.

Dahl / Düwell, Die Leistungs- und Verhaltensbeurteilung im Arbeitszeugnis, NZA, 2011, 958.

Erfurter Kommentar zum Arbeitsrecht, 21. Auflage 2020.

Steffi Grau, Klaus Watzka, Arbeitszeugnisse in Deutschland, Kritische Analysen zu ihrer Erstellung und Nutzung in der Personalauswahl, 2016, Wiesbaden.

Dr. Thorsten Knobbe, Dr. Mario Leis, Dr. Karsten Umnuß, Arbeitszeugnisse für Führungskräfte – Mit Mustervorlagen und Textbausteinen, 6. Auflage, 2013, Freiburg/München.

LAG Hessen, Urteil vom 14.9.1984 – 13 Sa 64/84 = NZA 1985, 27.

LAG Köln, Urteil vom 2.7.1999 – 11 Sa 255/99 = NZA-RR 2000, 235.

Münchener Kommentar zum BGB, § 630 Pflicht zur Zeugniserteilung, 8. Auflage 2020

Wiebauer: Formulierung des Arbeitszeugnisses durch Vergleich, RdA 2020, 283.

Stephan Wilcken, Peter H.M. Rambach, Anne Backer, Praxishandbuch Arbeitszeugnisse Rechtssichere Grundlagen und Musterzeugnisse, 1. Auflage, 2018, Freiburg/München/Stuttgart.

VII. Mediation im Arbeitsrecht

1. Einordnung

„Schlichten ist meist besser als richten!“[397]

Bedingt durch das „Gesetz zur Förderung der Mediation und anderer Verfahren der außergerichtlichen Konfliktbeilegung“ (vom 21. Juli 2012) sollen vor allem Arbeitsgerichte ein noch stärkeres Augenmerk auf die Mediation legen. Die meisten Arbeitsrichter sehen ihren Beruf ohnehin mehr als Mediator denn als Richter. Bereits vor dem ersten Gerichtstermin, dem **Gütetermin**, einigen sich viele Parteien. Der Gütetermin selbst hat bereits mediatorische Ansätze. Der mögliche darauffolgende Güterichtertermin wird in der Praxis noch eher selten angewendet, obwohl gerade im Arbeitsrecht die Voraussetzungen für eine Mediation optimal gegeben sind. Einige **Kritikpunkte am eigentlichen Gerichtsverfahren** verfestigen den Ruf nach einem alternativen Streitbeilegungsverfahren: 409

- Begrenzter Einfluss auf die Entscheidung -> **Macht des Richters.**
- Gerichtsverfahren endet mit **Gewinner und Verlierer.**
- **Konflikte** werden lediglich aus der **Vergangenheit** einbezogen.
- **Konfliktlösung** findet nur auf **rechtlicher Ebene** statt.
- **Kosten** des Verfahrens (Zeit, Strapazen der Parteien, Geld).
- **Öffentlichkeit** des Verfahrens.
- Strikte **gesetzliche Vorgaben** begrenzen den Streitgegenstand.
- Verfahren ist von **langer Dauer** geprägt.
- Verfahren **stört das persönliche, berufliche oder geschäftliche Verhältnis.**

---

397 Allgemeines Zitat.

410 In den meisten Fällen kommt es erst gar nicht zu diesen Kritikpunkten, da bereits **ca. 50 %**[398] der Streitfälle durch **Vergleich im Gütetermin** enden. Die Verhandlungen, die dann noch ausgehandelt werden, haben oftmals einen komplizierten Sachverhalt als Grundlage. Der häufigste Verfahrensgegenstand ist die Kündigung. Dabei steht meist die Sache an sich – der Kündigungsgrund – nicht im Vordergrund. Der **Verlust des Vertrauens, gegenseitige Verletzungen, Enttäuschung** auf Seiten des Arbeitgebers und Ängste auf Seiten des Arbeitnehmers sind dabei der Regelfall, denn die Ausnahme.

411 Diese Befindlichkeiten zusammenzubringen, fair auseinanderzudividieren und zu einem gerechten Urteil zu gelangen, ist eine große Herausforderung. Die **Mediation** kann eine besondere **Hilfestellung bieten.** Hierfür bedarf es allerdings einer noch stärkeren Ausbildung auf diesem Themenfeld, mehr Zeit und vor allem einem höheren Verständnis der streitenden Parteien für eine Streitbeilegung durch Mediation. Mithilfe der zwei folgenden Abbildungen soll verdeutlicht werden, welches Ausmaß „Kündigungen" in der Praxis einnehmen. Jede der mehr als 120 Tsd. Klagen ist dabei ein Einzelfall, auf welches spezifisch eingegangen werden sollte. Der Faktor **„Zeit"** bringt deutlich zum Vorschein, warum noch immer so viele Parteien diese Form vernachlässigen. Obwohl alle Parteien ein gewisses Maß an Verständnis durch ihre Ausbildung mitbringen sollten, herrscht immer noch große Unwissenheit und Unbehaglichkeit in Bezug auf das Thema Mediation in deutschen Gerichtssälen.

Art des Verfahrens Einleitungsart Verfahrensgegenstand Erledigungsart	**Zahlen, Daten, Fakten**
1 Erledigte Verfahren insgesamt	**320.384**
Einleitungsart Die erledigten Verfahren wurden eingereicht durch:	
6 Arbeitnehmer oder Gewerkschaften	311.643
7 Arbeitgeber oder Arbeitgeberverbände	2.468
8 Land (§ 25 HAG und § 14 MindArbG)	27
9 Gemeinsame Einrichtung der Tarifvertragsparteien	6.246
Erledigungsart Die erledigten Verfahren wurden beendet durch:	

398 Siehe Tabelle 11.

23 Streitiges Urteil (einschl. Vorbehaltsurteil	23.686
24 Gerichtlicher Vergleich	**206.648**
25 Versäumnis-/ Anerkenntnis-/ Verzichtsurteil	21.430
26 Beschluss über Arrest oder einstweilige Verfügung	248
27 Beschluss gemäß § 91a ZPO	610
28 Beschluss zur vorläufigen Kontenpfändung nach der VO (EU) Nummer 655/2014	-
29 Rücknahme der Klage oder des Antrags	41.012
30 sonstige Erledigungsart	26.750

Tabelle 12: Vor dem Arbeitsgericht 2019 erledigte Urteilsverfahren[399]

#ARpraxis: Homeoffice und Kommunikation

Während der COVID-19-Pandemie ist ein deutlicher Anstieg von Homeoffice zu verzeichnen. Der bereits vorhandene Trend wurde damit nochmal katalysiert. Damit einher gehen aber folgende Aspekte: 412

- Austausch fällt schwieriger = Meinungen können nicht direkt besprochen werden.
- Eindringen des Arbeitgebers in den Machtbereich des Arbeitnehmers **(Datenschutz).**

399 **Statistisches Bundesamt: Rechtspflege - Arbeitsgerichte - 2019, Fachserie 10, Reihe 2.8, S. 22**

2. Entwicklung der Mediation

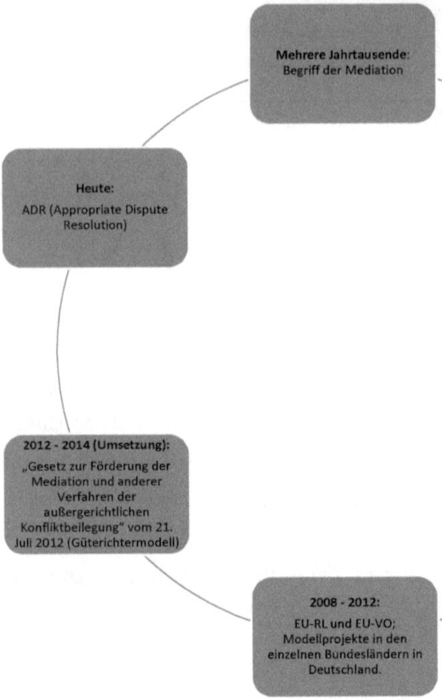

Abbildung 17: Entwicklung der Mediation[400]

413 Die „Mediation" ist bereits seit Jahrtausenden bekannt. Der Begriff stammt aus dem Lateinischen und bedeutet „Vermittlung".[401] Vor 1950 war die Gleichstellung der Parteien allerdings nicht üblich und die reine Vermittlung stand im Vordergrund. Heutzutage werden die Konfliktbeilegung und die Herbeiführung einer **Win-Win-Situation** als elementar angesehen. Einen so **klar strukturierten Prozess**, wie wir ihn heute kennen, gab es ebenfalls nicht. Im deutschen Sprachraum war das Wort Mediation wenig gebräuchlich, sondern wurde nach und

400 Eigene Darstellung.

401 Vgl. Haft/v. Schlieffen/*Hehn* S. 77, 80 Rn. 5 ff.; Römermann/Paulus*Dendorfer* S. 261, 263 mwN.

nach aus dem Englischen adaptiert. Abzugrenzen ist dieser Begriff von der Vermittlung, Intervention und Konfliktberatung.

414 Aufgrund von langen Verfahrensdauern, der freien Wahl von Richtern und unzureichenden Fachkenntnissen bei Spezialverfahren nahm **Ende der 60er/Anfang der 70er Jahre** die Kritik an staatlichen Gerichtsverfahren in den USA konstant zu. Unter diesen Umständen entwickelte sich die **ADR-Bewegung (Alternative Dispute Resolution)**. Die 1976 abgehaltene Conference on the Causes of Popular Dissatisfaction with the Administration of Justice (sog. Pound Conference) in Saint Paul, Minnesota, war die Geburtsstunde der **modernen Mediation, Schiedsgerichtbarkeit und Schlichtungsverfahren**. Akademiker, Gerichtsmitarbeiter und Anwälte taten sich zusammen, um neue Wegen der Streitbeilegung zu definieren.

415 Als ein fester **Bestandteil des Gerichtsprozesses** etablierte sich in den 90er Jahren Mediation in Australien, Großbritannien und den USA. In Europa und vor allem Deutschland hingegen wurde die Mediation als seltene Option angesehen. Erst seit 2002 kamen überhaupt erste Strategien auf, die Mediation in das gerichtliche Verfahrenssystem zu implementieren. Parallel wurde auf verschiedenen Ebenen daran gearbeitet. Ausgangslage für die Schaffung des **deutschen Mediationsgesetzes war die EU-Mediationsrichtlinie** vom 20. Mai **2008**[402]. In dieser Zeit entwickelten verschiedenen Bundesländer – noch ohne gesetzliche Grundlage – erste **Modellprojekte** zur gerichtsinternen Mediation (Richtermediation) in den verschiedenen Gerichtszweigen. Während der ursprüngliche Gesetzesentwurf des „Gesetzes zur Förderung der Mediation und anderer Verfahren der außergerichtlichen Konfliktbeilegung“ noch die gerichtsinterne Mediation vorsah, griff der Rechtsausschuss das in Bayern erprobte **sog. Güterichtermodell** auf.

416 Daneben hat die EU mit der Richtlinie über alternative Streitbeilegung in Verbraucherangelegenheiten (Richtlinie 2013/11/EU (ADR-Richtlinie)) eine EU-Rechtsvorschrift über die **alternative Streitbeilegung (AS)** zwischen Verbrauchern und Unternehmen zur Förderung des Wachstums und des Vertrauens in den Binnenmarkt und Errei-

402 Richtlinie 2008/52/EG

chung eines hohen Verbraucherschutzniveaus ohne Einschränkung des Zugangs der Verbraucher zu den Gerichten geschaffen. Zusätzlich mit der Verordnung über Online-Streitbeilegung in Verbraucherangelegenheiten (Verordnung (EU) Nr. 524/2013 (ODR-Verordnung)) ist eine Verordnung der Europäischen Union über die AS für den elektronischen Geschäftsverkehr zur Förderung des Wachstums und des Vertrauens in den Binnenmarkt. Zusammen mit der Richtlinie 2008/52/EG über bestimmte Aspekte der Mediation in Zivil- und Handelssachen **(Mediationsrichtlinie)** sollen alternative Streitbeilegungsformen im Europäischen Wirtschaftsraum gefördert werden.

417 Diese Entwicklungen führten 2012 zum Mediationsgesetz. Darin ist der Ablauf einer Mediation beschrieben. Außerdem wurde die Wichtigkeit der Mediation hervorgehoben, die in immer mehr Rechtsgebiete Einlass findet. Für das Arbeitsrecht sind die Formen der **Mediation, Schiedsgerichtbarkeit und Schlichtungsverfahren** wichtig. Mit dem Mediationsgesetz vom 21. Juli 2012 (BGBl. I., 1577) setzte sich als Kompromiss zu einem außergerichtlichen Verfahren das **Güterichterverfahren** durch, bei dem jedoch die Mediation als eine Methode der Konfliktlösung besonders hervorgehoben wird. Somit sehen heute alle Gerichtsbarkeiten die Möglichkeit eines Güterichterverfahrens sowie der außergerichtlichen Konfliktbeilegung vor: die ordentliche Gerichtsbarkeit **(§§ 278 Abs. 5, 278a ZPO)** sowie die Sozialgerichtsbarkeit (§ 202 S. 1 SGG), die Verwaltungsgerichtsbarkeit (§ 173 S. 1 VwGO) und die Finanzgerichtsbarkeit (§ 155 S. 1 FGO) mit einer ausdrücklichen Verweisung auf die entsprechenden Vorschriften der ZPO.

418 Auch in der Arbeitsgerichtsbarkeit findet sich deutschlandweit die Möglichkeit den Konflikt in der ersten sowie zweiten Instanz im Rahmen einer Verweisung in eine außergerichtliche Mediation oder durch das Güterichterverfahren beizulegen. Die **Arbeitsgerichtsbarkeit** verfügt dabei über **eigene Vorschriften (§§ 54 Abs. 6, 54a ArbGG),** die parallelen Regelungen zu den §§ 278 Abs. 5, 278a ZPO darstellen, zur Absicherung des **Beschleunigungsgrundsatzes** der Arbeitsgerichtsbarkeit jedoch erweitert wurden.

419 Dennoch hat sich die Überlegung verbreitet, dass auch staatliche oder private Gerichtsverfahren – je nach Konflikt – durchaus die richtige Methode für eine Streitbeendigung sein können. Aus ADR

als alternative Streitbeilegung hat sich daher der Begriff der **Appropriate Dispute Resolution** entwickelt. Es ist also jeweils festzustellen, welche Methode sich als die jeweils angemessene für den konkreten Konflikt darstellt (staatliches Gerichtsverfahren oder alternative Streitbeilegungsmethode). Mediation und Recht werden heute demnach nicht mehr als Gegensätze betrachtet. Doch noch immer nehmen die Verweisungen an den Güterichter nur einen kleinen Teil der Verfahren vor der Arbeitsgerichtsbarkeit ein. So lag die Zahl im Jahr 2018 bei insgesamt 319.382 Verfahren bei **lediglich 273**, wobei jedoch in 187 Verfahren der Konflikt vollständig, in weiteren 7 teilweise und in nur 79 nicht beigelegt werden konnte. Dabei betrug die **durchschnittliche Dauer 6,6 Monate**, wobei die Dauer der Verfahren, in denen keine Verweisung stattgefunden hat, bei nur 3,2 Monate lag.[403]

Neben der Regelung in **§ 54 Abs. 6 ArbGG** steht selbständig eine Konfliktregelung nach **§ 54a ArbGG**. Trotz der durchgeführten Güteverhandlung kann daher das Gericht ein Mediationsverfahren oder ein anderes außergerichtliches Verfahren der Konfliktbeilegung vorschlagen. Hierfür ist aber das Einverständnis der Parteien notwendig. Der Vorschlag kann auch vor Durchführung der Güteverhandlung nach Abs. 1 oder 6 erfolgen, insoweit ist die Regelung des § 253 Abs. 1 Nr. 1 ZPO zu beachten, nach der eine entsprechende Äußerung in der Klageschrift enthalten sein soll. Auch in diesem Falle ist das Ruhen des Verfahrens anzuordnen (§ 54a Abs. 2 S. 1 ArbGG). Anders als in den Vorschriften der §§ 278 Abs. 5, 278a ZPO sind zur Sicherstellung des Beschleunigungsgrundsatzes im Arbeitsgerichtsverfahren in Abs. 2 die Sätze 2 und 3 aufgenommen worden. So hat das Gericht **nach drei Monaten** das Verfahren wieder aufzunehmen, es sei denn eine Partei hat bereits früher die Wiederaufnahme der mündlichen Verhandlung beantragt oder die Mediation wird noch betrieben. § 54a ArbGG findet auch im Beschlussverfahren Anwendung (§ 80 Abs. 2 S. 1 ArbGG). 420

Ist in diesem Verfahren eine Konfliktbeilegung erfolgt, ist die Einigung dem Gericht mitzuteilen. Denn nur so kann das erkennende Gericht ein Vergleichsabschluss nach § 278 Abs. 6 ZPO feststellen. Dies ist 421

403 *Statistisches Bundesamt*: Rechtspflege – Arbeitsgerichte – 2018, Fachserie 10, Reihe 2.8, erschienen am 9.7.2019, 2.4 Verfahren vor dem Güterichter, S. 62.

Voraussetzung für eine Zwangsvollstreckung, da ein Vergleich im Rahmen der außergerichtlichen Mediation selbst noch kein vollstreckbarer Titel ist. Erfolgt keine Konfliktbeilegung, ist die Ruhensanordnung aufzuheben und das Gerichtsverfahren fortzusetzen. Dort ist dennoch die Güteverhandlung nach Abs. 1 oder 6 durchzuführen, denn auf sie kann nicht verzichtet werden.

§ 54 Abs. 6 ArbGG, Güterichterverfahren

422 Der Vorsitzende kann die Parteien für die Güteverhandlung sowie deren Fortsetzung vor einen hierfür bestimmten und nicht entscheidungsbefugten Richter (Güterichter) verweisen. Der Güterichter kann alle Methoden der Konfliktbeilegung einschließlich der Mediation einsetzen.

§ 54a ArbGG Mediation, außergerichtliche Konfliktbeilegung

(1) Das **Gericht kann den Parteien eine Mediation** oder ein anderes Verfahren der außergerichtlichen Konfliktbeilegung **vorschlagen.**

(2) Entscheiden sich die Parteien zur Durchführung einer Mediation oder eines anderen Verfahrens der außergerichtlichen Konfliktbeilegung, **ordnet das Gericht das Ruhen des Verfahrens an.** Auf Antrag einer Partei ist Termin zur mündlichen Verhandlung zu bestimmen. Im **Übrigen nimmt das Gericht das Verfahren nach drei Monaten wieder auf,** es sei denn, die Parteien legen übereinstimmend dar, dass eine Mediation oder eine außergerichtliche Konfliktbeilegung noch betrieben wird.

3. Ablauf der klassischen Mediation[404]

423 Unter Mediation ist ein strukturiertes, freiwilliges Verfahren zur konstruktiven Beilegung oder Vermeidung eines Konflikts zu verstehen. Die Konfliktparteien versuchen mit der Unterstützung einer dritten unparteiischen Person (dem Mediator) zu einer gemeinsamen Vereinbarung zu gelangen, die ihren Bedürfnissen entspricht. Der Mediator

404 Vgl. Reinhard/Mückenberger, ArbRB 2010, 349–351

trifft – anders als ein Richter oder Vorsitzender einer Einigungsstelle – keine eigenen Entscheidungen und entwickelt auch keine eigenen Vorschläge, sondern unterstützt die Parteien bei der Lösungssuche. **Dies trägt dazu bei, dass Parteien individuell, für sie passend und dauerhaft einen Konflikt lösen.**

Das Mediationsverfahren folgt zwingenden Grundprinzipien: 424

1. **Freiwilligkeit:**
   Die Beteiligten nehmen freiwillig an der Mediation teil. Es dürfen keine Drucksituationen entstehen. Die Mediation kann jederzeit abgebrochen werden.
2. **Eigenverantwortlichkeit:**
   Die Parteien tragen selbst die Verantwortung für das Ergebnis der Mediation und müssen die Lösung selbst erarbeiten. Eine Verweisung ist nicht gestattet.
3. **Vertraulichkeit:**
   Der Mediator und die Parteien verpflichten sich, sämtliche Informationen und Themen vertraulich zu behandeln. Abweichende Regelungen sollten schriftlich fixiert werden.
4. **Informiertheit:**
   Die entscheidungsrelevanten Tatsachen müssen vorliegen. Eine vorhergehende Transparenz in Bezug auf Informationen und Kommunikation kann erfolgsentscheidend sein.
5. **Allparteilichkeit:**
   Der Mediator ist neutral. Er übernimmt die Rolle des Verfahrenslenkers, ohne inhaltlich Einfluss auf die Lösung des Konflikts zu nehmen und die Parteien zu beeinflussen.

4. Güterichterverfahren gem. § 54 Abs. 6 ArbGG

Die **gesetzliche Grundlage** des Güterichterverfahrens bestimmt sich nach **§ 54 Abs. 6 ArbGG**. Danach kann ein Verfahren für die Güteverhandlung nach § 54 Abs. 1 S. 1 ArbGG bzw. für deren Fortsetzung nach § 54 Abs. 1 S. 5 ArbGG an einen Güterichter verweisen. 425

Nach dem Wortlaut des Gesetzes tritt der **Güterichter an die Stelle des Kammervorsitzenden** für die Güteverhandlung. Dies gilt nicht 426 nur im Urteils-, sondern auch im Beschlussverfahren. Der **Güterichter wird nur in der Güterichterverhandlung tätig.** Die Regelung des **Abs. 6 steht unabhängig neben der des § 54a.** Das **Mediationsgesetz findet keine unmittelbare Anwendung.**

Phase 1: Vorschlag durch Parteien oder zuständigen Richter:

427 Es liegt im **pflichtgemäßen Ermessen des Vorsitzenden**, ob er ein Verfahren an den nicht entscheidungsbefugten Güterichter „verweist". § 54 Abs. 6 ArbGG ist eine Kann-Vorschrift. Bei der „Verweisung" handelt sich dabei um einen **gerichtsinternen Akt**. Nicht der Rechtsstreit wird verwiesen, sondern die Parteien werden auf eine bestimmte Art der Güteverhandlung verwiesen. Eine Verweisung kann nur bis zum Scheitern der Güteverhandlung erfolgen.

Phase 2: Verweisung an den Güterichter

428 Es bedarf immer einer konkreten Entscheidung des Vorsitzenden der für die Entscheidung des Rechtsstreits zuständigen Kammer. Bei der Entscheidung hat der **Vorsitzende sämtliche Umstände des Falles,** die sich aus der Akte ergeben oder gerichtsbekannt sind, zu berücksichtigen. Insbesondere muss er prüfen, ob das Verfahren vor dem Güterichter (mehr) Aussicht auf Erfolg bei Erzielung einer gütlichen Einigung bietet, als dies bei der Güteverhandlung nach § 54 Abs. 1 ArbGG der Fall war oder wäre. Hierzu gehört auch die Anhörung der beteiligten Parteien. § 54 Abs. 6 ArbGG dient nicht der Erleichterung der Arbeit des zuständigen Richters, sondern die Regelung ist in erster Linie im **Interesse der Parteien** geschaffen worden. Eine solche Verweisung kann nur im **Einvernehmen aller Beteiligten** erfolgen. **Lehnen die Parteien** eine Verhandlung vor dem **Güterichter** ab, hat die **Güteverhandlung nach § 54 Abs. 1 ArbGG**, oder, hatte diese bereits stattgefunden, die **Kammerverhandlung nach § 58 ArbGG** stattzufinden.

Phase 3: Vorbereitung des Güterichtertermins
Grundsätze des güterichterlichen Verfahrens
Methode des Güterichters

Aus § 54 Abs. 6 ArbGG folgt, dass der Güterichter sämtliche Methoden der Konfliktbeilegung und der Mediation nutzen kann. Es ist ihm möglich, mit den Parteien außerhalb des Gerichts Gespräche, ggf. unter Hinzuziehung Dritter, zu führen. Die Parteien sollen sich im Güterichterverfahren völlig frei äußern können. Auch die Wahl der Mediation als Methode der Konfliktbeilegung ist möglich. 429

Akteneinsicht

Güterichter werden im Rahmen eines gerichtlichen Verfahrens tätig. Er hat daher das Recht, die Verfahrensakte zu erhalten und einzusehen, wenngleich dies nicht zwingend zu erfolgen hat. 430

Phase 4: Durchführung des Güterichtertermins
Vertraulichkeit

Eine dauerhafte Konfliktlösung erfordert, dass die Parteien ihr Problem **offen und ohne Sorge vor Nachteilen** ansprechen, auch für den Fall, dass keine Lösung gefunden wird und der Rechtsstreit fortzusetzen ist. Dazu kann eine besondere Vertraulichkeitsvereinbarung abgeschlossen werden. Entsprechend hat auch der Güterichter Vertraulichkeit zu wahren. 431

Gestaltung des Verfahrens

Die Grundsätze eines **rechtsstaatlichen Verfahrens** sind auch im Rahmen des Güterichterverfahrens zu wahren. Jede Partei muss sich zu allen erheblichen Fragen erklären können; keine Partei darf über solche Fragen im Unklaren gelassen werden. Dem widerspricht weder die Durchführung von Einzelgesprächen zur Vorbereitung des Güterichterverfahrens noch während dessen Durchführung. 432

Die **Dauer der Güterichterverhandlung** bestimmen die Parteien. Sie können die Verhandlung jederzeit durch die Erklärung, nicht weiter verhandlungsbereit zu sein, beenden. Dann ist das Verfahren an den 433

Vorsitzenden der betreffenden Kammer des Gerichts zurückzuleiten.

434 Die Vertraulichkeit der Güterichterverhandlung bedingt auch den per se gegebenen **Ausschluss der Öffentlichkeit**. Der Güterichter ist kein erkennendes Gericht, § 169 GVG. Allerdings ist es den Parteien unbenommen, der Anwesenheit weiterer Personen zuzustimmen. Damit könnte auch eine öffentliche Güterichterverhandlung möglich sein.

Phase 5: Konfliktlösung bzw. Fortsetzung vor dem erkennenden Gericht

435 Das Gebot der Vertraulichkeit verbietet die Erstellung eines **Verhandlungsprotokolls** ohne **Antrag oder Zustimmung** der Parteien, § 46 Abs. 2 S. 1 i. V. m. § 159 Abs. 2 S. 2 ZPO. Kann ein Protokollieren erreicht werden, so stellt dies einen **Beendigungstatbestand** des Verfahrens dar, denn der Güterichter ist Gericht i. S. d. § 794 Abs. 1 Nr. 1 ZPO. Dementsprechend stellt der protokollierte Vergleich ein Vollstreckungstitel dar. Kann keine Einigung erziel werten, ist die Güteverhandlung vor dem zuständigen erkennenden Gericht fortzusetzen.

436 Ein Güterichterverfahren ist sinnvoll, wenn

- **die Beteiligten** auch nach dem Gerichtsverfahren **Kontakt haben** werden und
- „weiterhin miteinander leben/arbeiten müssen“,
- **Eskalation vermieden** werden soll,
- Kosten vermieden werden sollen, da häufig Folgeverfahren überflüssig werden,
- Rechtsstreit nur Teil eines umfangreichen Konflikts ist,
- Rechtsstreit **komplex** ist und ein **langwieriges Verfahren droht**,
- **schnelle Lösung** gesucht wird, da zeitaufwendige Gutachten entfallen,
- tragfähige **verlässliche Lösungen** benötigt werden,
- Verhandlung und deren **Ergebnis selbst mitgestalten** und in den Händen halten will und
- **weitere Zukunft für alle** Seiten befriedigende Lösungen angestrebt werden.

#ARpraxis: Ablauf Güterichterverfahren

(1) Erwartungen:
Der beratende Anwalt sollte herausfinden, welche Konfliktsituation vorherrscht und ob ein Güterichterverfahren sinnvoll erscheint.
Ebenso sollten enttäuschende Erwartungen deutlich angesprochen werden, da eine Mediation sehr emotional werden kann.
(2) Protokollierung:
Jede Partei kann bei einem Abbruch des Güterichteverfahrens die Erkenntnisse im streitigen Verfahren einbringen. Daher sollte eine **Vertraulichkeitsvereinbarung** aufgenommen werden. Der Güterichter hat nach § 383 Abs. 1 Nr. 6 ZPO ein Zeugnisverweigerungsrecht.
(3) Güteverhandlung:
Die kostengünstige Güteverhandlung sollte abgewartet werden. Hierbei geben alle Parteien und mehr oder weniger auch der Richter ihre Einschätzungen ab. Meist führt dieser offene Austausch bereits zur Einigung.
(4) Güterichter:
Ausgeschlossen durch den Güterichter sind:
- ein Anerkenntnis- oder Versäumnisurteil,
- Kostenentscheidung,
- Bewilligung von Prozesskostenhilfe,
- Verlängerung von prozessualen Fristen und
- Anspruch auf einen bestimmten Güterichter (§ 2 Abs. 1 MediationsG).

(5) Rechtsbeistand:
Im Güteverfahren liegt der Fokus auf Begleitung und Beratung, nicht bei einem streitbereiten Prozessvertreter und Entscheider.

5. Innerbetriebliche Mediation

Eine vom Gericht empfohlene Mediation kann nur zum Erfolg führen, 437
wenn die Konfliktparteien sich auf die einzelnen Phasen einlassen. Entscheidend kann hierbei sein, wenn eine Unternehmenskultur implementiert ist, die ein breites Konfliktmanagementsystem beinhaltet.

Meist ist dies unter dem Begriff „innerbetriebliche Mediation" zusammengefasst. Im ersten Schritt müssen zunächst die möglichen Auseinandersetzungen unterschieden werden:

Einsatzbereich-Nr.	Partei 1	Partei 2
1.	Arbeitgeber	Betriebsrat/Gewerkschaft
2.	Betriebsrat/Gewerkschaft	Betriebsrat/Gewerkschaft
3.	In Abteilungen	In Abteilungen
4.	In Teams	In Teams
5.	Vorgesetzte	Kollegen
6.	Arbeitnehmer	Arbeitnehmer
7.	Arbeitgeber	Kündigende/Betriebsänderung
8.	Geschäftsleitung	Geschäftsleitung
9.	Geschäftsleitung	Aufsichtsrat
10.	Unternehmen	Tochterunternehmen/Betrieb

Tabelle 13: Innerbetriebliche Mediation[405]

438 Mit einem intelligenten und umfassenden System können negative Folgen von Konflikteskalationen verhindert werden. Ein kostenschonendes und dabei effizientes Kostenmanagementsystem (KMS) sollte vor allem folgende Maßnahmen beinhalten:

439 Als maßgebliche Komponenten eines unternehmerischen Konfliktmanagements definiert eine Studie von PricewaterhouseCoopers/Europa-Universität Viadrina, Frankfurt (Oder) folgende Elemente[406]:

(1) Konfliktanlaufstellen:
Z. B. Ombudspersonen, Mobbingbeauftragte, Konfliktberater, Konfliktlotsen und Rechtsabteilung.

(2) Systematik der Verfahrenswahl:
Z. B. Kriterienkataloge der Personalabteilung und vertragliche Eskalationsklauseln.

---

405 Eigene Darstellung.

406 Vgl. dazu die Fallstudie von *Ortmann* in: von *PricewaterhouseCoopers/Europa-Universität Viadrina, Frankfurt (Oder)*: Konfliktmanagement – Von den Elementen zum System, 2011, abrufbar unter: www.pwc.de – Veröffentlichungen, 26 ff.; Gläßer/Kirchhoff/Wendenburg/*Ortmann*, Konfliktmanagement in der Wirtschaft, 2014, S. 41 ff.

(3) **Konfliktbearbeiter:**
Z. B. Betriebsrat, externe Mediatoren, Inhouse-Mediatoren, etc.
(4) **Verfahrensstandards:**
Z. B. Orientierung an Standards von Mediationsverbänden und unternehmensinterne Verfahrensordnung.
(5) **Dokumentation/Controlling/Qualitätssicherung:**
Z. B. durch Selbstevaluation, Intervision und Feedback-System.
(6) **Innen- und Außendarstellung/Kommunikation:**
Z. B. Intranet-Präsenzen, explizite Konfliktunternehmenskultur, branchenspezifische Selbstverpflichtung, ADR-Pledges.
(7) **Steuerungsinstanz**
Unternehmensinterne Stabsstelle zur Projektkoordination des Konfliktmanagementsystems.

Die beste Struktur bedarf auch einer optimalen Umsetzung. Bedeutsam ist daher, dass die konkrete Einführung eines Konfliktmanagementsystems wesentlich von der Unternehmensstruktur abhängt. Die damit verbundenen Unternehmensziele und der bestehenden Konfliktkultur ist besondere Aufmerksamkeit geboten. 440

6. Fazit

Die ursprünglich aus dem amerikanischen Raum stammende Mediation hat schon vor einigen Jahren auch in Deutschland an Bedeutung gewonnen. So finden sich seit 2012 zwei Möglichkeiten der Anwendung der Mediation im ArbGG: im Rahmen des **Güterichterverfahrens (§ 54 Abs. 6 ArbGG)** und der **außergerichtliche Konfliktbeilegung (§ 54a ArbGG)**. Besonders zu betonen ist dabei jedoch, dass es sich bei diesen Möglichkeiten um keine wörtlich zu nehmende gerichtsinterne „Mediation“ handelt. Vielmehr kann ein nicht entscheidungsbefugter Güterichter – neben anderen Methoden – auch die Mediation verwenden. Bisher wird von dem Güterichterverfahren zwar nur sehr selten Gebrauch gemacht. Eine gute Alternative zum gerichtlichen Prozess kann das Güterichterverfahren trotzdem sein. Vor allem dann, wenn ein Konflikt auf emotionaler Ebene besteht und die Bereitschaft beider Parteien vorhanden ist, den Konflikt mit einer konsensualen 441

Lösung beizulegen. Häufig kann ein Konflikt im Rahmen der Mediation selbstbestimmt, allumfassend und nachhaltig zur Zufriedenheit aller Beteiligten gelöst werden. Fraglich ist jedoch, ob das Güterichterverfahren das gerichtliche Verfahren vollständig ablösen könnte. Insbesondere in Fällen, in denen die Entscheidung über ein rechtliches Problem gewollt ist oder keine Bereitschaft der Parteien zu einer einvernehmlichen Lösung besteht, wird wohl auch weiterhin das klassische Gerichtsverfahren das angemessene Verfahren sein. Die Mediation im Rahmen des Güterichterverfahrens oder der außergerichtlichen Konfliktlösung kann also das arbeitsgerichtliche Verfahren nicht komplett ersetzen, stellt hingegen durchaus eine geeignete Ergänzung dar.

#ARdigital/agil: Zukunftstrends

442 Hinsichtlich der personalpolitischen Zukunftstrends, wie:

- Demografischer Wandel
- Fachkräftemangel (in den meisten Branchen)
- Homogenität des Kollegiums sowie der Kompetenzanforderungen am Arbeitsplatz
- Mitbestimmung der AN (demokratisches Unternehmertum)
- Rollen- statt Hierarchieverteilung
- Unternehmer im Unternehmen

443 steigt die Erwartungshaltung des Kollegiums an einen kontinuierlichen Ablauf der Prozesse sowie der **Kommunikation im Unternehmen.** Eine Hire-and-Fire-Mentalität werden sich nur noch ganz wenige Unternehmen leisten können und wollen. Sicherlich wird dies als letztes Mittel immer eine Option bleiben. Mehr und mehr in den Vordergrund rücken **präventive Maßnahmen**, damit Kündigungsfälle - die viel Ressourcen, Zeit und Geld in Anspruch nehmen - minimiert werden können.

444 Daher ist es wichtig, dass im Unternehmen bereits Prozesse installiert werden, die kritische Verläufe von Arbeitnehmern identifizieren und entsprechend kommunizieren. Dies sollte in einem entsprechenden Konzept festgehalten werden. Wichtige Punkte können hierbei sein:

- Ansprechpartner Mediation
- Frühzeitiges Erkennungssystem (offene Fehlerkultur)

- Mobbingbeauftragte
- Telefonische/psychologische Beratung

Diese Punkte sind, sofern sie eskalieren und nicht angegangen werden, häufige Ursachen für Kündigungen. Die Mediationsausbildung wird immer mehr zum Baustein von Weiterbildungen. Mit Installation einer derartigen Stelle, wird den Arbeitnehmern bewusst, dass eine wertschätzende Konfliktauseinandersetzung und -lösung im Vordergrund steht. Machtspiele und -konflikte treten weitestgehend in den Hintergrund. 445

Kündigungen sind häufig Ursache von verschleppten Fehlern, Vertuschungen und einer Angstkultur. Eine offene Fehlerkultur sollte ein weiteres Feld sein, welches die Unternehmenskultur bestimmt. 446

7. Verhandlung 7

#ARVerhandlung: Güterichterverfahren

Die **Unternehmerin (UN)** und ihr Vertriebsleiter **Manfred (MA)** streiten sich ständig. Daneben ist **MA** der Schwager von **UN**, sodass die Kämpfe auch in der Familie ausgetragen werden. Darüber hinaus schlägt der Zwiespalt bereits auf die anderen Mitarbeiter über. Das mittelständische Unternehmen beschäftigt ca. 100 Mitarbeiter. Nahezu alle bezeichnen den Streit als „Kindergarten". 447

An einem verregneten Oktobermorgen kommt **UN** mal wieder genervt zur Arbeit. Sie stellt **MA** zur Rede, warum die Zahlen im letzten Quartal so miserabel ausgefallen sind. Schlussendlich platzt ihr der Kragen – wie bereits zwei Mal zuvor – und sie sagt wieder:

„Du bist gefeuert, scher dich zum Teufel."

Diesmal kommt **MA** am nächsten Tag nicht zur Arbeit. Er ist bis auf Weiteres krankgeschrieben. Die **UN** sendet ihm daraufhin die Kündigung. Die beiden sehen sich erst vor Gericht wieder.

- Kann ein Güterrichterverfahren hier die Lösung sein? Wie müssten die Parteien vorgehen?
- Wie ist die Situation personalpolitisch einzuordnen?

8. Fragen zum Kapitel

1. Welche Kritikpunkte gibt es am eigentlichen Gerichtsverfahren?
2. Beschreiben Sie den Gütetermin und seine Bedeutung im Arbeitsrecht!
3. Beschreiben Sie die Entwicklung der Mediation!
4. Was ist das Güterichterverfahren?
5. Was sind die Grundprinzipien der klassischen Mediation?
6. Wann empfiehlt sich ein Güterichterverfahren!
7. Was ist eine innerbetriebliche Mediation?
8. Welche Voraussetzungen müssen Mediatoren mitbringen?
9. Welche Zukunftstrends beeinflussen wie die Mediation?
10. Welche berühmten Mediationen kennen Sie?

9. Literatur

Ade, Juliane/Alexander, Prof. Dr. Nadja: Mediation und Recht, 2. Auflage, Alpmann Schmidt Verlag, Münster 2013.

Breyer, Thomas/Schwab, Norbert/Weth, Stephan: Arbeitsgerichtsgesetz-Kommentar, § 54 ArbGG S. 736 ff., 5. Auflage, Verlag Dr. Otto Schmidt, Köln 2018.

Düwell, Prof. Dr. Franz Josef/Lipke, Prof. Dr. Gert Albert (Hrsg.): Arbeitsgerichtsgesetz- Kommentar, § 54 ArbGG Rn. 58 ff., 4. Auflage, Luchterhand Verlag, München 2019.

Eidenmüller, Prof. Dr. Horst/Wagner, Prof. Dr. Gerhard (Hrsg.): Mediationsrecht, 1. Auflage, Otto Schmidt Verlag, Köln 2015.

ErfK/Koch: Erfurter Kommentar zum Arbeitsrecht, § 54 ArbGG: 19. Auflage 2019.

Erlenmeyer, Hans/Hangebrauck, Ralf/Heisig, Inka: Mediation, 1. Auflage, Otto Schmidt Verlag, Köln 2008.

Korsch et al.: Bericht der beim Landesarbeitsgericht Baden-Württemberg eingerichteten „Arbeitsgruppe Güterichterverfahren".

Moll, W. (Hrsg.), Münchener Anwalts-Handbuch Arbeitsrecht, 3. Auflage, München 2017 (zitiert: Bearbeiter, in: Moll 2017).

Ortmann in: von PricewaterhouseCoopers/Europa-Universität Viadrina, Frankfurt (Oder): Konfliktmanagement – Von den Elementen zum System, 2011, abrufbar unter: www.pwc.de – Veröffentlichungen, 26 ff.; Gläßer/Kirchhoff/Wendenburg/Ortmann, Konfliktmanagement in der Wirtschaft, 2014, S. 41 ff.

Plassmann, Michael: Zeitschrift für Konfliktmanagement, zkm 6/2017.

Rolfs/Giesen/Kreikebohm/Udsching (Hrsg.): BeckOK Arbeitsrecht, § 54 ArbGG und § 54a ArbGG, Mediation, außergerichtliche Gewaltbeilegung, 53. Edition.

Weiler, Eva/Schlickum, Dr. Günther (Hrsg.): Praxisbuch Mediation – Falldokumentation und Methodik zur Konfliktlösung, 2. Auflage, C.H. Beck Verlag, München 2012.

Witteborg-Erdmann, Dr. Nika/Frye, Maximilian: Die Rolle des Anwalts im (Wirtschafts-) Mediationsverfahren, StudZR 3/2012.

Siebert, Felix: Mediation aus Anwaltssicht, abzurufen unter https://www.justiz.bayern.de/media/images/behoerden-und-gerichte/mediation_aus_anwaltssicht.pdf.

Statistisches Bundesamt: Rechtspflege – Arbeitsgerichte – 2018, Fachserie 10, Reihe 2.8, erschienen am 9.7.2019, 2.4 Verfahren vor dem Güterichter, S. 64, abzurufen unter https://www.destatis.de/DE/Themen/Staat/Justiz-Rechtspflege/Publikationen/Downloads-Gerichte/arbeitsgerichte-2100280187004.pdf;jsessionid=09713AFE81DC26572045CAC9BCE89B02.internet731?__blob=publicationFile.

FSC
www.fsc.org
MIX
Papier | Fördert
gute Waldnutzung
FSC® C083411

Kolibri 360 GmbH
Ferdinand-Jühlke-Straße 7
99095 Erfurt, Deutschland
produktsicherheit@kolibri360.de